The Standard for English Grammar Books

GRAMMAR ZONE
WORKBOOK

ZONE

종합편

GRAMMAR ZONE
WORKBOOK 종합편

지은이	NE능률 영어교육연구소
선임연구원	한정은
연구원	조은영 노지희 조진영 양빈나 이은주
영문교열	Patrick Ferraro Lisa Young Benjamin Robinson
표지 · 내지디자인	닷츠
맥편집	김선희
영업	한기영 이경구 박인규 정철교 김남준 김남형 이우현
마케팅	박혜선 고유진 김여진

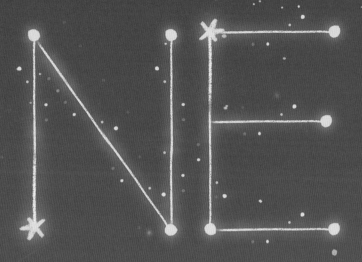

NE능률이 미래를 그립니다.

교육에 대한 큰 꿈을 품고 시작한 NE능률
처음 품었던 그 꿈을 잊지 않고 40년이 넘는 시간 동안 한 길만을 걸어왔습니다.

이제 NE능률이 앞으로 나아가야 할 길을 그려봅니다.
'평범한 열 개의 제품보다 하나의 탁월한 제품'이라는
변치 않는 철학을 바탕으로 진정한 배움의 가치를 알리는
NE능률이 교육의 미래를 열어가겠습니다.

Practice is the best of all instructions.

연습은 가장 좋은 가르침이다.

———

유명한 운동 선수, 최고의 과학자, 노벨상을 받은 작가, 그 누구도 자신들이 이루어낸 것이 하루 아침에 완성되었다고 말하는 사람은 없습니다. 그들을 성공으로 이끈 것은 무엇일까요? 여러분도 알다시피 목표를 달성하고 꿈을 이루는 데 성실하게 연습하는 것만큼 효과적인 무기는 없습니다. 저희는 여러분을 '문법 지존(至尊)'의 세계로 인도할 수 있는 가장 좋은 무기를 준비하였습니다. G-ZONE에서 학습한 모든 것을 이 WORKBOOK을 통해 연습하여 여러분 모두 문법의 '지존'이 되길 바랍니다. 꾸준한 연습을 다짐하는 여러분을 응원합니다.

구성과 특징

진단 TEST

현재 자신이 알고 있는 문법 항목과 모르는 문법 항목을 점검할 수 있는 TEST입니다. WORKBOOK을 본격적으로 공부하기 전에 진단 TEST부터 풀어 보고, 부족한 부분이 어디인지 파악한 후 학습 계획을 세워봅시다. 각 문제 옆에는 연관된 G-ZONE 본 교재의 UNIT이 표기되어 있으니, 틀린 문제에 해당하는 UNIT을 먼저 복습하면 효율적인 학습이 가능합니다.

TEST

각 UNIT을 제대로 학습하였는지 확인할 수 있습니다. 비교적 간단한 드릴형 문제에서부터 사고력과 응용력을 요하는 문제까지 다양한 유형의 문제를 수록하였습니다. 꼼꼼히 풀어본 후 부족한 부분에 대해 추가 학습 계획을 세워 봅시다.

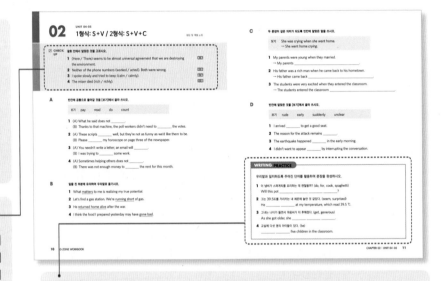

CHECK UP

각 UNIT의 핵심 문법을 간단한 문제를 통해 확인할 수 있습니다. 각 문제 옆에는 해당 문법을 다룬 본 교재의 항목이 표시되어 있으므로, 추가 학습이 필요하다면 해당 항목을 복습한 후 WORKBOOK으로 돌아오세요.

WRITING PRACTICE 쓰기 연습이 가능한 문제를 충분히 제시하였습니다. 수행평가나 서술형 문제 대비가 가능하며 궁극적으로 영어 쓰기 실력을 향상시켜 줍니다.

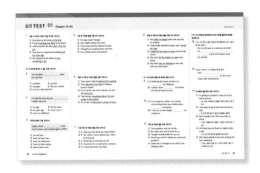

실전 TEST

여러 CHAPTER의 문법 사항을 종합적으로 확인할 수 있도록 총 6회의 실전 TEST를 제공합니다. 중간고사 및 기말고사에 대비할 수 있도록 문제 유형과 난이도 등을 학교 내신 시험에 맞추어 구성하였으며, 실제 기출을 응용한 주관식 문제를 제시하여 수행평가 및 서술형 문제 대비에도 유용합니다.

Contents

Study Tracker

Grammar Zone 본 교재의 학습완료일을 기입한 후, 워크북으로 확인 학습한 날짜도 함께 적어 봅시다. 워크북까지 학습을 끝낸 후 '나의 문법 이해도'를 점검해 봅시다.

본 교재 CHAPTER / 학습완료일			워크북 TEST / 학습일									나의 문법 이해도		
			진단 TEST 학습일							월	일	상	중	하
CHAPTER 01 문장의 구성	월	일	01	월	일							상	중	하
CHAPTER 02 동사와 문장의 형식	월	일	02	월	일	03	월	일	04	월	일	상	중	하
CHAPTER 03 시제	월	일	05	월	일	06	월	일	07	월	일	상	중	하
CHAPTER 01-03			실전 TEST 01 학습일							월	일	상	중	하
CHAPTER 04 조동사	월	일	08 / 11	월 / 월	일 / 일	09	월	일	10	월	일	상	중	하
CHAPTER 05 가정법	월	일	12	월	일	13	월	일				상	중	하
CHAPTER 06 수동태	월	일	14	월	일	15	월	일				상	중	하
CHAPTER 04-06			실전 TEST 02 학습일							월	일	상	중	하
CHAPTER 07 부정사	월	일	16	월	일	17	월	일	18	월	일	상	중	하
CHAPTER 08 동명사	월	일	19	월	일	20	월	일	21	월	일	상	중	하
CHAPTER 09 분사	월	일	22	월	일	23	월	일				상	중	하
CHAPTER 07-09			실전 TEST 03 학습일							월	일	상	중	하
CHAPTER 10 전치사	월	일	24 / 27	월 / 월	일 / 일	25 / 28	월 / 월	일 / 일	26	월	일	상	중	하
CHAPTER 11 접속사	월	일	29	월	일	30	월	일	31	월	일	상	중	하
CHAPTER 12 관계사	월	일	32 / 35	월 / 월	일 / 일	33	월	일	34	월	일	상	중	하
CHAPTER 10-12			실전 TEST 04 학습일							월	일	상	중	하
CHAPTER 13 특수구문	월	일	36	월	일	37	월	일	38	월	일	상	중	하
CHAPTER 14 일치·화법	월	일	39	월	일	40	월	일				상	중	하
CHAPTER 15 명사·관사	월	일	41 / 44	월 / 월	일 / 일	42 / 45	월 / 월	일 / 일	43	월	일	상	중	하
CHAPTER 16 대명사	월	일	46 / 49	월 / 월	일 / 일	47 / 50	월 / 월	일 / 일	48 / 51	월 / 월	일 / 일	상	중	하
CHAPTER 13-16			실전 TEST 05 학습일							월	일	상	중	하
CHAPTER 17 형용사·부사	월	일	52 / 55	월 / 월	일 / 일	53 / 56	월 / 월	일 / 일	54	월	일	상	중	하
CHAPTER 18 비교	월	일	57 / 60	월 / 월	일 / 일	58	월	일	59	월	일	상	중	하
CHAPTER 17-18			실전 TEST 06 학습일							월	일	상	중	하

진단 TEST

아래 문제로 자신의 실력을 점검하여 어느 Chapter를 더 공부해야 할지 점검합시다.
빈칸에 들어갈 알맞은 말을 고르시오. ★ 표가 있는 문제는 들어갈 수 없는 말을 고르시오.

UNIT 9 **1** After getting the car _____, we all breathed a sigh of relief.
① repair ② repaired ③ repairing ④ to repair

UNIT 11 **2** Will you be married by the time I _____ back next year?
① come ② came ③ will come ④ am coming

UNIT 15 **3** The company's overall sales record _____ disappointing for the past three years.
① remains ② remained ③ has remained ④ had remained

UNIT 16 **4** By next month she and I _____ going out for one year.
① am ② have been ③ will be ④ will have been

UNIT 18 **5** What is holding them up? It _____ be traffic; there are few cars on the road.
① can't ② could ③ mustn't ④ have to

UNIT 22 **6** The union insisted that full-time positions _____.
① added ② adds ③ be added ④ ought to add

UNIT 26 **7** If I _____ in your shoes, I might have done even worse than you.
① am ② were ③ have been ④ had been

UNIT 27 **8** I wish I _____ with you, but we don't live in a perfect world.
① agree ② can agree ③ am able to agree ④ could agree

UNIT 31 **9** He is a star athlete, excelling in football, and _____ by his peers.
① looks up ② looks up to ③ is looked up ④ is looked up to

UNIT 32 **10** The residents said that nobody _____ the aircraft after the crash.
① saw leaving ② was seen leave ③ was seen to leave ④ seen leaving

UNIT 34 **11** The police are believed to _____ her yesterday in connection with the attack.
① question ② be questioned ③ have questioned ④ have been questioned

UNIT 39 **12** The TV producers saw the ratings of their new show _____.
① soar ② to soar ③ has soared ④ to be soared

UNIT 41 **13** If you have a dangerous job, then insurance is worth _____.
① have ② to have ③ having ④ to have had

UNIT 42 **14** Just as the plane was landing, I realized that I had forgotten _____ my camera.
① pack ② to pack ③ packing ④ being packed

UNIT 49 **15** She accepted the award with tears _____ down her face.
① fall ② fallen ③ to fall ④ falling

UNIT 51, 69, 73 **16** She forgave her neighbor _____ she had recently had a quarrel.
① whom   ② who   ③ with who   ④ with whom

UNIT 58 **17** I'll call you when I get to Atlanta. _____ the time difference, it'll be 9 o'clock in Korea.
① At   ② With   ③ From   ④ In

UNIT 59 **18** Everyone is supposed to come back to the bus _____ 5 o'clock.
① by   ② until   ③ with   ④ to

UNIT 66 **19** The neighborhood has changed a lot _____ they built a cinema.
① from   ② since   ③ after   ④ before

UNIT 72 **20** What if the merchandise I receive is not _____ I expected?
① that   ② which   ③ what   ④ in which

★ **UNIT 78, 125** **21** A: I don't like carrots or beans.   B: _____
① Me neither.   ② So do I.   ③ Nor do I.   ④ Neither do I.

UNIT 92 **22** Drinking _____ a day could reduce heart disease risk by 40%.
① many juice   ② two bottle of juices   ③ two cups of juices   ④ two glasses of juice

UNIT 96 **23** On Saturday night, I had beer with an old friend, his wife, and _____.
① some friends of their   ② some their friends   ③ their some friends   ④ some friends of theirs

UNIT 99, 100 **24** This is _____ first time I have played _____ tennis early in the morning.
① × — the   ② a — the   ③ the — ×   ④ the — a

UNIT 104 **25** The interior of Venus is probably very similar to _____ of Earth.
① it   ② that   ③ this   ④ one

UNIT 106 **26** We haven't got _____ coffee left. How about tea instead?
① any   ② some   ③ no   ④ all

★ **UNIT 117** **27** Hans Arnold has made illustrations for _____ magazines and books.
① a few   ② lots of   ③ a little   ④ several

★ **UNIT 121** **28** The ideal candidate will have the ability to solve problems _____.
① costly   ② efficiently   ③ quickly   ④ effectively

UNIT 123 **29** I finished studying at university about five years _____, so maybe I will need to update my skills and knowledge soon.
① ago   ② before   ③ since   ④ early

★ **UNIT 126, 129** **30** In the first year, _____ one out of five students passed.
① only   ② the most   ③ as few as   ④ no more than

01

문장성분 / 구와 절 / 수식어의 이해

정답 및 해설 p.04

A 주부와 술부가 나누어지는 부분에 표시(/)하시오.

> 보기 Learning a new instrument / is challenging.

1 The best way to get really familiar with Victorian architecture is to stay at one of the hotels in Pacific Heights.

2 The average number of television commercials in a series of consecutive commercials is increasing.

3 What they fail to realize is that pure science can lead to economic and technological benefits.

4 Having company employees work longer, harder, and faster, while sacrificing their leisure time, doesn't necessarily mean more will be accomplished in the long run.

5 In an attempt to promote the widespread use of paper rather than plastic, and thus reduce non-biodegradable waste, the city council plans to ban the sale of disposable plastic goods.

B 밑줄 친 부분이 문장에서 어떤 기능(명사, 형용사, 부사)을 하는지 쓰시오.

> 보기 Lying in the sun is fine provided that you wear sunscreen.
>   (명사)

1 Everyone underlined{involved in the incident} has been punished.
( )

2 Their cause is underlined{helping abused women}.
( )

3 I've sent an email to the retailer underlined{to see if I can get my money back}.
( )

4 underlined{Not knowing the way}, I asked some strangers for directions.
( )

5 She has a voice underlined{that moves people}.
( )

6 I wasn't feeling well underlined{when you came to visit}.
( )

7 As you can imagine, I wasn't pleased to hear <u>what she said</u>.
                                                      (   )

8 The problem is <u>that no one wants to join</u>.
                            (   )

9 Where is the watch <u>that I bought yesterday</u>?
                               (   )

10 My son didn't tell me <u>why he lied to me</u>.
                             (   )

11 When I was young, I was afraid of <u>staying home alone</u>.
                                       (   )

12 Mr. Kim ran into a group of people <u>whose clothes were very strange</u>.
                                                              (   )

C   밑줄 친 부분이 수식하는 말에 괄호를 치시오.

> 보기   Freedom of choice is one of (the human rights) <u>guaranteed by the United Nations</u>.

1 This building used to be beautiful but is <u>poorly</u> maintained now.

2 I am fully occupied with something <u>important</u> at the moment.

3 I heard <u>quite</u> interesting stories of the boss from my coworkers.

4 The government is spending more money on research <u>into a cure for AIDS</u>.

5 We ate at a fish restaurant <u>overlooking the sea</u>.

6 My sister used to buy a lot of cosmetics, but she doesn't have the money <u>to do so</u> anymore.

7 When the strange man came <u>close</u> to the dog, it started to bark <u>loudly</u>.

8 She traveled there <u>entirely</u> because she wanted to visit the museum.

☑ **CHECK UP**   괄호 안에서 알맞은 것을 고르시오.

1 (Here / There) seems to be almost universal agreement that we are destroying the environment.   `4-A`

2 Neither of the phone numbers (worked / acted). Both were wrong.   `4-B`

3 I spoke slowly and tried to keep (calm / calmly).   `5-A`

4 The miser died (rich / richly).   `5-B`

A   빈칸에 공통으로 들어갈 것을 [보기]에서 골라 쓰시오.

보기	pay	read	do	count

1 (A) What he said does not _____.
   (B) Thanks to that machine, the poll workers didn't need to _____ the votes.

2 (A) These scripts _____ well, but they're not as funny as we'd like them to be.
   (B) Please _____ my horoscope on page three of the newspaper.

3 (A) You needn't write a letter; an email will _____.
   (B) I was trying to _____ some work.

4 (A) Sometimes helping others does not _____.
   (B) There was not enough money to _____ the rent for this month.

B   밑줄 친 부분에 유의하여 우리말로 옮기시오.

1 What <u>matters</u> to me is realizing my true potential.

2 Let's find a gas station. We're <u>running short</u> of gas.

3 He <u>returned home alive</u> after the war.

4 I think the food I prepared yesterday may have <u>gone bad</u>.

C 두 문장이 같은 의미가 되도록 빈칸에 알맞은 말을 쓰시오.

> 보기 She was crying when she went home.
> → She went home *crying*.

1 My parents were young when they married.
→ My parents _____.

2 His father was a rich man when he came back to his hometown.
→ His father came back _____.

3 The students were very excited when they entered the classroom.
→ The students entered the classroom _____.

D 빈칸에 알맞은 것을 [보기]에서 골라 쓰시오.

> 보기   rude   early   suddenly   unclear

1 I arrived _____ to get a good seat.

2 The reason for the attack remains _____.

3 The earthquake happened _____ in the early morning.

4 I didn't want to appear _____ by interrupting the conversation.

WRITING PRACTICE

우리말과 일치하도록 주어진 단어를 활용하여 문장을 완성하시오.

1 이 냄비가 스파게티를 요리하는 데 괜찮을까? (do, for, cook, spaghetti)
Will this pot _____ _____ _____ _____?

2 그는 39.5도를 가리키는 내 체온에 놀란 것 같았다. (seem, surprised)
He _____ _____ at my temperature, which read 39.5 ℃.

3 그녀는 나이가 들면서 마음씨가 더 후해졌다. (get, generous)
As she got older, she _____ _____ _____.

4 교실에 다섯 명의 아이들이 있다. (be)
_____ _____ five children in the classroom.

☑ **CHECK UP**   괄호 안에서 알맞은 것을 고르시오.

1 I used to have a TV in my bedroom, but my mother (took it away / took away it).   `6-A`

2 Ruth has been (attending / attending at) club meetings for three months.   `6-B`

3 Do you (subscribe / subscribe to) any magazines?   `6-C`

4 I can hardly blame him (about / for) getting angry.   `7-A`

A   빈칸에 알맞은 것을 [보기]에서 골라 필요시 변형하여 쓰시오.

보기	lie	lay	rise	raise

1 You'll feel much better if you just _____ down for a while.

2 My mother used to _____ my baby brother in his crib carefully.

3 The cat is _____ on the rug, next to the chair.

4 The purpose of the event is to _____ funds for the orphanage.

5 Unemployment _____ a lot in metropolitan areas last year.

B   빈칸에 알맞은 전치사를 쓰시오. 필요하지 않을 경우에는 표시(**X**)하시오.

1 The family reached _____ the cabin after driving for ten hours.

2 Everyone should obey _____ the safely rules.

3 Jack apologized _____ Cindy for coming home late last night.

4 This lotion will protect your skin _____ ultraviolet rays.

5 I substitute olive oil _____ butter in cooking.

6 Would you like to discuss _____ what happened this morning?

C 밑줄 친 부분에 유의하여 우리말로 옮기시오.

1 Help yourself to anything you want.

2 We prefer riding a bicycle to walking.

3 Residents strongly objected to the development plan.

4 She mentioned some of the problems in our society.

5 The disease completely robbed him of his happiness.

D 어법상 틀린 문장은 바르게 고치고, 옳은 문장에는 표시(O)하시오.

1 The number approaches to 700.

2 They resemble each other in a lot of ways.

3 People complained the delayed departure of the flight.

4 It's easy to tell tourists with locals, thanks to their attire.

5 The military dictatorship deprived people their freedom.

6 He went outside to enjoy him after finishing everything he was doing.

WRITING PRACTICE

우리말과 일치하도록 알맞은 단어를 [보기]에서 골라 변형하여 문장을 완성하시오.

보기	rely	hope	pride	live

1 그는 가족과 함께 행복한 삶을 살고 있다.
He _____ _____ _____ _____ with his family.

2 내 아들은 여러 가지로 나에게 의존한다.
My son _____ _____ _____ for many things.

3 우리는 아이들을 위한 더 나은 미래를 희망한다.
We _____ _____ a better future for our children.

4 그는 돌발상황에서도 항상 침착함을 유지한다는 것을 자랑스러워한다.
He _____ _____ _____ always remaining calm in an emergency.

04

4형식: S+V+O₁+O₂ / 5형식: S+V+O+C / 보어와 목적어, 수식어의 구별

정답 및 해설 p.08

☑ **CHECK UP** 괄호 안에서 알맞은 것을 고르시오.

1 He said he would send 100 roses (to / of) me, and he did. `8-A`

2 The court refused (him the right to meet his children / the right to meet his children to him). `8-B`

3 A travel pass will (allow / let) people get around more easily. `9-B`

4 I wouldn't leave your bicycle (unlock / unlocked). `9-C`

A 빈칸에 알맞은 것을 [보기]에서 골라 필요시 변형하여 쓰시오.

| 보기 | steal | cheat | test | prepare | travel |

1 Lydia is helping her grandmother _____ a special dinner.

2 This morning, I am getting my eyes _____.

3 What would you do if you caught a student _____?

4 The airplane allowed us _____ greater distances in less time.

5 I had my passport _____ at the airport.

B 빈칸에 공통으로 들어갈 말을 [보기]에서 골라 쓰시오.

| 보기 | consider | find | make |

1 (A) Did you _____ the movie interesting?
(B) I think the new manager will _____ a solution to the problem easily.

2 (A) It's cool of him to _____ me a CD of his music.
(B) The caterers helped _____ the event a success.

3 (A) Please _____ our situation.
(B) Koreans _____ the number 4 unlucky.

C 빈칸에 알맞은 것을 [보기]에서 골라 필요시 변형하여 쓰시오.

보기	say	tell	talk

Mr. Murray **1** _____ that he was going to **2** _____ about Halloween for today's class.
He **3** _____ us a story about the holiday. He spoke very fast, and it was difficult for students
to understand him. He realized that his students did not understand what he said, and
4 _____ them to read a short story on Halloween in the textbook.

WRITING PRACTICE

1 우리말과 일치하도록 주어진 표현을 바르게 배열하시오.

1) 나는 그 노래가 연주되는 것을 들었다.
I (the song, heard, played).

2) 이 담요가 너를 따뜻하게 해줄 거야.
This blanket (you, will, warm, keep).

3) 사서가 우리들에게 조용히 할 것을 요청했다.
The librarian (quiet, to, asked, us, be).

4) 그녀는 자신의 남편을 친구들에게 소개했다.
She (her husband, introduced, her friends, to).

2 우리말과 일치하도록 주어진 표현을 활용하여 문장을 완성하시오.

1) 그는 자신의 잘못을 그의 상사에게 고백했다. (boss, wrongdoing)
He confessed _____ _____ _____ _____ _____.

2) 저는 그들이 당신의 제안을 받아들이도록 해볼게요. (get, accept, offer)
I will _____ _____ _____ _____ _____ _____.

3) 5월이 되면 정원에 장미가 피는 것을 볼 수 있다. (bloom, see, the roses)
As May comes, we can _____ _____ _____ _____ in the garden.

4) 난 네가 그 프로젝트를 즉시 시작했으면 해. (want, start, the project)
I _____ _____ _____ _____ _____ immediately.

05

현재시제의 용법 / 과거시제의 용법

정답 및 해설 p.09

☑ **CHECK UP** 괄호 안에서 알맞은 것을 고르시오.

1 Tidal force (is / was) responsible for the tides.　　　　　11 - A

2 Grab the phone for me if it (rings / will ring).　　　　　11 - B

3 I didn't know you (are / were) in the hospital.　　　　　12 - B

A　주어진 동사를 문맥에 맞게 현재시제 또는 과거시제로 바꿔 쓰시오.

1 I only _____ going to university last week. (start)

2 The singing competition _____ place every year in May. (take)

3 The oxygen level in the air _____ on altitude. (depend)

4 I _____ collecting comics five years ago. (begin)

5 She used to buy a newspaper every day. Now she _____ the news online. (read)

6 She left the office and _____ the door behind her. (shut)

B　빈칸에 알맞은 것을 [보기]에서 골라 필요시 변형하여 쓰시오.

보기	go	start	leave	open	take

1 The final exams _____ next Wednesday.

2 Her family _____ New York when she was five.

3 The shopping mall _____ at 10 a.m. on weekdays.

4 Sam _____ to the library every Sunday these days.

5 The interview _____ three hours, and it was a bit stressful.

C 주어진 동사를 문맥에 맞게 현재시제 또는 과거시제로 바꾸어 기사를 완성하시오.

Australian Open Begins

The Australian Open **1** _____ (get) underway at Melbourne Park, with the tennis action building up to the men's final on January 29. The event **2** _____(be) held each year and **3** _____ (be) the first of the four annual Grand Slam tournaments. The tournament **4** _____ (take) place for the first time in 1905. Like the other three Grand Slam events, it **5** _____(be) contested by top-ranked amateur players until the advent of open tennis in 1968.

D 어법상 틀린 문장은 바르게 고치고, 옳은 문장에는 표시(O)하시오.

1 Jupiter was the largest planet in the solar system.

2 The train that goes to Busan leaves in ten minutes.

3 If it will snow tomorrow, I am going to play chess at home.

4 They are discussing when they announce the news.

5 In some countries, the rainy season lasts for months.

6 Despite the disastrous earthquake, a lot of tourists traveled to Southeast Asia nowadays.

WRITING PRACTICE

우리말과 일치하도록 주어진 표현을 활용하여 문장을 완성하시오.

A: What **1** _____?
　　　네 남동생은 무슨 일을 하니? (do)
B: He is a soccer player. He's very good. He won the MVP award last year.
A: Wow, that's great. I **2** _____ a soccer player myself.
　　　　　　나도 축구 선수가 되고 싶었는데. (want, be)
B: It doesn't seem easy. He usually **3** _____ practicing soccer.
　　　　　　　　그는 보통 하루 종일 축구 연습을 하며 보내. (spend, all day)
　　　There's a soccer tournament in two weeks. Why don't you come to the game with me?
A: Sure. If I **4** _____, _____ his autograph.
　　　그를 만나면 사인을 받아야지. (meet, get)

06 미래시제의 용법 / 진행형의 용법

정답 및 해설 p.10

↗ **CHECK UP**   괄호 안에서 알맞은 것을 고르시오.

1 Those books look heavy. I (will / am going to) help you carry them.   `13 - A`

2 The president is (made / to make) an official visit to Vietnam next week.   `13 - B`

3 Bill (exercises / is exercising) every day. He likes to keep in shape.   `14 - A`

4 These biscuits are excellent, but those cookies (taste / are tasting) a bit strange.   `14 - B`

A   빈칸에 알맞은 것을 [보기]에서 골라 조동사 **will**을 이용하여 문장을 완성하시오.

보기	be	carry	chop	get

1 A: Can you help me with this box?

B: Okay, give it to me. _____ _____ _____ it for you.

2 A: I don't know what's happened to Mom. She is very late.

B: Don't worry. _____ _____ _____ home soon.

3 A: We need some wood for the fireplace.

B: Okay. _____ _____ _____ some now.

4 A: Is David at work now?

B: No, not yet. _____ _____ _____ to the office at around 10.

B   [보기]와 같이 진행형과 주어진 표현을 활용하여 문장을 완성하시오.

보기	She *was playing* the piano when her cell phone rang. (play)

1 He _____ _____ on the highway when his new car broke down yesterday. (drive)

2 Be careful! You _____ _____ too fast! (go)

3 Dave _____ _____ _____ television now. He _____ _____ a computer game. (not/watch, play)

4 We _____ _____ the French countryside this week. (visit)

C 밑줄 친 부분에 유의하여 우리말로 옮기시오.

1 We <u>were about to have</u> dinner when the doorbell rang.

2 <u>Are</u> you <u>coming</u> to my birthday party tonight?

3 That noise <u>is giving</u> me a headache.

4 The typhoon <u>will</u> reach this area soon.

5 My family <u>was going to have</u> a picnic, but it rained.

6 The mall <u>is due to close</u> for two weeks for renovations.

7 Our flight <u>departs</u> in about an hour.

D 어법상 틀린 문장은 바르게 고치고, 옳은 문장에는 표시(O)하시오.

1 I am going to have a chicken salad, please.

2 When Jesse arrived at the station, the bus was just leaving.

3 Mark was believing he could go back home safely.

4 There's no point getting angry. Ian was just being playful when he was teasing you.

5 Apples are containing seeds that can grow into apple trees.

WRITING PRACTICE

우리말과 일치하도록 주어진 표현을 활용하여 문장을 완성하시오.

1 그들은 다음 주 금요일에는 일을 하지 않을 계획이다. (going, work)
They _____ next Friday.

2 네가 나에게 전화했을 때 나는 자는 중이었다. (call, sleep)
When _____, _____.

3 정부가 다음 달에 새 법안을 도입할 예정이다. (be to, introduce)
The government _____ a new law next month.

4 내년 이맘때 나는 런던을 방문하고 있을 것이다. (will, visit)
I _____ this time next year.

07

현재완료형의 용법 /
과거완료형·미래완료형의 용법

정답 및 해설 p.12

↗ **CHECK UP** 괄호 안에서 알맞은 것을 고르시오.

1 I (have visited / visited) my uncle who lives in Paris last month. `15 - A`

2 Jerry and Kate (lived / have lived) here since they graduated from school. `15 - B`

3 Mr. and Ms. Field have (gone / been) to Paris. So only their children are at home now. `15 - C`

4 Yesterday I broke the vase that I (have / had / will have) made. `16 - A`

A 주어진 단어를 알맞은 형태로 변형하여 빈칸에 쓰시오.

1 How many times _____ you _____ this novel so far? (read)

2 I was not hungry because I _____ _____ a muffin earlier. (eat)

3 Hurry up, or the store _____ _____ _____ by the time we get there. (close)

4 I didn't know you worked in this department. How long _____ you _____ here? (work)

5 Wow, you finished so quickly! When _____ you _____ this work? (start)

6 The work _____ _____ two weeks ago. (finish)

7 I _____ _____ _____ there, so I have no idea what the place is like. (never, be)

B 완료(진행)형과 주어진 단어를 활용하여 문장을 완성하시오.

1 1) Matt: What was the best thing about your trip to Japan?
Ben: Eating sushi was the best thing. I _____ it before this trip. (try, never) Now I love sushi.

2) What Ben loved the most about his trip to Japan was eating sushi. He _____ it before the trip. (try, never) But now he loves it now.

---

20 G-ZONE WORKBOOK

2 1) Sarah: Why are you so late? I _____ here for over an hour! (wait)

   John: I'm terribly sorry. I took a wrong turn and was lost for quite some time.

   2) Sarah was really angry at John yesterday. By the time he finally arrived, she _____ for over an hour. (wait)

3 1) Kate: How about going to the movie *My Story* tonight? I really want to see it!

   Jason: I _____ it. (see, already) Thanks anyway.

   2) Jason didn't go to the movie *My Story* with Kate last Thursday night. He _____ it. (see, already)

C 어법상 **틀린** 문장은 바르게 고치고, 옳은 문장에는 표시(O)하시오.

1 Did you try Korean food since you came Korea?

2 I think Amanda has been in Boston at that time.

3 Their parents will have been married for 30 years next month.

4 He will be surprised if I will have finished this book by tomorrow.

5 This is the second time that I have left my cell phone in a cab.

WRITING PRACTICE

우리말과 일치하도록 주어진 단어를 활용하여 문장을 완성하시오.

1 나는 몰디브에 가기 전에는 그렇게 아름다운 해변을 본 적이 없었다. (never, see)

I _____ _____ _____ such a beautiful beach before I went to the Maldives.

2 Christina는 서커스 공연에 가본 적은 없지만, TV로 하나를 본 적은 있다. (never, be, see)

Christina _____ _____ _____ _____ a circus, but she _____ _____ one on TV.

3 나는 내년 겨울까지는 역사와 정치학 석사 학위를 마칠 것이다. (finish)

By next winter I _____ _____ _____ my master's degree in history and political science.

4 우리가 야구장에 도착했을 때 경기는 이미 시작한 상태였다. (already, start)

When we arrived at the ballpark, the game _____ _____ _____.

1 밑줄 친 부분의 역할이 **다른** 하나를 고르시오.

① He picked up the book <u>on the desk</u>.
② The girl <u>standing over there</u> is my friend.
③ I still remember the day <u>when I first met you</u>.
④ They live in an apartment building <u>built two years ago</u>.
⑤ We stopped by the bakery <u>to buy something to eat</u>.

[2-3] 빈칸에 들어갈 수 **없는** 것을 고르시오.

2
> You sounded _____ when you said that.

① confident   ② puzzled
③ strangely   ④ like your mother
⑤ as if you really liked him

3
> I've had the same bicycle _____. I need a new one.

① for ages   ② for five years
③ ten years ago   ④ since I was 11
⑤ since my childhood

4 빈칸에 알맞은 것을 고르시오.

> Eagles, which _____ in the city for years, were spotted again in 1990.

① are not seen
② have not been seen
③ were not being seen
④ have not been seeing
⑤ had not been seen

5 다음 중 어법상 **틀린** 것을 2개 고르시오.

① The sign reads "Danger."
② Your health matters the most.
③ They announced the citizens the plan.
④ I thought you would go there with him.
⑤ He is hating carrots and spinach.

6 밑줄 친 부분 중 어법상 **틀린** 것을 고르시오.

① They weren't able to <u>attend to the meeting</u>.
② They <u>objected to the idea</u> of holding a speech contest.
③ He is not the man of her dreams, but she will <u>marry him</u>.
④ That woman <u>complained about the poor quality of the product</u>.
⑤ As we ate, we <u>discussed a variety of topics</u>.

7 다음 대화 중 어법상 **틀린** 것을 고르시오.

① A: Have you ever done any manual labor?
② B: Yes. When I was a sophomore, I had a part-time job.
③ A: What kind of work did you do?
④ B: I lay bricks for a construction company.
⑤ A: It must have been very hard.

8 밑줄 친 부분 중 어법상 <u>틀린</u> 것을 2개 고르시오.

① She <u>made me angrily</u> when she accused me of lying.
② I have finally adopted a puppy, and I <u>named her Laila</u>.
③ I <u>asked the taxi driver to drop</u> me off at the corner.
④ She won't <u>let the children to read</u> comic books.
⑤ My friend <u>saw me sleeping</u> on the sofa with my mouth open.

[9–10] 빈칸에 공통으로 들어갈 말을 쓰시오.

9 (A) Watching this movie reminds me _____ my childhood.
(B) I asked a favor _____ my friends, but they all made excuses.

10 (A) Ann forgot her mother was waiting as she showed her new mobile phone _____ everybody.
(B) I owe my success largely _____ my professors.

11 다음 중 어법상 <u>틀린</u> 것을 고르시오.

① The expedition cost him his life.
② Bar codes save a lot of work for us.
③ I bought several outfits for my son.
④ Would you mind if I asked you a personal question?
⑤ Sarah sent a message to me while I was chatting online.

[12–13] 우리말과 일치하도록 주어진 단어를 활용하여 문장을 완성하시오.

12 그는 그의 최근 소설로 상을 받기로 예정되어 있는 시상식에 오는 중이다.
→ He is on his way to a ceremony at which he _____ _____ _____ _____ a prize for his latest novel.
(to, award)

13 John은 간호사가 그의 체온을 재도록 했다.
→ John _____ _____ _____ _____ by the nurse.
(have, take, temperature)

14 우리말로 <u>잘못</u> 옮긴 것을 고르시오.

① I'm getting my brother to take me to the mall tomorrow.
→ 나는 내일 오빠에게 쇼핑몰에 데려다 달라고 할 것이다.
② I was about to go to bed when the phone rang.
→ 막 잠자리에 들려고 했는데 전화벨이 울렸다.
③ She's traveled a lot. She's even been to Africa.
→ 그녀는 여행을 많이 해왔다. 지금은 아프리카에 가 있다.
④ He'll have become fluent in English within a year.
→ 그는 1년 안에 영어에 능통하게 될 것이다.
⑤ She's been getting worse since starting the new medication.
→ 그녀는 새로운 약을 쓰기 시작한 이후로 계속 더 안 좋아지고 있다.

15 Brian has stopped exercising. By the time he will enter the army, he will not have been exercising for nearly a year!

16 I bought my laptop two years ago. Since last month, I've had it repaired three times. And it breaks down again this afternoon. I'm going to buy a new one soon.

17 다음 대화문 중에서 **어색한** 것을 고르시오.

① A: What is your wife doing?
   B: She's a nurse, but she's not working at the moment because she's pregnant.
② A: Where were you going when I saw you walking yesterday evening?
   B: To the gym.
③ A: Do you have any ideas for Sam's present?
   B: I haven't thought much about it yet, but I'll let you know.
④ A: Will Pat have cleaned the house by the time his parents return?
   B: I doubt it.
⑤ A: My father had wanted to see me perform in the school play, but he couldn't get time off work.
   B: What a pity!

18 우리말과 일치하도록 빈칸에 알맞은 말을 쓰시오.

A: 냉장고에 있는 뭐든지 마음껏 드세요.
B: 감사합니다.

→ A: Help _____ to anything in the refrigerator.
   B: Thank you.

19 빈칸에 들어갈 수 **없는** 것을 고르시오.

He _____ me to finish the report in an hour.

① got   ② made
③ asked   ④ helped
⑤ allowed

20 빈칸에 알맞은 것을 고르시오.

Could you _____ me if there are any seats available for Sunday's performance?

① say   ② tell
③ talk   ④ speak
⑤ report

21 밑줄 친 부분이 미래의 일을 나타내지 <u>않는</u> 것을 고르시오.

① I have no idea who <u>will be</u> the next president.
② The next movie <u>starts</u> in two hours.
③ If she <u>goes</u> shopping, please have her get me some socks.
④ Our school <u>is scheduled to compete</u> in a basketball competition this weekend.
⑤ Soccer matches usually <u>begin</u> at 7:00 in the evening during the week.

[22-23] 다음 글을 읽고, 물음에 답하시오.

In high school you will have to take many exams that aim to determine how well you know what the teachers ① <u>had taught</u> you. You have already taken many exams, but in high school you ② <u>are going to have</u> to continuously review material you ③ <u>will learn</u> in class if you are to succeed. If you ④ <u>prepare</u> a timetable and follow it, you shouldn't have any problems on the day of the exams. So, just before an exam, don't cram everything in at the last minute, because you ⑤ <u>will confuse</u> yourself. It is a recipe for disaster!

22 위 글의 주제로 가장 적절한 것을 고르시오.

① what exams are for
② how to prepare for a class
③ the best time for cramming
④ why high school exams are important
⑤ how to do well on high school exams

23 위 글의 ①~⑤ 중에서 어법상 틀린 것을 고르시오.

①　　②　　③　　④　　⑤

[24-25] 다음 글을 읽고, 물음에 답하시오.

These days newsstands display magazines with a gorgeous model on almost every cover. Most of these supermodels are (A) unnatural / unnaturally thin. What most people don't realize is that every image of a model you see in a fashion magazine (B) will be / has been touched up using the latest computer technology to remove 'flaws' like pimples. What's more, photographers take about 100 to 300 pictures for each published image. They are taken from the absolute best angle in perfect lighting. And as if that isn't enough, the model's hair and makeup is always professionally done and is constantly touched up by a makeup artist and hair stylist standing by to make sure nothing (C) look / looks less than perfect.

24 위 글의 요지로 가장 적절한 것을 고르시오.

① 지나친 다이어트는 건강에 해롭다.
② 오늘날의 패션 잡지는 너무 상업적이다.
③ 청소년들 사이에서 외모지상주의가 만연해 있다.
④ 패션 잡지에 실리는 모델의 모습은 비현실적이다.
⑤ 사진술의 발달이 패션 잡지의 질을 향상시키고 있다.

25 (A), (B), (C) 각 네모 안에서 어법에 맞는 표현을 골라 짝지은 것을 고르시오.

	(A)	(B)	(C)
①	unnatural	will be	looks
②	unnaturally	will be	look
③	unnatural	has been	looks
④	unnaturally	has been	look
⑤	unnaturally	has been	looks

08 be·have·do의 용법 / can·could의 용법

정답 및 해설 p.16

⤴ **CHECK UP** 괄호 안에서 알맞은 것을 고르시오.

1 My parents agree with me, and so (are / do) my friends. `17 · B`

2 It's very cold, so it (can / could) snow tonight. `18 · B`

3 The townspeople cannot but (suspect / suspecting) him. `18 · C`

4 You cannot be (so / too) careful when you use your credit card on the Internet. `18 · C`

A 빈칸에 알맞은 것을 [보기]에서 골라 필요시 변형하여 쓰시오.

보기	be	have	do

1 I _____ visited New York many times for work.

2 Never _____ I imagine that he would be a famous singer.

3 A strange man _____ seen in the school library yesterday.

4 Even though classical music is my favorite, I _____ like all kinds of music.

B 밑줄 친 can 또는 could가 나타내는 의미를 [보기]에서 골라 그 기호를 쓰시오.

보기	ⓐ 능력	ⓑ 허가	ⓒ 가능성	ⓓ 합리적 추측·확신에 대한 의문	ⓔ 불가능	ⓕ 요청

1 <u>Can</u> you vacuum while I iron these clothes?

2 Tom <u>can't</u> be sick. He was fine this morning.

3 <u>Can</u> the rumor be true? I can hardly believe it.

4 The chimpanzee <u>can</u> use plants to treat injuries.

5 Accidents <u>can</u> happen any time.

6 You <u>can</u> turn off the heater now. It's warm enough.

C 빈칸에 can, cannot, could, be able to-v 중 알맞은 것을 모두 쓰시오.

1 He can't cut your hair today, but you _____ make an appointment for tomorrow.

2 Clara _____ read Japanese because she's learning it at school.

3 He _____ get a ticket to the Super Bowl last week. He really enjoyed the game.

4 I was waiting for you for hours. You _____ have called me.

5 My daughter is so cute and adorable. I _____ help but love her.

6 Jeff _____ be trusted. He always tells lies to his friends.

D 어법상 틀린 문장은 바르게 고치고, 옳은 문장에는 표시(O)하시오.

1 Jerry is more interested in fashion than I do.

2 You broke your promise and made excuses, didn't you?

3 The police were able to catch and arrest the criminal on the spot.

4 Second-hand smoke can be dangerous to your overall health.

5 Justin can't write that letter. It's not like him to say things like that.

WRITING PRACTICE

우리말과 일치하도록 알맞은 표현을 [보기]에서 골라 변형하여 문장을 완성하시오.

보기	walk	throw away	wonder	be thankful

1 우리 할아버지는 어젯밤 아무 도움 없이 걸을 수 있었다.

My grandfather _____ _____ _____ _____ without any help last night.

2 나는 우리 부모님의 지원에 대해 아무리 감사해도 지나치지 않다.

I _____ _____ _____ _____ to my parents for their support.

3 그녀가 그 책을 버렸을 수도 있다. 왜냐하면 그녀는 그 책을 좋아하지 않았으니까.

She _____ _____ _____ that book _____ because she didn't like it.

4 나는 이 보고서가 정말 모든 사실들을 포함하고 있는지를 궁금해 하지 않을 수 없다.

I _____ _____ _____ whether this report really contains all the facts.

09

may·might의 용법 / must·have to-v의 용법 정답 및 해설 p.18

☑ **CHECK UP** 괄호 안에서 알맞은 것을 고르시오.

1 You (may / must) go to the dance party if you promise to come back before midnight.   `19 - A`

2 She (might go / might have gone) shopping yesterday. She said she needed some shirts.   `19 - B`

3 We (may well / may as well) take the bus. It's too far.   `19 - C`

4 You (must not / don't have to) iron that shirt. It looks fine.   `20 - A`

5 Their ice cream (must / can) be good. Their shop is always crowded.   `20 - B`

A 빈칸에 **must**와 **have[had] to** 중 알맞은 것을 쓰시오. 단, 둘 다 가능할 경우 둘 다 쓰시오.

1 Applicants _____ be able to speak Arabic.

2 You'll _____ help her. She won't know how to do it.

3 My aunt has been gardening all day. She _____ be exhausted.

4 Somebody _____ have bought the expensive bag that used to be in the window. I haven't seen it in weeks.

5 The manager's microphone stopped working at the last meeting. They _____ get a new one so he could finish his presentation.

B 주어진 단어와 **may**를 활용하여 문장을 완성하시오.

1 A: May I see your ticket?
B: Oh, I can't find it. I _____ _____ _____ it. (lose)

2 A: I keep calling Kelly, but she doesn't answer the phone.
B: She _____ _____ away with her family. (be)

3 A: The subway has stopped running. What should we do?
B: We _____ _____ _____ _____ a taxi. (take)

C 　조동사(must, have to-v, may)와 주어진 단어를 활용하여 문장을 완성하시오.

1 A: My girlfriend has just accepted my marriage proposal.

　 B: Wow, congratulations. You _____ very excited. (be)

2 A: Tomorrow is Sunday.

　 B: Let's watch a movie on TV tonight. We _____ to bed early. (go)

3 A: Sam, how is your job search going?

　 B: I had an interview at a company. They _____ me a job, but I'm

　　 not sure. (offer)

D 　어법상 틀린 문장은 바르게 고치고, 옳은 문장에는 표시(O)하시오.

1 I don't know for sure, but she must be the first woman to be president.

2 May live you to be 100 years old!

3 Eric must be hungry now! I saw him eat a huge meal an hour ago.

4 The fan has a remote control, so I must not get up to turn it off.

5 Wherever she may be, I think of her all the time.

WRITING PRACTICE

우리말과 일치하도록 [보기]에서 알맞은 단어를 골라 활용하여 문장을 완성하시오.

보기	be	check	dig

1 우린 눈 속에서 우리 차를 파내야 했다.

　 We _____ _____ _____ _____ _____ out of the snow.

2 John은 전화 메시지를 확인하지 않았을지도 모른다.

　 John _____ _____ _____ _____ his phone messages.

3 그 소년은 복통을 호소했다. 그 해산물 때문이었음에 틀림없다.

　 The boy complained of a stomachache. It _____ _____ _____ from the seafood.

4 오늘 졸업하는 학생들은 그들의 성취를 자랑스러워할 것이 당연하다.

　 The students graduating here today _____ _____ _____ proud of their achievements.

10

will·would의 용법 / should·ought to-v의 용법 정답 및 해설 p.19

☑ **CHECK UP** 괄호 안에서 알맞은 것을 고르시오.

1 Jessica has always wanted a kitten, but her parents (won't / should) allow it. `21 - A`

2 He (used to / would) be a troublemaker at school. `21 - A`

3 They demanded that the company (compensate / compensated) them for the damage. `22 - B`

4 They spoke quietly lest the others (should / should not) hear them. `22 - B`

A 주어진 단어와 **will[would]**을 이용하여 문장을 완성하시오. 단, 둘 다 가능할 경우 둘 다 쓰시오.

1 If her major were English, they _____ her. (hire)

2 A good teacher _____ things clearly. (explain)

3 In my youth I _____ taekwondo every day, but I gave up after I injured my knee. (practice)

4 I _____ the time I first met you at the party. (never, forget)

B 각 문장의 의미를 잘 나타낸 것을 고르시오.

1 You should receive the package by next Friday at the latest.
ⓐ It is probable that you will receive the package by next Friday at the latest.
ⓑ It is your obligation to receive the package by next Friday at the latest.

2 You should apologize if it was your fault.
ⓐ I advise you to apologize if it was your fault.
ⓑ I am sure you will apologize for your fault.

3 We should have left earlier to avoid the traffic.
ⓐ I think that we left early enough to avoid the traffic.
ⓑ I regret that we did not leave early enough to avoid the traffic.

C　　빈칸에 공통으로 알맞은 조동사를 쓰시오.

1 (A) I _____ like to study abroad.

(B) _____ you please fill out the documents for me?

2 (A) I _____ start exercising this year. That's my New Year's resolution.

(B) Mr. Smith _____ be your new homeroom teacher. I heard it from the principal.

3 (A) It's recommended that you _____ have three good meals a day.

(B) How _____ I know? You're asking the wrong person.

D　　어법상 틀린 문장은 바르게 고치고, 옳은 문장에는 표시(O)하시오.

1 I asked your brother where you were. But he shouldn't talk to me.

2 I'd rather go to the beach than climb a mountain.

3 He insists that his confession be made under pressure.

4 What a pity that she should waste her talents like that.

5 They should be here soon because they left early.

WRITING PRACTICE

우리말과 일치하도록 주어진 표현을 활용하여 문장을 완성하시오. 단, would나 should, ought to-v 중 하나는 반드시 사용하시오.

1 목소리를 낮춰 주시겠어요? (mind, keep)

_____ _____ _____ _____ your voices down, please?

2 그들은 호텔에 머무르는 대신 친척들과 지냈어야 했는데. (stay)

They _____ _____ _____ _____ with their relatives instead of staying at a hotel.

3 그가 그 장소를 제안하다니 이상하다. 난 그가 그곳에 가는 것을 싫어하는 줄 알았다. (suggest, that place)

It's strange that he _____ _____ _____ _____. I thought he hated going there.

4 예술품을 손상시키지 않기 위해서 카메라의 플래시를 사용하실 수 없습니다. (damage)

You can't use the flash on your camera _____ _____ _____ _____ the art.

11

could·might·would·should의 용법 정리 / need·dare의 용법

정답 및 해설 p.20

☑ **CHECK UP** 괄호 안에서 알맞은 것을 고르시오.

1 She promised she (won't / wouldn't) say anything upsetting to him. `23 - A`

2 I (would have won / would win) the race if you hadn't bumped into me. `23 - B`

3 We (needn't / needn't to) worry. Everything will be all right. `24 - A`

4 She dare not (call / to call) me again. `24 - B`

A 밑줄 친 **need**나 **dare**가 조동사인지 본동사인지 밝히고, 문장을 우리말로 옮기시오.

1 I <u>need</u> to take a nap.

2 <u>Dare</u> I say his name?

3 <u>Need</u> I paint this bedroom?

4 I don't <u>need</u> you to point out my mistakes.

5 I <u>needn't</u> have brought my book on the train. I didn't even read it.

6 I <u>dare</u> not wear those shoes with that dress.

B 주어진 단어와, '조동사+동사원형'이나 '조동사+have v-ed'를 활용하여 문맥에 맞게 변형하시오.

1 (could / be)

　1) I _____ wrong, but I don't think that would work.

　2) We were lucky. We _____ hurt in the accident.

2 (should / call)

　1) I'm sorry I've worried you. I _____ you earlier.

　2) You _____ and confirm your flight now.

3 (might / come)

　1) I'm not sure, but Jonathan _____ to the party later.

　2) Experts say the virus _____ from wild animals before it spread
　　to humans.

4 (would / receive)

    1) I had sent her the package a month ago, and I knew she _____ it a week later.

    2) When I was young, I _____ an allowance from my grandmother.

C   주어진 단어를 활용하여 대화문을 완성하시오.

A: Could I talk to you for a moment? I'd like to apologize. I asked my friends if they **1** (will) join our trip without your permission.

B: You **2** (need) to apologize. I know that you meant well.

A: Still, I know there **3** (can, be) a problem if there had been too many people.

B: Don't worry. You needn't have mentioned it.

WRITING PRACTICE

우리말과 일치하도록 [보기]의 단어와 주어진 조동사를 활용하여 문장을 완성하시오.

보기	finish	leave	speak	describe	say

1 경찰은 내게 그 남자의 인상착의를 말해 줄 수 있는지 물었다. (can)

    The police asked me if I _____ the man.

2 네가 귀중품을 카운터에 맡겼으면 좋았을 텐데. (should)

    You _____ your valuables at the counter.

3 너 어떻게 나한테 그런 식으로 말할 수 있지? (dare)

    _____ to me like that?

4 네가 어젯밤에 TV를 보지 않았더라면, 너는 숙제를 끝낼지도 몰랐는데. (might)

    If you hadn't watched TV last night, you _____ your homework.

5 감히 말하건대 아마 그들은 곧 헤어질 것이다. (dare)

    _____ they will break up soon.

12

가정법 과거 / 가정법 과거완료, 혼합가정법, if의 생략

정답 및 해설 p.21

⤵ **CHECK UP**   괄호 안에서 알맞은 것을 고르시오.

1 I would be disappointed if he (loses / lost) the competition.   `25`

2 What (will / would) you do if you were the minister of education?   `25`

3 If our team (won / had won) the national contest, we would have bought dinner for everyone.   `26 - A`

4 If you (did / had done) the dishes, the kitchen would look a little cleaner now.   `26 - B`

5 (Had it not / It had not) been so hot, I would've gone hiking yesterday.   `26 - C`

A   [보기]와 같이 주어진 표현을 활용하여 가정법 과거 문장을 완성하시오.

> 보기   (I, be, an architect, I, design, my own home)
> → If I were an architect, I would design my own home.

1 (you, sell, your house, you, make a profit)

→ _____

2 (what, he, do, he, be, in my shoes)

→ _____

3 (the team, not, practice basketball, so often, they, not, play, very well)

→ _____

B   if를 생략한 후, 두 문장이 같은 의미가 되도록 빈칸에 알맞은 말을 쓰시오.

1 If I were the president, I would help poor and needy people.

→ _____ _____ the president, I would help poor and needy people.

2 If you had met Jessica, you would have fallen in love with her.

→ _____ _____ _____ Jessica, you would have fallen in love with her.

3 If she hadn't broken her leg, she could have participated in the race.

→ _____ _____ _____ _____ her leg, she could have participated in the race.

C 주어진 단어를 활용하여 가정법 과거나 가정법 과거완료 문장을 완성하시오.

1 If my students _____ hard, they could have passed the test. (study)

2 If you _____ us again, we would be very sad. (not, visit)

3 What would you do if you only _____ six months to live? (have)

4 He would _____ there on time if he had left home earlier. (be)

D 두 문장이 같은 의미가 되도록 [보기]와 같이 가정법 과거완료나 혼합가정법 문장으로 고치시오.

> 보기   The bus arrived late, so we didn't miss it.
> → If the bus had not arrived late, we would have missed it.

1 The plane didn't crash, because the pilot landed on a road.

→ _____

2 The weather was not nice, so the picnic was canceled.

→ _____

3 Because he did not purchase a ticket last week, he is not at the festival today.

→ _____

4 As I didn't plan things at the start, I'm in this mess now.

→ _____

WRITING PRACTICE

우리말과 일치하도록 be동사를 활용하여 문장을 완성하시오.

1 내가 내 이름을 바꾼다면, 나는 Jennifer를 고를 거야.

If I_____ _____ change my name, I would choose Jennifer.

2 내가 너의 입장이라면 나는 공학을 공부할 텐데.

_____ _____ in your position, I would study engineering.

3 그의 영어 수업을 수강하지 않았다면 지금 나는 영어를 잘 못할 것이다.

If I hadn't taken his English class, I _____ _____ _____ at English now.

13

I wish + 가정법, as if[though] + 가정법 / 가정법을 포함하는 구문 / 가정법 현재

정답 및 해설 p.23

↗ **CHECK UP**

괄호 안에서 알맞은 것을 고르시오.

1 I wish I (know / knew) the answer to this math problem. `27 - A`

2 He talks about his girlfriend (as if / if) she were an angel. `27 - B`

3 It's time they (do / did) something about these vicious rumors. `28 - C`

4 (Were it not / Had it not been) for your help, I'd never have finished my project. `28 - C`

5 We insisted that the clerk (find / found) us another hotel room, and we finally got one. `29 - A`

A

주어진 단어를 활용하여 문장을 완성하시오.

1 A: It's such a nice day today that I thought we might go hiking.

B: I wish you _____ me earlier. I've just made plans to play tennis. (call)

2 A: I like my job a lot, and the salary is good.

B: I wish I _____ the same. (can, say)

3 A: He drives as if he _____ a race car driver. (be)

B: I agree. I don't like to drive with him. It's too dangerous.

4 A: I wish we _____ the game. We usually play much better. (not, lose)

B: Don't take it so hard. We'll do better next time.

5 A: Did you see Denise after the accident?

B: Yes. She acted as if nothing _____. (happen)

6 A: Please don't talk to me as if I _____ stupid. (be)

B: If I did, I'm sorry.

7 A: Are you done with your homework?

B: No, not yet. I wish I _____ so much time yesterday. (not, waste)

B   빈칸에 알맞은 것을 [보기]에서 골라 필요시 변형하여 쓰시오.

> 보기   without   it's time   with   as it were   would rather

1 It's 11 p.m. _____ you went to bed, Paul.

2 I don't think the plot holds together at all, _____.

3 _____ your experience, you would get the job easily.

4 I _____ you didn't make so much noise.

5 _____ the bulletproof vest, the police officer would have been killed.

C   두 문장이 같은 의미가 되도록 빈칸에 알맞은 말을 쓰시오.

1 It's time he should pay his debts.
→ It's time _____ _____ his debts.

2 If it were not for music, the world would be boring.
→ _____ _____ music, the world would be boring.

3 I want to help you, but I can't.
→ _____ _____ I could help you.

WRITING PRACTICE

우리말과 일치하도록 주어진 단어를 활용하여 문장을 완성하시오.

1 그것을 보면 너는 그것이 성이라고 생각할 것이다. (to, see, think)
_____ _____ _____, you _____ _____ it was a castle.

2 네가 학교에 결석하지 않는 것이 중요하다. (not, absent)
It is essential that you _____ _____ _____ from school.

3 너는 왜 이제 나한테 말하는 거야? 넌 그것에 대해 좀 더 일찍 생각할 수도 있었잖아. (think)
Why are you telling me now? You _____ _____ _____ about that earlier.

4 네가 나무에서 떨어지지 않도록 조심해라. (lest, fall)
Be careful _____ _____ _____ from the tree.

14

수동태의 형태와 개념 / 3형식 문장의 수동태

정답 및 해설 p.24

↗ **CHECK UP**   괄호 안에서 알맞은 것을 고르시오.

1 Formality (uses / is used) during the interview process. `30`

2 Korean and English (speak / are spoken) in Koreatown. `30`

3 Please don't let it (lose / be lost) forever. `30`

4 Ginseng is believed (to improve / that it improves) circulation. `31 - B`

5 Low prices have been made (up for by increased sales / by increased sales up for). `31 - C`

A   다음을 수동태로 바꾸시오.

1 Hemingway wrote *The Old Man and the Sea*.

→ _____

2 They export seaweed to Japan.

→ _____

3 They irrigate the land efficiently.

→ _____

4 His mother breastfed him until he was three.

→ _____

5 They say that rubbing the statue's foot brings luck.

→ _____

→ _____

B   주어진 동사를 알맞은 형태로 바꾸어 문장을 완성하시오.

1 The ship _____ in last Sunday's rainstorm. (destroy)

2 The plan will _____ regularly by the government. (look at)

3 This painting _____ by Vincent van Gogh. (paint)

4 The stolen ring is reported _____ worth $15 million. (be)

C 빈칸에 알맞은 것을 [보기]에서 골라 문맥에 맞게 바꾸어 쓰시오.

보기	use	offer	resemble	think

1 She _____ her sister. They look alike.

2 I was upset because no reasonable explanation _____ for their absence.

3 Poverty _____ to be a vicious circle.

4 We _____ energy to heat and cool our homes.

D 어법상 틀린 문장은 바르게 고치고, 옳은 문장에는 표시(O)하시오.

1 The email sent two days ago, and she only read it today.

2 The Gyeongsang dialect is spoken in Busan.

3 It is thought that writing somebody's name in red means they will die soon.

4 She is lacked confidence, but I know she is very talented.

5 Fifteen passengers injured seriously in the accident yesterday.

WRITING PRACTICE

우리말과 일치하도록 주어진 표현을 활용하여 문장을 완성하시오.

1 내 딸은 2012년 서울에서 태어났다. (bear)
My daughter _____ _____ in Seoul in 2012.

2 돼지꿈을 꾸는 것은 행운을 가져다 준다고들 한다. (say)
It _____ _____ _____ dreaming of a pig brings good fortune.

3 아무도 우리를 도와주지 않았다. (help)
We _____ _____ _____ by anybody.

4 어젯밤 박물관에서 고가의 그림 한 점이 도난 당했다. (steal)
A valuable painting _____ _____ from the museum last night.

5 그는 그의 삼촌에 의해 자랐다. (bring up)
He _____ _____ _____ _____ his uncle.

15

4·5형식 문장의 수동태 / 주의해야 할 수동태 정답 및 해설 p.26

CHECK UP   괄호 안에서 알맞은 것을 고르시오.

1 This watch was bought (to / for) me by my best friend.   `32 - A`

2 The newborn baby (named / was named) Emily after her grandmother.   `32 - B`

3 I was allowed (to join / join) the club.   `32 - B`

4 He was scared (of / with) falling off the ladder.   `33 - A`

A   빈칸에 알맞은 것을 [보기]에서 모두 골라 쓰시오.

보기	at	to	with	in

1 The customers were very satisfied _____ their meal. They left a nice tip.

2 He is well known _____ us for the songs he has composed.

3 I am surprised _____ what technology can do these days.

4 Mary has been interested _____ animals since she was a little girl.

5 The entire floor was covered _____ dust.

B   주어진 동사를 능동태 또는 수동태로 바꾸어 문장을 완성하시오.

1 The movie _____ reporters and critics yesterday. (show)

2 The ball _____ the goalkeeper, and he kicked it up to the half-way line. (pass)

3 We will _____ you an email as soon as possible. (send)

4 This dish _____ my mother this morning by my father. (cook)

C   다음을 수동태 문장으로 바꾸시오.

1 This machine saved us time and money.

→ _____

2 They told us not to swim in the ocean today.

→ _____

3 We saw the woman leave her house without her children.

→ _____

4 They made me wait for hours before the examination.

→ _____

5 Mr. Smith gave me some good advice once.

→ _____

→ _____

D 어법상 틀린 문장은 바르게 고치고, 옳은 문장에는 표시(O)하시오.

1 The product sells quickly on the Internet.

2 The passenger had a terrible headache and given some aspirin by a flight attendant.

3 The staff members told the news yesterday by the director.

4 He remained injured when hammering a nail into the wall.

5 I think Hollywood is to blame for creating stereotypes.

WRITING PRACTICE

우리말과 일치하도록 알맞은 것을 [보기]에서 골라 활용하여 문장을 완성하시오.

보기	read	elect	leave	sharpen

1 Brian은 이번 학기에 반장으로 선출되었다.

Brian _____ class president this semester.

2 그는 정부를 떠나야 했다.

He was made _____ the government.

3 그 가위는 날을 갈 필요가 있다.

The scissors need _____.

4 그 명세서는 다음과 같이 쓰여 있다.

The statement _____ as follows.

1 빈칸에 공통으로 들어갈 말로 알맞은 것을 고르시오.

> (A) You _____ stay home today if you're tired.
> (B) The woman in the hat _____ be John's wife.
> (C) He _____ well not want to eat that again. It was awful!

① can   ② may   ③ will
④ should   ⑤ need

2 다음이 같은 의미가 되도록 빈칸에 알맞은 것을 고르시오.

> It's important to have your children experience many things. It cannot be emphasized strongly enough.
> = It's important to have your children experience many things. It cannot be emphasized _____ strongly.

① much   ② less   ③ even
④ too   ⑤ so

3 주어진 문장의 will과 의미가 같은 것을 고르시오.

> You can tell me your secret. I <u>will</u> not tell anyone.

① A diligent student <u>will</u> get good grades.
② I don't need your help. I <u>will</u> do it myself.
③ That <u>will</u> be Sarah coming here now.
④ This paper <u>will</u> burn in the fire easily.
⑤ <u>Will</u> you help me with this?

4 다음 중 우리말로 바르게 옮긴 것을 고르시오.

① He cannot have been there. He was with me.
 → 그는 거기에 있지 않았을지도 몰라. 그는 나와 함께 있었거든.
② The heater must have gone off in the night.
 → 밤에 히터가 꺼졌을지도 모른다.
③ She should have taken his advice.
 → 그녀는 그의 충고를 받아들였을 것이다.
④ The Jacksons might have been out of town last week.
 → Jackson 가족은 지난주에 마을 밖에 있었음에 틀림없다.
⑤ They would have joined us, but they had to study for a test.
 → 그들은 우리와 함께 했을 테지만, 시험 공부를 해야만 했다.

5 빈칸에 알맞은 것을 고르시오.

The interior decorator suggested that we _____ the walls sky blue.

① paint   ② painted
③ would paint   ④ were painting
⑤ have painted

6 우리말과 일치하도록 주어진 표현을 바르게 배열하시오.

오늘은 외출하는 것보다 집에 있고 싶다.
→ I (would, go out, stay home, than, rather) today.

7 다음 대화문에서 밑줄 친 부분이 어색한 것을 고르시오.

① A: I'm tired and feel dizzy. I haven't been well lately.
  B: Oh, you look sick. You <u>should see</u> a doctor.

② A: Can you drive Sean to the mall this evening?
  B: Sure. I <u>will drive</u> him there if it's not too late.

③ A: Have you seen my keys and wallet?
  B: They <u>could be</u> on the table. You always put them there.

④ A: I live by the mountains and there is a big lake in front of them.
  B: It <u>cannot be</u> very beautiful. I really envy you.

⑤ A: <u>Would</u> you <u>like to have</u> iced tea or hot tea?
  B: Either would be fine. Thank you.

8 어법상 틀린 부분을 바르게 고치지 <u>못한</u> 것을 고르시오.

① If he had listened to us, he wouldn't lose a lot of money. (lose → have lost)
② Judy were here, it would be much more fun. (Judy were → Were Judy)
③ I'm too busy to go shopping. I wish I have more free time. (have → had)
④ It's time you start acting your age. (틀린 곳 없음)
⑤ If I had majored in law, I could have been a lawyer now. (have been → be)

[9-10] 빈칸에 알맞은 것을 고르시오.

9 Let's check the guest list for my birthday party and make sure Cynthia is on it. She'd be hurt if we _____ her to the party.

① invite   ② invited
③ don't invite   ④ didn't invite
⑤ haven't invited

10 Yesterday, our team won the soccer game. All the players did well, but especially Jason. If he hadn't scored, we _____ the game.

① lose   ② lost
③ may lose   ④ might lose
⑤ might have lost

11 다음 중 어법상 틀린 것을 고르시오.

① You needn't shout. I can hear you just fine.
② It's odd that the book should end like that.
③ I must leave in the middle of the meeting so I excused myself.
④ He needs to be very careful with his credit cards.
⑤ I dare say that I also have a dream.

12 주어진 문장과 같은 의미가 되도록 빈칸에 알맞은 말을 쓰시오.

I'm sorry they weren't honest from the beginning.

= I wish they _____ from the beginning.

13 밑줄 친 부분을 우리말로 옮기시오.

> A: I heard you found the watch that you lost.
> B: Yes. <u>I felt as if I had just won the lottery!</u>

→ _____

14 빈칸에 알맞은 것을 고르시오.

Even when he was gone, he made sure _____. He sent money back home for them to live on.

① his family took care
② his family took care of
③ his family was taken care
④ his family was taken care of
⑤ his family was taken care by

15 다음 중 어법상 틀린 것을 고르시오.

① He was made to stay after school.
② A camera was bought to me for my birthday by my brother.
③ The thief was seen to drive away in a blue van.
④ The horses were raised to be race horses.
⑤ Two hundred numbers can be stored on this cell phone.

16 빈칸에 알맞은 전치사를 쓰시오.

I was delighted _____ the opportunity to tour a part of a neighboring country.

17 우리말과 일치하도록 주어진 단어를 바르게 배열하시오.

Sally는 들리지 않게 속삭였다.
→ Sally whispered (heard, lest, be, she).

18 우리말로 바르게 옮기지 <u>못한</u> 것을 고르시오.

① The paint is peeling off the wall.
  → 그 페인트칠이 벽에서 벗겨지고 있다.
② This garden needs weeding.
  → 이 정원은 제초가 필요하다.
③ We get paid at the beginning of the month.
  → 우리는 월초에 돈을 지급받는다.
④ Who is to blame for the delay?
  → 누가 연기된 것을 비난하느냐?
⑤ The plan will be carried out soon.
  → 그 계획은 곧 실행될 것이다.

19 세 문장이 같은 의미가 되도록 문장을 완성하시오.

> People say that every journey begins with a single step.

→ It _____ that _____ _____ a single step.
→ Every journey _____ _____ a single step.

[20-21] 다음 글을 읽고, 물음에 답하시오.

Diamond rings (A) | rarely gave / were rarely given | as engagement rings before the 1930s. Rather, people considered opals, rubies, sapphires, and turquoise to be better tokens of love. The demand for diamonds only increased after an ingenious 1940s ad campaign presented diamonds as the most romantic of gems. Who hasn't heard the phrase "A diamond is forever"? With this slogan, the advertisements suggested that a fiancé (B) | should / would | give his future wife a diamond ring in order to show his undying love. Since then, countless men (C) | have paid / had paid | "three months' salary" for their diamond rings, believing that these stones represent the value of their love.

*turquoise 터키옥

20 위 글의 제목으로 알맞은 것을 고르시오.

① How to Make a Successful Ad Campaign
② The Longevity of Diamonds in Engagement Rings
③ Successfully Marketing Diamonds as Tokens of Love
④ Various Kinds of Gems as Gifts
⑤ Why Diamond Rings Are So Expensive

21 위 글의 (A), (B), (C)에서 어법에 맞는 것을 각각 골라 쓰시오.

(A) _____
(B) _____
(C) _____

[22-23] 다음 글을 읽고, 물음에 답하시오.

In 480 B.C., a small army of 300 Spartan warriors ① led by King Leonidas, held off 100,000 Persian invaders under the command of King Xerxes, at a narrow coastal pass called Thermopylae. Twenty-four centuries later, the story author and illustrator Frank Miller ② captured these events vividly in his 1999 graphic novel. Afterwards, Miller's book ③ was realized on screen as the film *300*, by director Zack Snyder. Recreating the battle of Thermopylae was a massive task that ④ would be impossible without a modern-day army of artists, technicians, stunt people and trainers. In addition, with modern technology and a dedicated and creative staff, this movie ⑤ was made at a third of the cost of other epic movies like *Troy* and *Alexander*.

22 위 글의 ①~⑤ 중에서 어법상 틀린 것을 고르시오.

①   ②   ③   ④   ⑤

23 영화 〈300〉에 대한 위 글의 내용과 일치하지 않는 것을 고르시오.

① 기원전 480년에 일어난 전쟁을 배경으로 했다.
② 스파르타와 페르시아 간의 대립을 그렸다.
③ 원작자는 Frank Miller로 이 영화의 감독이기도 하다.
④ 원작 소설은 1999년에 출간되었다.
⑤ 영화 〈트로이〉보다 비용이 적게 들었다.

16

to부정사의 기본 형태 / to부정사의 의미상 주어 정답 및 해설 p.30

☑ CHECK UP 괄호 안에서 알맞은 것을 고르시오.

1 We were advised (to not feed / not to feed) the animals in the zoo. `34 - A`

2 Sam seems (to have seen / to see) the movie. He already knows all about it. `34 - B`

3 I'm happy (to accept / to have been accepted) to such a great university. `34 - C`

4 We need ten chairs (of / for) everyone to have a seat. `35 - B`

A 두 문장이 같은 의미가 되도록 to부정사를 사용하여 [보기]와 같이 문장을 완성하시오.

> 보기 It appears that all the information one needs is available on the Internet.
> → All the information one needs appears *to be available on the Internet*.

1 It seems that everybody has doubts about their ability.

→ Everybody seems _____.

2 I promise that I will not be absent from now on.

→ I promise _____.

3 It seems that the boardwalk was repaired.

→ The boardwalk seems _____.

B 주어진 문장을 활용하여 [보기]와 같이 문장을 완성하시오.

> 보기 You help me with my bags.
> → It is very considerate *of you to help me with my bags*.

1 She shares this information with us.

→ It is very generous _____.

2 He fouls out of the game.

→ It's not unusual _____.

3 You keep plants in a room that gets a lot of sunshine.

→ It's wise _____.

C 어법상 **틀린** 문장은 바르게 고치고, 옳은 문장에는 표시(O)하시오.

1 The meeting of the committee is expected to finish in two hours.

2 It was irresponsible for her to let her friend drive her car.

3 The company claims to make a profit last year.

4 I decided not to pursue a career as a doctor.

5 It is a great honor for me to have nominated as Best Actor.

6 I need for you to come closer.

WRITING PRACTICE

우리말과 일치하도록 주어진 단어를 활용하여 문장을 완성하시오.

1 정부는 빈곤을 감소시키기를 원한다. (reduce, poverty)
The government wishes _____ _____ _____.

2 Amy는 팀 리더로 선출되어 매우 신나 있다. (excited, choose)
Amy is _____ _____ _____ _____ _____ as the team leader.

3 Patrick은 새 사업으로 많은 돈을 벌고 있는 거 같아. (appear, earn)
Patrick _____ _____ _____ _____ a lot of money in his new business.

4 지갑을 책상 위에 두고 오다니 나는 멍청해. (stupid, leave)
It was _____ _____ _____ _____ _____ my wallet on the desk.

5 그는 외국으로 공부하러 가지 않기로 결정했다. (decide, study)
He _____ _____ _____ _____ abroad.

6 그 문제는 벌써 잊혀진 것 같다. (forget)
The problem seems _____ _____ _____ _____ already.

17

to부정사의 명사적 용법 / to부정사의 형용사 적 용법 / to부정사의 부사적 용법

정답 및 해설 p.31

↗ **CHECK UP** 괄호 안에서 알맞은 것을 고르시오.

1 It is becoming more and more difficult (find / to find) a job. `36 - B`

2 I think (it dangerous / dangerous) for you to go there alone. `36 - B`

3 There are more than ten projects for my company (to deal / to deal with). `37 - A`

4 I was surprised (to hear / hearing) that he won the essay competition. `38 - A`

5 Carl is (too smart / smart enough) to look after himself. `38 - B`

A 두 문장이 같은 의미가 되도록 [보기]와 같이 문장을 완성하시오.

> 보기 Laura wanted to study abroad, so she studied English very hard.
> → Laura studied English very hard *to study abroad*.

1 We wanted to visit Aunt Mary, so we took a train to San Jose.
→ We took a train to San Jose _____ _____ Aunt Mary.

2 You must brush your teeth before you go to bed.
→ You _____ _____ _____ your teeth before you go to bed.

3 We rushed to get it done but missed the deadline.
→ We rushed to get it done _____ _____ _____ the deadline.

4 I'd be delighted if I could receive cards and gifts on a special day.
→ I'd be delighted _____ _____ cards and gifts on a special day.

B 주어진 표현을 바르게 배열하시오.

1 Please give me (to, on, a piece of paper, write).

2 These items are (pack, too, to, big) in your suitcase.

3 The new city (complete, due, is, to, be) by 2022.

4 She (be, the writer of the book, to, proved).

C 주어진 단어를 활용하여 [보기]와 같이 문장을 완성하시오.

> 보기   I met a boy whose dream *is to help* people in need. (be / help)

1 The high standards _____ to a good university.
(make, difficult, get accepted)

2 Many people asked me _____ used cars in Seoul.
(where, buy)

3 You must be neat and polite if you _____ a good impression.
(be, make)

4 Damage to the brain is _____ forever.
(likely, last)

5 His parents were _____ return home safely.
(please, see, him)

WRITING PRACTICE

우리말과 일치하도록 알맞은 것을 [보기]에서 골라 문장을 완성하시오.

> 보기   say   do   meet   have   wear

1 우리는 돈은 말할 것도 없고, 시간을 낭비할 필요도 없다.
We don't have to waste our time, _____ _____ _____ _____ our money.

2 나는 그 파티에서 무엇을 입을지 결정 못하겠어.
I can't decide _____ _____ _____ to the party.

3 그는 팬클럽이 있을 정도로 인기 있다.
He was so popular _____ _____ _____ his own fan club.

4 그들은 서로 다시는 만나지 못할 운명이었다.
They _____ _____ _____ _____ each other again.

5 나는 네가 최선을 다하기를 원한다.
I want _____ _____ _____ your best.

18

원형부정사

정답 및 해설 p.32

↗ **CHECK UP** 괄호 안에서 알맞은 것을 고르시오.

1 Sally and I listened to him (talk / to talk) about his travels. `39 - A`

2 I cannot but (admire / to admire) the architecture's magnificence. `39 - B`

3 You had (not better drink / better not drink) the milk. I think it has gone bad. `39 - B`

A 빈칸에 알맞은 것을 [보기]에서 골라 필요시 변형하여 쓰시오.

| 보기 | press | take | call in sick | go | move |

1 We felt the ground _____. It was like being in an earthquake.

2 I got him _____ the boxes downstairs for me.

3 I'd rather _____ for a walk than stay home.

4 You had better _____ tomorrow, so you can stay home and rest.

5 All you have to do is _____ this button here.

B 빈칸에 알맞은 말을 쓰시오.

1 I could not _____ agree with Ted. He was entirely right.

2 I think you _____ better ask Mike first. He could have a good solution.

3 I don't want to go out tonight. I _____ rather have a quiet night by myself.

4 I'm worried about Sue. She does nothing _____ surf the Internet all day.

C 두 문장이 같은 의미가 되도록 빈칸에 알맞은 말을 쓰시오.

1 Pretend that you don't know me when she arrives.

→ _____ _____ _____ you don't know me when she arrives.

2 I can't but fall in love with you.

→ I _____ _____ _____ in love with you.

---

3 Gloria only complains about her classes.

→ Gloria _____ _____ _____ _____ about her classes.

D 어법상 <u>틀린</u> 문장은 바르게 고치고, 옳은 문장에는 표시(O)하시오.

1 The law forces employers provide health insurance.

2 I helped her move the furniture to the other room.

3 The lady wouldn't let her dog leave her side.

4 He did nothing but to talk about work during the entire conversation.

5 He will do anything but asking her for help.

6 Rather than to eat out, we decided to eat at home.

WRITING PRACTICE

우리말과 일치하도록 알맞은 것을 [보기]에서 골라 문장을 완성하시오.

보기	lose	invite	stand out	squeeze	go

1 나는 자존심을 잃느니 그 시합에서 지겠습니다.

I _____ _____ _____ the match than lose my self-respect.

2 Jones 부부를 초대하지 그래?

_____ _____ _____ Mr. and Mrs. Jones?

3 너는 손가락으로 여드름을 짜지 않는 편이 낫다.

You _____ _____ _____ _____ your pimples with your fingers.

4 그녀의 기지와 지성은 나머지 경쟁자들로부터 그녀를 돋보이게 했다.

Her wit and intelligence made _____ _____ _____ from the rest of the contestants.

5 운전 중에 핸들을 놓지 마.

Don't _____ _____ _____ the wheel while driving.

19

동명사의 기본 형태 / 동명사의 용법

정답 및 해설 p.34

☑ CHECK UP 괄호 안에서 알맞은 것을 고르시오.

1 Kate is not a gymnast anymore, but she is proud of (being / having been) one. `40·B`

2 I don't mind (seeing / being seen) without makeup. `40·B`

3 Now that you mention it, I do remember (he / his) saying that. `40·C`

4 (Learn / Learning) another language enables you to see the world through a new lens. `41`

5 I look forward to (cooperate / cooperating) with you. `41`

A 두 문장이 같은 의미가 되도록 [보기]와 같이 동명사를 활용하여 문장을 완성하시오.

> 보기 The driver denied that he was drunk at the time of the accident.
> → The driver denied *being drunk* at the time of the accident.

1 He admits that he has a gambling problem.

　→ He admits ＿＿＿＿＿＿＿＿＿＿＿＿＿ a gambling problem.

2 She was afraid that they would find out she had lied.

　→ She was afraid of ＿＿＿＿＿＿＿＿＿＿＿＿＿ she had lied.

3 The customer complained that she had been treated rudely.

　→ The customer complained of ＿＿＿＿＿＿＿＿＿＿＿＿＿ rudely.

4 The landlord didn't mind that I had a dog as long as he was quiet.

　→ The landlord didn't mind ＿＿＿＿＿＿＿＿＿＿＿＿＿ a dog as long as he was quiet.

B 빈칸에 알맞은 표현을 [보기]에서 골라 주어진 단어와 함께 활용하여 쓰시오.

> 보기 be used to　　be no use　　be worth　　object to

1 It ＿＿＿＿＿＿＿＿＿＿＿＿＿ to buy a ticket. They're sold out. (try)

2 It ＿＿＿＿＿＿＿＿＿＿＿＿＿ his idea. It's very fresh and exciting. (consider)

3 Tom is from the UK, so he ＿＿＿＿＿＿＿＿＿＿＿＿＿ on the left side of the road. (drive)

4 Residents _____ a new dam due to the environmental damage.
(build)

C   두 문장이 같은 의미가 되도록 빈칸에 알맞은 말을 쓰시오.

1 Paul doesn't talk behind anybody's back. He avoids it.
→ Paul _____ _____ behind anybody's back.

2 I didn't know. She had been promoted to director.
→ I didn't know about _____ _____ _____ _____ to director.

3 I have a goal in life. I will become a great actor.
→ My goal in life is _____ _____ _____ _____.

D   어법상 틀린 문장은 바르게 고치고, 옳은 문장에는 표시(O)하시오.

1 The girl didn't appreciate her friend's helping her with her homework.

2 She left home without giving permission to do so.

3 He regrets not having been trained as a singer when he was young.

4 She understood what he meant without he saying a word.

WRITING PRACTICE

우리말과 일치하도록 주어진 표현을 활용하여 문장을 완성하시오.

1 그들은 그 정책을 바꾸는 것을 반대한다. (change)
They're _____ _____ _____ the policy.

2 그녀는 우는 모습을 보였던 것이 부끄러웠다. (see)
She was ashamed of _____ _____ _____ crying.

3 경제학 책을 읽는 것은 재미없다. (read)
It's no _____ _____ books on economics.

4 당신은 언제 이게 해결될 것으로 예상하나요?
When do you anticipate _____ _____ _____? (this, resolve)

20

UNIT 42-43

동사의 목적어로서의 동명사와 to부정사 /
명사·형용사 뒤에 오는 동명사

정답 및 해설 p.35

☑ **CHECK UP** 괄호 안에서 알맞은 것을 고르시오.

1 She didn't mind (sitting / to sit) in the aisle seat. 　　　　42 - A

2 Mr. Green isn't as rich as he pretends (being / to be). 　　　　42 - B

3 Don't forget (taking / to take) your pen with you. 　　　　42 - C

4 There is a great danger (of falling / to fall) around here. 　　　　43

A　주어진 표현을 빈칸에 알맞은 형태로 바꾸어 대화를 완성하시오.

A: We've got a bunch of utility bills waiting to be paid—gas, electricity and phone.

B: But we can't afford **1** _____ them right away. (pay)

A: We should stop **2** _____ our money on nonessential things. (spend)

B: You're right.

A: Do you think we can afford **3** _____ on vacation? (go)

B: If we try hard, I think we'll manage **4** _____ enough money. (save)

A: We should eat out less frequently. That would save a lot of money.

B: Yes. By the way, where do you want to go on vacation?

A: I just want to go somewhere relexing.

B: I suggest **5** _____ in July. (go) I think I can take some time off then.

A: Great. Let's plan **6** _____ in summer. (go) I can imagine **7** _____ around the sunny streets of a beautiful city somewhere. (walk)

B　두 문장이 같은 의미가 되도록 [보기]와 같이 to부정사나 동명사를 활용하여 문장을 완성하시오.

> 보기　I hate to tell you this, but your son has done badly on his exams. I regret that.
> → I regret *to tell you that your son has done badly on his exams.*

1 Jill bumped into someone on the street. She didn't mean it.
→ Jill didn't mean _____ on the street.

2 I thought it would be difficult to rearrange the furniture in my room, so I put it off.

  → I put off _____ in my room.

3 Joey climbed Mt. Everest in 1999. He will never forget it.

  → Joey will never forget _____ in 1999.

4 My neighbor shouldn't make so much noise late at night. He should stop it.

  → My neighbor should stop _____ late at night.

C 어법상 **틀린** 문장은 바르게 고치고, 옳은 문장에는 표시(**O**)하시오.

1 She is sick to do the same job every day.

2 I finished writing my first novel. I went on to write a screenplay.

3 She denied the allegations, but admitted calling him many times.

4 They ended up to get married after dating for ten years.

5 Sometimes, words fail conveying my feelings.

WRITING PRACTICE

우리말과 일치하도록 주어진 표현을 활용하여 문장을 완성하시오.

1 나는 네가 수영하는 법을 배우는 것을 즐기길 바란다. (enjoy, learn)

  I hope you _____ how to swim.

2 나는 이 보고서를 7시까지 끝마치기로 결심했다. (decide, finish)

  I _____ this report by seven o'clock.

3 그는 아무것도 아닌 일에 화낸 것을 후회했다. (regret, lose one's temper)

  He _____ over nothing.

4 아이들은 놀이공원에 가는 것에 매우 신이 났다. (excited, go)

  The children were very _____ to the amusement park.

5 그 기자는 그 사고의 목격자와 인터뷰를 하려고 시도했다. (attempt, interview)

  The reporter _____ the witness of the accident.

6 학교는 복도에서 뛰는 것을 허용하지 않는다. (allow, run)

  The school doesn't _____ in the hallway.

21

UNIT 44
자주 쓰이는 동명사 표현

정답 및 해설 p.36

↗ **CHECK UP**   괄호 안에서 알맞은 것을 고르시오.

1 There is no (knowing / to know) what the future may bring.　　44

2 I (am on the point / make a point) of admitting my own faults whenever possible.　　44

3 I love reading books. I cannot help (buy / buying) new books.　　44

4 I feel like (drinking / I'm drinking) red wine with this steak.　　44

5 Ms. Hans is busy (to prepare / preparing) for class.　　44

A   빈칸에 알맞은 것을 [보기]에서 골라 주어진 단어와 함께 활용하여 문장을 완성하시오.

보기	go	be busy	can't help
	be on the point of	make a point of	

1 A: How about going to the pizzeria on the corner?

　B: That's a good idea. I love the pepperoni pizza there.

　A: Me, too! But there's a problem. I _____ too much there! (eat)

2 A: Hi, Ashley. How's it going?

　B: Hi, Stephen. I _____ a report on American history. (finish) It's taking such a long time.

3 A: Do you have a secret to staying healthy?

　B: Well, I _____ for an hour every morning. (jog)

4 A: Isn't there anywhere we could go on the weekend?

　B: Let's _____. (ski) The ski resort is going to open this week.

5 A: You look like you _____ into tears. (burst) What's wrong?

　B: Jane got hit by a car last night. She's in the hospital.

56   G-ZONE WORKBOOK

B 두 문장이 같은 의미가 되도록 동명사를 활용하여 문장을 완성하시오.

1 It is impossible to predict what the crazy guy will do next.
→ There is _____.

2 As soon as he heard the bell ring, he left in a hurry.
→ _____, he left in a hurry.

3 It is needless to say that the Internet is a good source of information.
→ It goes _____.

4 I feel inclined to go for a walk with you.
→ I feel _____.

5 It is useless to regret what you did or did not do in the past.
→ It is no _____.

6 Sean was about to close the gate when I arrived home.
→ Sean was on _____.

WRITING PRACTICE

우리말과 일치하도록 주어진 표현을 활용하여 문장을 완성하시오.

1 그녀는 그 농담을 듣자마자 웃음을 터뜨렸다. (on, hear)
_____ the joke, she burst into laughter.

2 나는 사무실을 나서기 전에 반드시 창문을 모두 잠근다. (point, lock)
I _____ all the windows before leaving the office.

3 내가 포기하려고 하던 참에 그가 나타났다. (point, give up)
I _____ when he showed up.

4 안전이 중요하다는 것은 말할 필요도 없다. (without)
_____ safety is important.

5 나는 그냥 쇼핑하러 가고 싶어. 그게 내 기분을 나아지게 할 거야. (feel, go, shop)
I just _____. It'd make me feel better.

22

UNIT 45-46

분사의 형용사 기능: (1) 한정적 용법 /
분사의 형용사 기능: (2) 서술적 용법

정답 및 해설 p.37

☑ **CHECK UP** 괄호 안에서 알맞은 것을 고르시오.

1 Who wrote this (exciting / excited) music? `45`

2 The interest (mentioning / mentioned) in the contract will not be paid until the   `45`
contract expires.

3 The restaurant remains (closing / closed). `46 - A`

4 He saw smoke (comes / coming) out of his uncle's house. `46 - B`

5 Edward has to have the report (finished / finishing) by Friday. `46 - B`

A

주어진 동사의 현재분사나 과거분사 중 알맞은 것을 빈칸에 쓰시오.

1 bore

　1) A: She said she thought you were a _____ person.

　　 B: Did she? That's probably because I was very quiet at the party.

　2) A: Something's different. Did you get a haircut?

　　 B: Yes. I was _____ with the old style, so I had my hair cut yesterday.

2 surprise

　1) A: Oh my goodness, Mary! Is that you? I'm _____ to see you here!

　　 B: Hi, Jim! Long time no see. What brings you here?

　2) A: I can't believe you won the lottery!

　　 B: Yeah, it's really _____! I couldn't sleep a wink last night.

3 annoy

　1) A: Isn't there anything that I can do about these popup ads on my computer? They are
　　　 so _____.

　　 B: You can download a popup-blocker program for free. They are very helpful.

　2) A: How was your day?

　　 B: Horrible! I get more and more _____ at my boss every day. She has me do work
　　　 that's not my job.

B 주어진 단어를 활용하여 빈칸에 쓰시오.

1 He sat on the bench _____ a tune. (whistle)

2 My friend left me _____ while she saw the doctor. (wait)

3 The singer seemed _____ to win the award. (surprise)

4 They stood _____ at the sight of his injury. (freeze)

5 I kept the door _____ in case my mother stopped by. (unlock)

6 There are people _____ through the rear exit of the theater. (leave)

C 빈칸에 알맞은 것을 [보기]에서 골라 변형하여 쓰시오.

보기	touch	solve	abuse	advertise

1 Deliverymen leave fliers _____ restaurants.

2 They have been helping _____ animals. Those animals need good homes.

3 I wanted the problem _____ quickly, so I asked for help.

4 I was _____ by the actor's performance. It was a very emotional scene.

WRITING PRACTICE

우리말과 일치하도록 주어진 표현을 활용하여 문장을 완성하시오.

1 경매에서 산 몇 가지 물건들이 파손된 채 배달되었다. (buy, damage)
Some items _____ at the auction were delivered _____.

2 너는 숙제를 끝내는 데 집중할 필요가 있다. (get, your homework, do)
You need to concentrate on _____ _____ _____ _____.

3 나는 우리 개가 밖에서 시끄럽게 짖고 있는 것을 들었다. (hear, my dog, bark)
I _____ _____ _____ _____ loudly outside.

4 100명의 손님들이 그 결혼식에 초대 받았다. (invite, to the wedding)
There were 100 guests _____ _____ _____ _____.

23

분사구문의 기본 형태와 의미 / 분사구문의 시제와 태, 부정 / 주의해야 할 분사구문

정답 및 해설 p.39

☑ CHECK UP 괄호 안에서 알맞은 것을 고르시오.

1 He sat confidently, (answer / answering) all of the interviewer's questions. `47 - A`

2 (Standing / Having stood) for hours at work, John came home and rested. `48 - A`

3 (Moving away / The train moving away), he had to run to catch it. `49 - B`

4 He fell asleep (of / with) a book lying on his stomach. `49 - B`

5 (Considering / Granted) her situation, she's making the best of it. `49 - C`

A 밑줄 친 분사구문이 나타내는 의미를 [보기]에서 골라 그 기호를 쓰시오.

> 보기   ⓐ 동시동작   ⓑ 연속동작   ⓒ 때   ⓓ 원인·이유   ⓔ 조건

1 The bus drivers' strike started on September 5, <u>ending six days later</u>.

2 <u>Believing he was right</u>, he kept insisting we do it his way.

3 <u>Looking at him</u>, I realized he was not as young as he said he was.

4 <u>Trimming her nails</u>, she chatted with her friend over the phone.

5 <u>Turning to the right</u>, you will see the monument.

B 밑줄 친 부분을 분사구문으로 바꾸시오.

1 <u>After we had finished washing the dishes</u>, we sat down for coffee.

→ _____, we sat down for coffee.

2 The plane left JFK at 10:30 <u>and arrived in Orlando at 1:30</u>.

→ The plane left JFK at 10:30, _____.

3 <u>Because I didn't want to be misunderstood</u>, I repeated what I said.

→ _____, I repeated what I said.

4 <u>When it was introduced to customers</u>, the new smartphone drew attention from the media.

→ _____, the new smartphone drew attention from the media.

C 주어진 단어를 활용하여 빈칸에 쓰시오.

1 _____ by bushes, the stop sign was easy to miss. (hide)

2 There _____ no cream cheese, we couldn't make a cheesecake. (be)

3 She cleaned the house with the radio _____ up loud. (turn)

4 While _____ my car, I try not to look at my phone. (drive)

5 _____ the fridge, she looked for something to eat. (open)

D 어법상 <u>틀린</u> 문장은 바르게 고치고, 옳은 문장에는 표시(O)하시오.

1 While walked, I was startled by an approaching bike.

2 Given the opportunity, women will help advance society.

3 Hurting his leg, he couldn't go hiking with us.

4 Not understanding the language, she felt confused and bewildered.

5 Just sit back and relax with your eyes closing.

WRITING PRACTICE

우리말과 일치하도록 주어진 단어를 활용하여 문장을 완성하시오.

1 그녀는 안 된다는 대답을 듣고는 토라져서 가버렸다. (tell)

_____ _____ _____ the answer was no, she walked away sulking.

2 두 끼를 굶어서 나는 지금 배가 고프다. (skip)

_____ _____ two meals, I'm hungry now.

3 일요일이었기 때문에 나는 고객 서비스 센터에 연락할 수 없었다. (be)

_____ _____ _____, I couldn't contact the customer service center.

4 이 책의 겉표지로 판단하면, 네가 안 좋아할 것 같다. (judge)

_____ _____ the cover of this book, you won't like it.

5 영화 스타들 이야기가 나와서 말인데, 네가 가장 좋아하는 영화 스타는 누구니? (speak)

_____ _____ movie stars, who is your favorite?

1 빈칸에 들어갈 수 <u>없는</u> 것을 고르시오.

> The father had the opportunity to
> _____ his daughter participate in
> the singing contest.

① make   ② get   ③ help
④ hear   ⑤ see

2 빈칸에 공통으로 들어갈 전치사를 쓰시오.

> (A) It's rude _____ him not to call.
> (B) You should let go _____ the
>   past.
> (C) I'm sick _____ staying home on
>   weekends.

3 다음 대화문 중 <u>어색한</u> 것을 고르시오.

① A: Where are you taking her tonight?
   B: We're having dinner and then going
     bowling.
② A: Have you been thinking about your
     future?
   B: No, I've been too busy having fun.
③ A: Shall I weed the garden today before it
     rains?
   B: You should. It'll be too muddy to do it
     tomorrow.
④ A: Don't forget going to the bank.
   B: I've already been there.
⑤ A: Have you seen my glasses? I put them
     somewhere.
   B: No, but if I see them, I'll let you know.

4 밑줄 친 부분이 어법상 <u>틀린</u> 것을 고르시오.

① My boss asked whether I was willing <u>to working</u> overtime.
② I'm looking forward <u>to having</u> a great time with my family.
③ We continued the discussions with a view <u>to reaching</u> a resolution.
④ Check this box if you object <u>to being</u> contacted by telephone.
⑤ Harold got used <u>to cooking</u> for himself when he lived alone.

5 빈칸에 공통으로 들어갈 말을 쓰시오.

> (A) _____ can't have been easy to
>   leave your family and friends behind.
> (B) Personally, I find _____ more
>   helpful to study in the morning.

6 우리말로 바르게 옮기지 <u>못한</u> 것을 고르시오.

① It's no use yelling. She won't hear you.
  → 소리 질러도 소용없어. 그녀는 듣지 못할 거야.
② I can't help noticing that you look very
   tense. Is everything okay?
  → 당신이 매우 긴장하고 있는 걸 알아차릴 수밖에 없
    네요. 괜찮아요?
③ On moving into the new house, he noticed
   some problems.
  → 그는 새 집으로 이사하자마자 몇 가지 문제점들을
    알아차렸다.
④ I made a point of turning the heater off.
  → 나는 막 히터를 끄려던 참이었다.
⑤ There is no avoiding the traffic during rush
   hour.
  → 혼잡시간대에 교통체증을 피하는 것은 불가능하다.

7 밑줄 친 부분 중 어법상 <u>틀린</u> 것을 골라 바르게 고치시오.

> Several treatment measures may ① help you stop biting your nails.
> • ② Keep your nails trimmed. Taking care of your nails can help reduce your nail biting habit and ③ encourage you to keep your nails looking attractive.
> • Try substituting another activity, such as drawing or writing or squeezing a ball, when you ④ find yourself bitten your nails.
> • Try stress-management techniques if you bite your nails because you ⑤ feel stressed.

8 어법상 <u>옳은</u> 것을 2개 고르시오.

① It was sweet for you to remember my birthday.
② Three hours is enough time of me to shop.
③ I opened the door to find the room flooded.
④ I was surprised at Tom's whining.
⑤ The reporters are sure of this' being an issue.

[9–10] 두 문장이 같은 의미가 되도록 빈칸에 알맞은 것을 고르시오.

9

> It appears that the house was cleaned.
> → The house appears _____.

① cleaned
② to clean
③ to be cleaned
④ to have cleaned
⑤ to have been cleaned

10

> My parents insisted that I eat vegetables.
> → My parents insisted on my _____ vegetables.

① eaten
② eating
③ having eaten
④ being eaten
⑤ having been eaten

11 우리말을 영어로 바르게 옮기지 <u>못한</u> 것을 고르시오.

① 도로가 낙엽으로 덮였다.
→ The road was covered with fallen leaves.
② 심장 질환이 여러 선진국에서 증가하고 있다.
→ Heart disease is increasing in many developed countries.
③ 그는 장애를 가지고 태어나 평생 많은 병원비를 썼다.
→ Bearing disabled, he had many medical expenses all his life.
④ 다음에 무엇을 할지 몰라서 우리는 부모님에게 조언을 구하려고 전화했다.
→ Not knowing what to do next, we called our parents for advice.
⑤ 입술을 오므리고 'zoo'의 모음을 발음해 보아라.
→ Pronounce the vowel sound in "zoo" with your lips pursed.

[12–13] 우리말과 일치하도록 주어진 단어를 활용하여 문장을 완성하시오.

12 John은 재미있는 사람이라서, 나는 그와 함께 있을 때 항상 재미있다.
→ John is an _____ person, so I always feel _____ when I am with him.
(amuse)

13 한 소년이 그의 주머니에 양손을 넣고 모퉁이에 서 있다.

→ A boy is standing in the corner _____ _____ _____ _____ _____ _____. (with, hand, in, pockets)

14 밑줄 친 부분을 우리말로 바르게 옮기지 <u>못한</u> 것을 고르시오.

① <u>Using this method</u>, you will lose weight quickly.

→ 이 방법을 쓰면

② <u>It being dry</u>, we couldn't make a fire outside.

→ 날씨가 건조할 때

③ <u>Hearing the scream</u>, we ran to the window.

→ 그 비명소리를 듣고

④ I think Mary is getting bored <u>waiting for us</u>.

→ 우리를 기다리면서

⑤ <u>Running down the stairs</u>, she tripped and fell.

→ 계단을 뛰어내려 가다가

[15-16] 주어진 문장을 분사구문을 사용하여 바꾸시오.

15 Since I had never been abroad before, I did a lot of research for the trip.

→ _____ _____ _____ abroad before, I did a lot of research for the trip.

16 As it was winter in New Zealand, we packed our coats.

→ _____ _____ winter in New Zealand, we packed our coats.

17 빈칸에 들어갈 말로 알맞은 것으로 짝지은 것을 고르시오.

(A) She keeps putting off _____ to the dentist.

(B) He refused _____ that there was a problem.

(C) We regret _____ you that you did not gain admission to Harvard.

	(A)	(B)	(C)
①	to go	accepting	to inform
②	to go	to accept	informing
③	going	accepting	to inform
④	going	to accept	informing
⑤	going	to accept	to inform

18 우리말로 바르게 옮기지 <u>못한</u> 것을 고르시오.

① Roughly speaking, the population of South Korea is 51 million.

→ 엄격히 말하자면 남한 인구는 5천1백만이다.

② Considering he is 90, he is in good health.

→ 그가 90세라는 것을 고려하면 건강이 좋다.

③ Speaking of money, you haven't paid back the money I lent you.

→ 돈 얘기가 나와서 말인데 넌 내가 빌려준 돈을 안 갚았어.

④ Granted that's true, what are you going to do about it?

→ 설사 그게 사실이라 할지라도 네가 그것과 관련해서 무엇을 할 건데?

⑤ Judging from the laughter, she must have told another joke.

→ 웃음소리로 판단하건대, 그녀가 또 다른 농담을 했음에 틀림없다.

[19-20] 다음 글을 읽고, 물음에 답하시오.

With summer on the horizon, our thoughts turn to the obvious—how can I lose 10, 20 or 30 pounds before swimsuit season? As panic sets in, ads (A) | featured / featuring | before and after shots of weight-loss success stories capture the imagination. In spite of many studies (B) | say / saying | people are getting fatter every year, people are obsessed with weight loss, and the business of losing weight has grown rapidly. In fact, there is no shortage of options when it comes to weight-loss programs. The key is finding a program that fits your lifestyle and budget. Of course, you could always go the old-fashioned route, reducing calories and increasing exercise, but many dieters need (C) | added / adding | structure and support, not to mention accountability.

19 (A), (B), (C) 각 네모 안에서 어법에 맞는 표현을 골라 짝 지은 것을 고르시오.

	(A)		(B)		(C)
①	featured	······	say	······	added
②	featured	······	saying	······	adding
③	featuring	······	say	······	adding
④	featuring	······	saying	······	added
⑤	featuring	······	saying	······	adding

20 밑줄 친 <u>the old-fashioned route</u>가 가리키는 내용을 본문에서 찾아 쓰시오.

[21-22] 다음 글을 읽고, 물음에 답하시오.

Planning ahead for your daily chores can help you save time and reduce stress. For example, make a detailed shopping list before going to the grocery store, ① grouping what you need based on the store's layout. If you do that, you won't need to backtrack from the dairy section to the grocery department for the onions you forgot! You can also consider planning ② to cook food ahead of busier days when you have time ③ to do it, like on a weekend. Just make sure to prepare dishes that can easily be cooked in large volumes and frozen. Then all you have to do on busier days is ④ reheating them! _____, you could blanch lots of fresh vegetables at the beginning of the week and store them in resealable bags. ⑤ Quickly reheated and seasoned, these make for almost-instant side dishes.

21 위 글의 ①~⑤ 중에서 어법상 <u>틀린</u> 것을 고르시오.

①   ②   ③   ④   ⑤

22 위 글의 빈칸에 들어갈 말로 가장 적절한 것을 고르시오.

① For example   ② However
③ As a result   ④ Otherwise
⑤ First of all

☑ **CHECK UP** 괄호 안에서 알맞은 것을 고르시오.

1 I suggested that she should be truthful with (his / him). `50 - B`

2 He feels nervous about (ask / asking) her to go on a date. `50 - B`

3 There were few dresses (to choose from / from to choose). `51 - A`

4 Mark was happy (about that potatoes grew well / that potatoes grew well). `51 - B`

A 밑줄 친 전치사의 목적어를 찾아 괄호( )하시오.

1 Tiredness increases the danger <u>of</u> having a car accident.

2 What was the lecture <u>about</u> yesterday?

3 Let's find a quieter table to sit <u>at</u>.

4 We were pleased <u>by</u> how organized the tour was.

5 It is a great book <u>on</u> the French Revolution.

6 They barely make enough to live <u>on</u>.

B 밑줄 친 전치사 중 일상체에서 생략할 수 있는 것에는 괄호를 하고, 생략할 수 없는 것에는 표시(**X**)하시오.

1 We drove <u>for</u> five hours without stopping.

2 If I didn't have to work <u>on</u> Saturday, I'd come with you.

3 I've decided to spend more time <u>on</u> my studies this year.

4 Jimmy said he would be back <u>at</u> about 5 o'clock.

5 It won't come loose if you tie it <u>in</u> this way.

6 That was the only idea that they could think <u>of</u>.

C 밑줄 친 부분에 유의하여 우리말로 옮기시오.

1 We haven't gone there <u>of late</u>.

2 <u>To her embarrassment</u>, she couldn't remember his name.

3 Because the bathroom was too small, the shower was <u>of no use</u>.

4 He was lucky <u>in that he knew what he wanted to do at an early age</u>.

5 We'd like to take you out to dinner to thank you <u>for what you've done</u>.

WRITING PRACTICE

우리말과 일치하도록 주어진 표현을 활용하여 문장을 완성하시오.

1 토요일 오후에 무엇을 할 계획이니? (do)

What are you going to _____ _____ _____?

2 탁자 위에 있는 안경을 내게 가져다 줄래? (the glasses, table)

Can you bring me _____ _____ _____ _____ _____?

3 그 외로운 아이는 함께 놀 친구가 필요했다. (a friend, play)

The lonely child needed _____ _____ _____ _____ _____.

4 영어를 말하는 것을 두려워할 필요가 없다. (afraid, speak English)

There's no need to be _____ _____ _____ _____.

5 지금 나의 집 밖에서 콘서트가 진행 중이다. (go on, outside, house)

A concert is _____ _____ _____ _____ _____ right now.

6 공공장소에서의 흡연을 금지하는 새로운 법안이 도입될 것이다. (against, smoke, in public places)

New laws will be introduced _____ _____ _____ _____ _____.

7 나는 그때 이후로 그의 가게에 절대로 방문하지 않는다. (shop, then)

I have never visited _____ _____ _____ _____.

25

〈때〉를 나타내는 전치사 /
〈장소〉를 나타내는 전치사 (1)

정답 및 해설 p.44

↗ **CHECK UP**　괄호 안에서 알맞은 것을 고르시오.

1 Would you like to join me for breakfast (on / in) Tuesday morning?　`52 - A`

2 I slept in today. I didn't get up (by / until) 10 o'clock.　`52 - B`

3 I'll work on the project (at / during) the afternoon.　`52 - C`

4 Jeff and Annie have been married (since / after) August.　`52 - D`

5 There was a terrible car accident (at / on) the road.　`53 - A`

6 I fell down when I was rollerblading (above / over) a manhole cover.　`53 - B`

A　대화를 읽고, 괄호 안에서 알맞은 것을 고르시오.

Sarah: I'm sorry, Dad. I'm afraid I can't make it home **1** (in / on) the weekend.

Dad: Well, then are we going to see you **2** (at / during) the holidays?

Sarah: Yes, I can get away **3** (in / on) the 30th.

Dad: The 30th. That's a Friday, isn't it?

Sarah: That's right. And I can stay **4** (for / during) three days.

Dad: Good. So you'll be with us on New Year's Eve. It's good to be at home with your family **5** (at / on) that time of the year.

Sarah: Yes. We'll have a great time together.

Dad: Great! But you know the traffic is terrible **6** (for / during) big holidays. Try to take the train.

Sarah: Okay.

Dad: So what time can we expect you **7** (at / on) Friday?

Sarah: I'll probably leave Chicago **8** (in / at) lunchtime, so that means I'll get to you **9** (in / at) about 5:00.

Dad: Okay. I can't wait to see you.

B 빈칸에 알맞은 것을 [보기]에서 모두 골라 쓰시오.

> 보기   in   off   onto   over   out of

1 The girl lost her balance and fell _____ the bike.

2 The full moon cast a bright light _____ the yard.

3 Michael was born and raised _____ Toronto.

4 The police officer asked him to get _____ the vehicle and walk.

5 I moved the dictionaries from my desk _____ the top shelf.

C 어법상 틀린 문장은 바르게 고치고, 옳은 문장에는 표시(O)하시오.

1 The bakery is on the corner of First Street and Lincoln Avenue.

2 We've known each other ever after elementary school.

3 I've been waiting for ages for their latest CD to come out.

4 This mountain stands 1,000 meters on sea level.

5 The conference room is at the end of the hall.

WRITING PRACTICE

우리말과 일치하도록 주어진 표현을 활용하여 문장을 완성하시오.

1 나는 목요일 이후 지금까지 신문을 읽지 않았다. (read, a newspaper, Thursday)

I _____ _____ _____ _____ _____ _____.

2 8시까지는 우리가 도쿄에 도착할 것이다. (in Tokyo, 8 o'clock)

We should be _____ _____ _____ _____ _____.

3 음식은 10분 후에 준비될 것입니다. (ready, minute)

The food should be _____ _____ _____ _____.

4 우리는 예전에 개를 길렀다. 천둥번개가 칠 때마다 그 개는 침대 밑으로 숨곤 했다. (hide, the bed)

We used to have a dog. Whenever there was thunder and lightning, she would _____ _____ _____ _____.

26

정답 및 해설 p.46

UNIT 54-55

〈장소〉를 나타내는 전치사 (2) / 〈원인·이유·동기〉, 〈제외〉를 나타내는 전치사

↗ **CHECK UP**   괄호 안에서 알맞은 것을 고르시오.

1 I could hardly find him (between / among) the hundreds of people.　`54-C`

2 Hand me the lamp, and I'll plug it in (back / behind) the desk.　`54-D`

3 The game was postponed (at / due to) rain.　`55-A`

4 I went to the beach every day (except / except for) when it rained.　`55-C`

A　빈칸에 알맞은 것을 [보기]에서 모두 골라 쓰시오.

| 보기 | across | in front of | beside | between | near |

1 I've made plans to travel _____ the country.

2 Who is standing _____ Mary on the right?

3 Is there a subway station _____ your apartment?

4 When I get home tonight, I will relax _____ the TV.

5 There are several small towns _____ LA and Anaheim.

B　빈칸에 공통으로 들어갈 것을 [보기]에서 골라 쓰시오.

| 보기 | for | by | behind | along |

1 (A) The band marched _____ the dancers.

　　(B) Someone is following us. Don't look _____ you. Act normal.

2 (A) They blamed us _____ breaking the lock on the fence.

　　(B) They were furious with us _____ making them wait so long.

3 (A) I usually exercise by riding my bike _____ the path in the park.

　　(B) The houses _____ the coast looked calm and peaceful.

4 (A) Living _____ the sea, they are used to eating fresh seafood.

　　(B) The restaurant is _____ Main Street, so it is easy to find.

C 빈칸에 알맞은 것을 [보기] 1과 2에서 각각 골라 쓰시오.

| 보기 1 | at | from |
| | of | with |

| 보기 2 | needles | his current job |
| | starvation | how easy the final test was |

1 The student was surprised _____.

2 Every year many thousands of people die _____.

3 The little boy started to cry, as he was scared _____.

4 He doesn't want to change jobs because he is satisfied _____.

WRITING PRACTICE

1 우리말과 일치하도록 빈칸에 알맞은 전치사를 쓰시오.

1) 그들은 산을 관통하는 터널을 파기 위해 중장비를 사용했다.
They used heavy equipment to dig a tunnel _____ the mountain.

2) 판사는 자기 앞에 놓인 사건들에 대해 공평한 입장을 취한다.
The judge takes a dispassionate attitude toward matters _____ him.

3) 나는 필요해서 이것을 하는 것뿐이야.
I'm just doing this _____ _____ necessity.

4) 내가 가서 차를 가져올 동안 잠시 문 옆에서 기다려.
Wait _____ _____ the gate for a moment while I go get the car.

2 우리말과 일치하도록 주어진 표현을 활용하여 문장을 완성하시오.

1) 교통 정체 때문에 모든 버스들이 지연됐다. (late, due, heavy traffic)
All the buses _____.

2) Mason 선생님은 학생들 사이에 서 있다. (stand, the students)
Ms. Mason is _____.

3) 집세가 비싼 점을 제외하면 그 아파트는 괜찮았다. (the high rent)
_____, the apartment was okay.

4) 내 뒤에 앉은 아이가 내 좌석 등받이를 계속 찼다. (the kid, sit)
_____ kept kicking the back of my seat.

27

for의 주요 용법 / to의 주요 용법 / with의 주요 용법

정답 및 해설 p.47

↗ CHECK UP 괄호 안에서 알맞은 것을 고르시오.

1 There was a problem (of / with) my credit card. `58 · B`

2 She hasn't had a real vacation (with / for) two years. `56 · B`

3 You can add sugar (with / to) your taste if you want. `57 · B`

4 They were given good directions (to / on) the resort. `57 · A`

5 I prefer to kick a ball rather than hit a ball (with / for) a bat. `58 · A`

6 At the end of the show, the performers posed (for / to) photos. `56 · A`

A 빈칸에 for, to, with 중 알맞은 것을 쓰시오.

1 _____ all the difficulties, they still succeeded.

2 What are we having _____ lunch today?

3 _____ my joy and delight, he asked me out!

4 Even _____ my big winter coat on, it felt cold.

5 They paid me _____ giving their daughter piano lessons.

6 The response _____ the changes at work have been very positive.

7 They agreed to search _____ ways to negotiate a deal.

8 The child stood there _____ her teeth chattering from the cold.

B 빈칸에 공통으로 들어갈 전치사를 쓰시오.

1 (A) People tell lies _____ many reasons.

(B) You'll have an opportunity to vote _____ the new plan or against it.

2 (A) It was a rainy evening, and she got soaked _____ the skin.

(B) I think this design is inferior _____ the previous one.

3 (A) My grandmother is lying in bed _____ the flu.

(B) During the morning rush hour, the bus is usually packed _____ passengers.

C 어법상 <u>틀린</u> 문장은 바르게 고치고, 옳은 문장에는 표시(O)하시오.

1 Who were the people you traveled to Egypt?

2 He had cereal and toast in breakfast this morning.

3 I pass the building every day on the way with school.

4 The actress left a small town for Hollywood and became a success.

5 The bill came to $54. That works out to $13.50 for each of us.

WRITING PRACTICE

1 우리말과 일치하도록 빈칸에 알맞은 전치사를 쓰시오.

1) 나는 이 노래에 맞춰 어떻게 춤을 춰야 할지 모르겠다.
   I don't know how to dance _____ this song.

2) 그 회사에서 일한 지 얼마나 되셨죠?
   How long have you been _____ the company?

3) 이 비료는 잘 용해되고 뿌리까지 스며든다.
   This fertilizer is highly soluble and goes down _____ the root system.

2 우리말과 일치하도록 주어진 단어를 활용하여 문장을 완성하시오.

1) 우리의 상사는 보통 9시 10분 전 무렵에 온다. (minute)
   Our boss usually shows up around _____ _____ _____ _____.

2) 내 여동생은 나이에 비해 키가 크다. (age)
   My younger sister is _____ _____ _____ _____.

3) 그가 그 샌드위치를 만드는 것은 쉽지 않았다. (make)
   It was not easy _____ _____ _____ _____ those sandwiches.

4) 나는 그들에게 무엇이 문제인지 모르겠다. (what, wrong)
   I don't understand _____ _____ _____ _____ _____.

28

at·by의 주요 용법 / from·of의 주요 용법 / in·on의 주요 용법

정답 및 해설 p.48

↗ **CHECK UP**   괄호 안에서 알맞은 것을 고르시오.

1 I've been under a lot of strain (at / in) work.   `59 - A`

2 The lamp is made (of / from) paper and wire.   `60 - B`

3 The scuba club meets at 5:00 (on / in) Fridays.   `61 - B`

4 It was the worst natural disaster (in / on) decades.   `61 - A`

5 I wish they had been honest (of / from) the beginning.   `60 - A`

6 Tourism has increased (by / for) 10% in the last five years.   `59 - B`

A   빈칸에 알맞은 것을 [보기]에서 골라 쓰시오.

보기	at	by	on	from	of	in

1 I learned to ride a bicycle _____ one day.

2 Two _____ the men are standing in front of the board.

3 It is simply astonishing what you can find _____ the Internet.

4 I wish we hadn't spent so much money _____ the mall today.

5 He tricked himself into thinking he was a man _____ importance.

6 There is no telling the real _____ the false from outward appearances.

7 I will have completed two years of college _____ the end of this semester.

8 He chose to defend his children from the wolves even _____ the cost of his own life.

9 He wrote a book _____ computer security.

10 Fifty-four people died in the plane crash. May they rest _____ peace!

11 The illness has deprived me _____ a career and a social life.

12 It would be quicker to get around _____ taxi.

13 The outbreak of the war prevented me _____ achieving my dreams.

B   어법상 <u>틀린</u> 문장은 바르게 고치고, 옳은 문장에는 표시(O)하시오.

1 I wish our car were in better condition.

2 The runner won the race by just seconds.

3 Some young men enlist in the military in the age of eighteen.

4 My parents are thinking of going to vacation by themselves this year.

5 The doctor said I was completely free for disease, so I could leave the hospital.

WRITING PRACTICE

1 우리말과 일치하도록 빈칸에 알맞은 전치사를 쓰시오.

1) Hanna는 보통 월요일부터 목요일까지 4일 일한다.
Hanna usually works four days, _____ Monday to Thursday.

2) 지금 말할 필요는 없지만, 형편이 닿는 대로 내게 알려줘.
You needn't tell me now, but please let me know _____ your earliest convenience.

3) 경찰은 그가 탈옥한 사실을 알아챘다.
The police are aware of the fact _____ his escape.

2 우리말과 일치하도록 주어진 표현을 활용하여 문장을 완성하시오.

1) 며칠 후에 전화를 드릴게요. (a few days)
Let me give you a call _____ _____ _____ _____.

2) 무대가 불타고 있었다. 그것은 끔찍한 사고였다. (be, fire)
The stage _____ _____ _____. It was a terrible accident.

3) 그의 언어적 재능은 남들과 달리 특출하다. (distinguish, everyone else)
His skill with languages _____ _____ _____ _____ _____.

4) 그것은 옷을 킬로그램 단위로 파는 헌 옷 가게이다. (kilo)
It is a secondhand clothing store that sells clothing _____ _____ _____.

29 연결기능을 갖는 어구들 / 등위접속사 / 상관접속사

정답 및 해설 p.49

☑ CHECK UP   괄호 안에서 알맞은 것을 고르시오.

1 There are many things to (do; / do:) washing the dishes, bathing the dog, and vacuuming. `62 - C`

2 Believe in yourself, (and / or) you can succeed. `63 - A`

3 I scarcely had time to eat, (so / for) I grabbed a sandwich. `63 - D`

4 (Not only / Both) the students but also the teachers were happy with the event. `64 - A`

5 He can neither write (nor / or) read English, but he can understand it. `64 - B`

A   빈칸에 알맞은 것을 [보기]에서 골라 쓰시오.

보기	both	but	not only

1 They had no choice _____ to accept the offer.

2 I saw _____ manatees but whale sharks as well.

3 _____ the children and their parents were moved by the play.

B   빈칸에 공통으로 들어갈 접속사를 쓰시오.

1 (A) I waved to Jack, _____ he didn't see me.

   (B) We did nothing _____ wait for the time to pass.

2 (A) The Earth is getting warmer _____ warmer each year.

   (B) I was disappointed with both the price _____ the quality of the product.

3 (A) We can take a break _____ keep hiking.

   (B) Astronomy, _____ the study of the stars and planets, is as old as humankind.

C   **and, or, but, so 중에서 알맞은 것을 골라 두 문장을 연결하시오.**

1   I was supposed to take the TOEFL test. I decided not to.

    → _____

2   Drink some water. You will feel better.

    → _____

3   Wear your helmet. You could be seriously hurt.

    → _____

4   I made a mistake with his email address. He didn't get the message.

    → _____

D   **어법상 틀린 문장은 바르게 고치고, 옳은 문장에는 표시(O)하시오.**

1   Come and get one of the greatest albums of the year!

2   I have neither the desire and the skill to be a pianist.

3   She's worked at a lot of places; she's even worked at a zoo.

4   He paints not only to make money, to express but also his feelings.

5   For few people showed up for the party, we didn't need many chairs.

6   The boy got out of bed, went downstairs, and opened his Christmas gifts.

WRITING PRACTICE

우리말과 일치하도록 문장을 완성하시오.

1   사과할 사람은 네가 아니라 나다.

It's _____ _____ _____ _____ who should apologize.

2   이 약을 네 시간마다 먹어라. 그러면 너는 훨씬 더 좋아질 것이다.

Take this medicine every four hours, _____ _____ _____ feel much better.

3   나의 언니뿐만 아니라 나도 그림을 잘 그릴 수 있다.

I, _____ _____ _____ _____ _____, can draw well.

4   Josh는 회의에 참석할 수 없다. 왜냐하면 그는 지금 뉴질랜드에 있기 때문이다.

Josh can't attend the meetings, _____ _____ is in New Zealand now.

30

UNIT 65-66
명사절을 이끄는 종속접속사 /
부사절을 이끄는 종속접속사 (1): 때

정답 및 해설 p.50

☑ CHECK UP 괄호 안에서 알맞은 것을 고르시오.

1 It is not known (whether / if) or not we will have a meeting next week. `65 - A`

2 Please explain what (you meant / did you mean) by that. `65 - B`

3 (By the time / Until) I get there, the party will have ended. `66 - B`

4 I've felt much better (since / after) I started working out. `66 - C`

5 (As soon as / No sooner) I get to the train station, I will call you. `66 - D`

A 빈칸에 가장 알맞은 것을 [보기]에서 골라 쓰시오.

보기	since	once	while	before

1 We talked _____ we were waiting for the ferry.

2 The kids had been crying for ten minutes _____ they stopped.

3 Be sure to praise the dog and give him a treat _____ he starts doing what you want.

4 Look how much progress Millie has made _____ she started learning the violin.

B 두 문장이 같은 의미가 되도록 빈칸에 알맞은 말을 쓰시오.

1 Her eyes light up whenever she smiles.

→ Her eyes light up _____ _____ she smiles.

2 I won't be able to buy a computer until I have saved up more money.

→ _____ _____ I have saved up more money will I be able to buy a computer.

3 The moment we return to London, let's go to our favorite restaurant.

→ _____ _____ _____ we return to London, let's go to our favorite restaurant.

4 She had no sooner tasted it than her tongue caught fire.

→ _____ had she tasted it _____ her tongue caught fire.

C 빈칸에 알맞은 접속사를 쓰시오.

1 I agree with your opinion _____ we need to talk more.

2 _____ she gets older, she looks more like her grandmother.

3 Many people seem confused about _____ the president supports the bill or not.

4 _____ I was a kid, I used to believe that I had a super power.

D 어법상 <u>틀린</u> 문장은 바르게 고치고, 옳은 문장에는 표시(**O**)하시오.

1 Do you know where are my car keys?

2 They wanted to know if I could speak Spanish.

3 I've known Henry till I came to live in New York.

4 After we were seated, the menus were placed in front of us.

5 Will you have finished this puzzle before I come back next week?

6 It's essential whether everyone should warm up before going into the pool.

WRITING PRACTICE

우리말과 일치하도록 주어진 표현을 활용하여 문장을 완성하시오.

1 내가 돌아올 때까지 여기서 기다려. 오래 걸리지 않을 거야. (wait, return)

_____ _____ _____ _____ _____. I won't be long.

2 당신이 다음에 방문할 때, 내가 당신을 공항으로 마중 갈게요. (visit)

_____ _____ _____ _____ _____, I will pick you up at the airport.

3 그는 집에 도착하자마자 나를 방문했다. (arrive, call on)

No sooner _____ _____ _____ home _____ _____ _____

_____ _____.

4 네가 집에 올 때쯤 나는 공항에 가고 없을 것이다. (go, the airport)

_____ _____ _____ you get home, I'll _____ _____ _____

_____ _____.

☑ **CHECK UP**   괄호 안에서 알맞은 것을 고르시오.

1 (As / Although) I didn't have breakfast this morning, I was starving by lunchtime.   `67 - A`

2 It was (such / so) a good story that they made it into a movie.   `67 - B`

3 Talk quietly (so that / for fear) you don't wake up the baby.   `67 - C`

4 I didn't see her (even though / in case) we were at the same event.   `68 - B`

A   두 문장이 같은 의미가 되도록 빈칸에 알맞은 말을 쓰시오.

1 It was such a beautiful day that I went for a walk.

→ It was so ＿＿＿＿＿＿ ＿＿＿＿＿＿ ＿＿＿＿＿＿ that I went for a walk.

2 She bought a fan in order to keep cool.

→ She bought a fan ＿＿＿＿＿＿ ＿＿＿＿＿＿ she could keep cool.

3 It's impossible to get a table at this restaurant if you don't have a reservation.

→ It's impossible to get a table at this restaurant ＿＿＿＿＿＿ ＿＿＿＿＿＿ ＿＿＿＿＿＿ a reservation.

4 However clean your house is, your child can be exposed to germs.

→ ＿＿＿＿＿＿ ＿＿＿＿＿＿ ＿＿＿＿＿＿ clean your house is, your child can be exposed to germs.

B   빈칸에 공통으로 들어갈 접속사를 쓰시오.

1 (A) Steve lent this book to me to see ＿＿＿＿＿＿ I would like it.

(B) You can call me on my cell phone ＿＿＿＿＿＿ you need to reach me.

(C) Even ＿＿＿＿＿＿ I forget to send you an email, I will be thinking of you.

2 (A) Do it exactly ＿＿＿＿＿＿ I showed you.

(B) Hungry ＿＿＿＿＿＿ I am, I have no time to eat.

(C) Just ＿＿＿＿＿＿ the seasons change, so do people.

C 빈칸에 알맞은 것을 [보기]에서 골라 문장을 완성하시오.

> 보기   for fear that the music would be annoying   that he was exhausted
>   even if the weather is bad tomorrow   because my headache is so bad
>   business are going to close down

1 Now that the economy is bad, _____.

2 I can hardly open my eyes _____.

3 He had been working so hard _____.

4 Sarah put in earplugs _____.

5 We'll go on a trip _____.

D 어법상 틀린 문장은 바르게 고치고, 옳은 문장에는 표시(O)하시오.

1 I didn't like the movie. I enjoyed the special effects, although.

2 Seeing that he's been ill all day, he's unlikely to come.

3 We went camping at the beach, since it was still raining.

4 You must follow this rule if you agree with it or not.

5 My husband prefers to watch TV at home, while I love going shopping.

WRITING PRACTICE

우리말과 일치하도록 주어진 표현을 활용하여 문장을 완성하시오.

1 추워질 경우에 대비해서 재킷을 가지고 가라. (get cold)
Take a jacket _____ _____ _____ _____ _____.

2 바람이 너무 세게 불어서 거리에는 쓰레기통들이 뒹굴었다. (windy)
It _____ _____ _____ _____ the garbage cans got blown down the street.

3 네가 조심하는 한 심각한 일은 일어나지 않을 거야. (careful)
_____ _____ _____ _____ _____ _____, nothing serious will happen.

4 이번 주말에 네가 무엇을 하더라도, 즐거운 시간을 보내길 바란다. (do)
_____ _____ _____ _____ _____ this weekend, I hope you have a great time.

32

관계대명사 who / 관계대명사 which

정답 및 해설 p.53

☑ **CHECK UP** 괄호 안에서 알맞은 것을 고르시오.

1 Many students (which / whom) she taught have become proficient at English. `69`

2 There are a lot of people (who / whom) I suppose can be said to belong to the upper class. `69`

3 It's a program (whose / which) main focus is student volunteerism. `70`

4 This is an airport (who / which) I've never flown to before. `70`

A 빈칸에 알맞은 것을 [보기]에서 골라 쓰시오.

> 보기 who   whom   which   whose

1 I have a friend _____ uncle is a famous chef on TV.

2 What did the man _____ Joan is dating look like?

3 I'm looking for a gift _____ I can order on the Internet.

4 Jack told me about the girl with _____ he fell in love.

5 The kids took care of the puppy _____ leg was broken.

6 Finally, the mailman delivered the letter _____ I was waiting for.

7 I have a bird _____ always behaves wonderfully around little kids.

8 These are the people _____ haven't responded to the invitation yet.

9 We listened to the guide _____ was showing us around the palace.

10 Let me show you the jewelry _____ my grandmother bought for me.

11 This is the plane _____ was used by the president on his trip to China.

12 My friend _____ works for a car company has moved to my neighborhood.

B   다음을 **that** 이외의 관계대명사를 이용하여 한 문장으로 만드시오.

1 I met a person last night. His family comes from my hometown.

→ _____

2 I ate lunch with a friend. I hadn't seen her in months.

→ _____

3 You could tell your friends. You are sure they will be supportive.

→ _____

4 She said some things. I didn't agree with them.

→ _____

5 This is a 30-minute TV program. Its content is generated solely by Filipino youths.

→ _____

6 The novel was about mother–daughter relationships. I read it last week.

→ _____

WRITING PRACTICE

우리말과 일치하도록 **that** 이외의 관계대명사와 주어진 표현을 활용하여 문장을 완성하시오.

1 오늘 아침에 내게 전화한 그 사람은 내 사촌이었다. (call)
The person _____ _____ _____ _____ _____ was my cousin.

2 내가 참석하고 싶어 했던 그 강의가 취소되었다. (want, attend)
The lecture _____ _____ _____ _____ _____ was canceled.

3 어제 고속도로에서 발생한 그 사고에는 그녀의 이웃집 사람이 연루되었다. (happen)
The accident _____ _____ _____ on the highway involved her neighbor.

4 그는 작품들이 수백만 달러에 팔리는 예술가이다. (painting, sell)
He is _____ _____ _____ _____ _____ for millions.

5 그 소녀는 우리가 찾고 있던 그 아이가 아니었다. (look for)
The girl was not the child _____ _____ _____ _____ _____ .

6 저는 도움이 될 거라 생각한 설명들을 이곳에 게시하였습니다. (think, will, helpful)
I posted some comments _____ _____ _____ _____ _____
_____ here.

33

관계대명사 that / 관계대명사 what

정답 및 해설 p.55

↗ **CHECK UP**　괄호 안에서 알맞은 것을 고르시오.

1 Do you know the book (that / what) she is referring to?　`71 - A`

2 I'd like to order something (that / what) is low-fat.　`71 - B`

3 This is (that / what) my father plans to do next year after retirement.　`72 - A`

4 His cholesterol is double the normal level for his age, and (that / what) is worse, he could be at risk of liver cancer.　`72 - B`

A　빈칸에 가장 알맞은 관계대명사를 쓰시오.

1 The man and his dog _____ just walked past looked familiar.

2 _____ happened was that my left arm went numb.

3 What was the name of the computer game _____ you liked?

4 The flood was much more serious than _____ was first reported on the news.

5 Australia is the only country _____ occupies an entire continent.

6 Water is to fish _____ air is to humans.

B　밑줄 친 **that**이 관계사인지 접속사인지 구분하고, 문장을 우리말로 옮기시오.

1 The old man told the doctor <u>that</u> he hurt his arm.

　_____

2 Where is the car <u>that</u> was parked in the alley?

　_____

3 I am not of the opinion <u>that</u> zoos have useful purpose.

　_____

C 빈칸에 알맞은 것을 [보기]에서 골라 관계사 **that**이나 **what**을 이용하여 문장을 완성하시오.

> 보기   call   take place   help

1 The sled race was the most popular event _____ _____ _____ at the festival.

2 Good communication is _____ _____ us solve problems.

3 This is _____ _____ _____ a biscuit in American English.

D 어법상 틀린 문장은 바르게 고치고, 옳은 문장에는 표시(O)하시오.

1 I asked Dave to apologize to my friend for that he said.

2 Who was the author wrote the book?

3 The woman that designed that dress is very talented.

4 There is little what can be done to prevent it.

5 What he said anything was written down by the detectives.

WRITING PRACTICE

우리말과 일치하도록 주어진 표현을 활용하여 문장을 완성하시오.

1 죄송하지만 당신이 필요로 하는 것을 드릴 수 없습니다. (need)
I'm sorry, but I can't give you _____ _____ _____.

2 그녀는 가지고 있던 돈을 모두 썼다. (all, have)
She spent _____ _____ _____ _____ _____ _____.

3 나는 완전히 다른 사람하고 얘기하는 것 같았다. Smith 씨는 예전의 그녀가 아니다. (be)
I felt like I was talking with a totally different person. Ms. Smith is not _____ _____ _____.

4 이 사람들에게 중요한 것은 선택의 자유다. (matter, these people)
_____ _____ _____ _____ _____ is the freedom of choice.

5 대부분의 사람들이 동의하는 것은 오염이 심각한 문제라는 것이다. (agree on)
_____ _____ _____ _____ _____ _____ _____ pollution is a serious problem.

34

관계대명사의 생략 / 관계부사

정답 및 해설 p.56

☑ **CHECK UP** 괄호 안에서 알맞은 것을 고르시오.

1 The woman (with / with whom) I corresponded may have moved. `73 - A`

2 In Korea, you're not obliged to tip (people / people who) offer a service. `73 - B`

3 That was the year (when / where) the Berlin Wall came down. `74 - A`

4 This is the place (which / where) I often have lunch. `74 - A`

A 빈칸에 알맞은 것을 [보기]에서 골라 쓰시오.

> 보기   when   where   how   why

1 This is a place _____ you can have fun with the whole family.

2 A: My coworker said she was fired via text message last weekend.
   B: I don't believe that is _____ people should be treated.

3 I can't forget the time _____ Steve lost his temper at Sarah's comments.

4 Is there a good reason _____ you need to borrow money from me?

5 That's the stadium _____ the final game of the tournament will be played.

6 That was the year _____ John F. Kennedy was elected president of the United States.

B 다음에서 생략할 수 있는 관계사에 괄호( )하시오.

1 The woman who is standing at the bus stop looks familiar.

2 The people with whom he associates are all intellectuals.

3 The speaker who I was listening to was interesting.

4 He failed to give me a reason why I should trust him.

5 Check out the documentary about World War II tonight. It is a program that everyone should see.

C 어법상 <u>틀린</u> 문장은 바르게 고치고, 옳은 문장에는 표시(O)하시오.

1 Let me know the time you'll be ready to leave.

2 The drawer in that I looked was full of medication.

3 They don't understand the reason that Elaine quit her job.

4 The man I believed was honest turned out to be a liar.

5 We made a booking at the hotel which you stayed last summer.

6 The person I spoke to over the phone was very nice and helpful.

7 This is the way how I'm going to wear my hair to the party.

8 I don't want to be in a situation when I have no control.

9 The 24th of February is the day to which we'll have the graduation ceremony.

WRITING PRACTICE

우리말과 일치하도록 알맞은 단어를 [보기]에서 골라 문장을 완성하시오.

보기	make	change	happen	wear	order

1 어제 내가 신었던 신발이 어디에 있지?

Where are the shoes _____ _____ _____?

2 그것이 내가 마음을 바꾼 이유이다.

That's the reason _____ _____ _____ _____ _____.

3 이곳이 우리가 특별한 날을 위해 컵 케이크를 주문할 수 있는 빵집이다.

Here is a bakery _____ _____ _____ _____ cupcakes for special

occasions.

4 이것이 네가 면접 때 좋은 인상을 만들 수 있는 방법이다.

This is _____ _____ _____ _____ a good impression during your job

interview.

5 그녀는 그 사고가 일어났던 순간을 기억하지 못한다.

She doesn't remember the moment _____ _____ _____ _____.

35

관계사의 계속적 용법 / 복합 관계사 / 유사 관계대명사 as·than

정답 및 해설 p.58

↗ CHECK UP   괄호 안에서 알맞은 것을 고르시오.

1 We went to the Colosseum, and the gladiators fought there.   `75 - B`

→ We went to the Colosseum (where / , where) the gladiators fought.

2 We'll do (whoever / whatever) is necessary to help them.   `76 - A`

3 (Whenever / However) good she was with languages, she never became a linguist.   `76 - B`

4 It's good to talk to people who are doing the same thing (as / than) you are.   `77 - A`

A   두 문장이 같은 의미가 되도록 빈칸을 완성하시오.

1 I discussed it with my sister, and she is a lawyer.

→ I discussed it with my sister, _____ _____ a lawyer.

2 The last time I went to Namsan was in April, and at that time the cherry trees were in bloom.

→ The last time I went to Namsan was in April, _____ the cherry trees were in bloom.

3 One of the girls kept laughing, and it annoyed Janis.

→ One of the girls kept laughing, _____ annoyed Janis.

4 In 2007 we moved to London, and at that place my grandfather lived.

→ In 2007 we moved to London, _____ my grandfather lived.

B   두 문장이 같은 의미가 되도록 빈칸에 알맞은 것을 [보기]에서 골라 쓰시오.

보기	anyone who	whichever	however	no matter who	anything that

1 Give these books to whoever needs them.

→ Give these books to _____ needs them.

2 Whoever says it's true, I still can't believe it.

→ _____ says it's true, I still can't believe it.

3 No matter which you buy, you still have to pay a sales tax.

→ _____ you buy, you still have to pay a sales tax.

4 Should you feel hungry, help yourself to whatever is in the refrigerator.

→ Should you feel hungry, help yourself to _____ is in the refrigerator.

5 No matter how big an explosion is, sound does not travel through a vacuum.

→ _____ big the explosion is, sound does not travel through a vacuum.

C 어법상 **틀린** 문장은 바르게 고치고, 옳은 문장에는 표시(**O**)하시오.

1 You have my support, what you decide.

2 You're free to go wherever you like.

3 Jason always blames me however anything goes wrong.

4 His recent movie, that was released last week, is about the DMZ.

5 Whichever road you take, you'll get to the right place eventually.

6 The temple is a popular attraction for tourists, most of whom are from Europe.

7 What actually happened is much more horrible that is being reported.

WRITING PRACTICE

우리말과 일치하도록 주어진 표현을 활용하여 문장을 완성하시오.

1 그 여왕은 원하는 것은 무엇이든지 할 수 있었다. (want)

The queen could do _____ _____ _____.

2 그는 아무리 더워도 씻지 않을 것이다. (it)

He will not take a shower, _____ _____ _____ _____.

3 그를 필요로 하는 곳이 어디든지 그는 항상 기꺼이 돕는다. (he, need)

He is always willing to help out _____ _____ _____ _____.

4 너에게 가장 잘 맞을 그런 해결책을 찾아라. (work best)

Find such solutions _____ _____ _____ _____ for you.

5 우리는 4월에 이사할 계획인데, 그때 아기가 출산 예정이다. (the new baby, due)

We plan on moving in April, _____ _____ _____ _____ _____ _____.

[1–2] 빈칸에 공통으로 들어갈 것을 고르시오.

1

(A) It must be very loud living _____ the train tracks.
(B) Your baggage is over the limit _____ 10 kilograms.
(C) Tony borrowed money from you a month ago. He should have paid you back _____ now.

① in   ② to   ③ by
④ from   ⑤ until

2

(A) My sister and I were both born _____ a mole on our cheek.
(B) Our products are popular _____ customers all over the world.
(C) There was a big fight on the street. As we were frightened, we slept _____ the light on.

① at   ② to   ③ on
④ through   ⑤ with

3 밑줄 친 부분 중 어법상 틀린 것을 고르시오.

① I really like this apartment, <u>except for</u> the kitchen.
② I did some volunteer work <u>during</u> my vacation.
③ He didn't realize his phone was missing <u>until</u> the morning.
④ The trip to the island was delayed <u>because</u> the terrible storm.
⑤ There will be fun events all <u>through</u> the week.

[4–5] 빈칸에 들어갈 말로 알맞은 것으로 짝지은 것을 고르시오.

4

A: What time is the manager coming to the office?
B: He's coming ____(A)____ 3 o'clock. He'll be here soon.
A: Oh, my! I doubt I'm going to finish this report ____(B)____ that time.
B: Really? He said he would need it ____(C)____ this afternoon's meeting.
A: I know. What should I do?
B: If I help you, we can meet the deadline.

	(A)		(B)		(C)
①	at	⋯⋯	until	⋯⋯	for
②	in	⋯⋯	by	⋯⋯	on
③	at	⋯⋯	by	⋯⋯	for
④	in	⋯⋯	until	⋯⋯	for
⑤	at	⋯⋯	by	⋯⋯	on

5

Yesterday, we found a stray cat wandering around outside our house. It seemed to be very hungry, ____(A)____ we left some food on the sidewalk ____(B)____ the little cat could eat.

	(A)		(B)
①	as	⋯⋯	in case
②	so	⋯⋯	so that
③	and	⋯⋯	as long as
④	but	⋯⋯	because
⑤	so	⋯⋯	lest

6 빈칸에 알맞은 것을 고르시오.

> We went downtown to see the musical
> *The Lion King*. But we couldn't see the
> show _____ we had enough
> money. The tickets were sold out.

① now that   ② in case
③ since   ④ even though
⑤ so that

7 우리말과 일치하도록 빈칸에 알맞은 말을 쓰시오.

새로운 소프트웨어는 효율성뿐만 아니라 시스템 운영도
개선시킬 것이다.
→ The new software will improve _____
_____ efficiency _____
system operations as well.

8 어법상 틀린 곳을 바르게 고치시오.

> After graduating from college, I tried
> to find a job. But there were few jobs
> because of the ongoing economic
> recession. What's more, I didn't receive a
> reply from most of the companies to that I
> sent my resume. Finally, I decided to start
> my own business.

9 두 문장이 같은 의미가 되도록 빈칸에 알맞은 것을 고르시
오.

> No sooner had I paid for the jacket than I
> saw that it had a small hole in it.
> → _____ had I paid for the jacket
> when I saw that it had a small hole in it.

① As   ② After   ③ Hardly
④ As soon as   ⑤ As long as

10 우리말로 바르게 옮기지 못한 것을 고르시오.

① It was such a good musical that I want to
see it again.
    → 그것은 매우 좋은 뮤지컬이라서 또 보고 싶다.
② While the younger generation supports the
bill, the older generation doesn't.
    → 젊은 세대는 그 법안을 지지하는 반면에 기성 세대
는 지지하지 않는다.
③ Her hair is neither brown nor black. It is
blond.
    → 그녀의 머리는 갈색도 검은색도 아니다. 그것은 금
색이다.
④ We had an account in both our names so
that we could both withdraw money.
    → 우리는 둘 다 돈을 인출할 수 있도록 공동 명의의
계좌를 가지고 있었다.
⑤ However good a movie is, I don't watch it
more than once.
    → 그 영화는 재미있지만, 나는 한 번 이상 그것을 보
지 않는다.

[11-12] 밑줄 친 부분의 중 어법상 틀린 것을 고르시오.

11　① It used to be said <u>that</u> television would never be popular.
② I don't know <u>that</u> I can have lunch with you today. I have a lot of work to do.
③ They didn't decide <u>whether</u> or not to go.
④ To tell the truth, I'm not sure <u>if</u> I'll attend the meeting.
⑤ <u>Whether</u> she will do the work is anyone's guess.

12　① Ryan, <u>whose</u> house was broken into, was at the police station.
② Can you suggest a doctor <u>who</u> treats insomnia?
③ We ate at the restaurant <u>where</u> Sally had recommended.
④ I wasn't feeling well <u>when</u> you came to visit.
⑤ She explained <u>how</u> the management system worked.

13　밑줄 친 부분 중 생략할 수 <u>없는</u> 것을 고르시오.

① The package <u>that</u> you were waiting for arrived.
② What's the name of the book <u>which</u> you're reading?
③ She is no longer the outspoken, confident woman <u>that</u> she once was.
④ They didn't know <u>when</u> the package would be delivered.
⑤ There is no reason <u>why</u> I should be here all by myself.

14　빈칸에 공통으로 들어갈 것을 고르시오.

(A) Just do _____ the instructions say.
(B) Tired _____ he was, he helped his mother.
(C) _____ time passed, it was harder for her to ask forgiveness.

① when　② though　③ how
④ what　⑤ as

15　밑줄 친 부분 중 that의 쓰임이 <u>다른</u> 하나를 고르시오.

① This is the road <u>that</u> leads to the beach.
② She holds a firm belief <u>that</u> it is important to help people.
③ We learned more about the needs <u>that</u> our customers have.
④ There are some changes <u>that</u> need to be made in the program.
⑤ While taking a walk, I found something <u>that</u> I didn't know was there.

16　어법상 <u>틀린</u> 것을 고르시오.

① We shopped at a lovely market, the name of which I can't recall.
② The ticket for the concert costs even less than what a CD costs.
③ There are so many delicious ways you can cook ramyeon.
④ He made a website whose most people considered to be useful.
⑤ Whenever my uncle visited, we would go hiking in the mountains.

One of the biggest problems affecting productivity is procrastination. And one of the biggest contributors to procrastination is the feeling that we need to do something perfectly. The key to ending procrastination in your life is to be honest about ____(A)____ you're really doing with your time and energy. Look closely at why you've set the bar so high that you can't even start. Procrastination can only flourish in a situation ____(B)____ perfection is so clearly demanded and so intrinsically impossible that inaction seems preferable to action. So be honest with yourself about why being perfect is so important to you. Perfectionism doesn't make people happy, and often makes them crazy.

*procrastination 미루는 버릇; 지연

17 위 글에서 필자가 주장하는 바로 가장 적절한 것을 고르시오.

① 오늘 할 일을 내일로 미루지 마라.
② 업무에 시간과 에너지를 들여라.
③ 일을 꼼꼼하게 처리하도록 노력해라.
④ 완벽하게 하려다 일 처리를 지연시키지 마라.
⑤ 작업에 대한 평가 기준을 제대로 세워라.

18 빈칸 (A), (B)에 들어갈 알맞은 관계사를 쓰시오.

(A) _____ (B) _____

Just about (A) everyone / all of us has trouble concentrating or paying attention in class from time to time. But for chidlren (B) with / for attention deficit hyperactivity disorder (ADHD), symptoms such as being unable to pay attention or follow instructions can cause big problems in their everyday lives. (①) They may feel bored all the time for no simple reason, get distracted easily, say or do (C) no matter what / anything that is on their minds at the time without thinking, and interrupt when other people are talking. (②) Because of this, they may frequently get into trouble at school and have difficulty getting along with others or making friends. (③) Struggles such as these can result in low self-esteem and depression. (④) With the right care and support from family and friends, a child who has ADHD can be as successful as anyone else. (⑤)

19 (A)~(C)의 각 네모 안에서 어법에 맞는 표현을 골라 짝지은 것을 고르시오.

	(A)	(B)	(C)
①	everyone	for	no matter what
②	all of us	with	anything that
③	everyone	with	anything that
④	all of us	for	anything that
⑤	everyone	with	no matter what

20 글의 흐름으로 보아, 주어진 문장이 들어가기에 가장 적절한 곳을 고르시오.

However, treatments like medication and therapy can help manage and improve the symptoms.

①   ②   ③   ④   ⑤

36

UNIT 78-79

도치 / 강조

정답 및 해설 p.62

☑ **CHECK UP** 괄호 안에서 알맞은 것을 고르시오.

1 Down (came a ladder / a ladder came) from the rescue helicopter. `78 - A`

2 A: I've never been to India before.   B: Neither (have I / I have). `78 - B`

3 It was (the cafeteria / at the cafeteria) that I first met my girlfriend. `79 - A`

4 He says he doesn't, but he (do / does) remember that he told me not to worry. `79 - B`

A 도치구문의 원칙에 따라 밑줄 친 부분을 강조하는 문장으로 바꿔 쓰시오.

1 His lecture was so boring that everyone got up and left.

→ _____

2 A crowd of people stood directly in front of them.

→ _____

3 There were seldom more than five students in the French class.

→ _____

4 You never know what's going to happen.

→ _____

B [보기]와 같이 B가 "~도 마찬가지이다"라는 의미가 되도록 주어진 표현을 활용하여 대화를 완성하시오.

> 보기   A: She didn't like the movie.
> B: *Neither did he.* (he)

1 A: Jane has called her parents recently.
B: _____ (her sisters)

2 A: They don't understand the question.
B: _____ (we)

3 A: We aren't going to allow it.
B: _____ (she)

4 A: I'm thirsty from working in the hot sun.
B: _____ (I)

C 괄호 안의 지시대로 밑줄 친 부분을 강조하는 문장으로 바꿔 쓰시오.

1 He started the argument over the price. (it is[was] ~ that 강조구문 사용)

→ _____

2 The wedding cake you made for me was the cake I'd dreamed of! (명사 강조어구 사용)

→ _____

3 What has happened to your house? (의문사 강조어구 사용)

→ _____

4 I called, but I got the answering machine. (동사 강조어구 사용)

→ _____

D 어법상 틀린 문장은 바르게 고치고, 옳은 문장에는 표시(O)하시오.

1 Your hamburger is ready. Here are you.

2 Were I you, I would ask him out.

3 Only by standing on a chair could my seven-year-old girl wash the dishes.

4 "What should I do?" asked I. "You need to calm down first," said Brian.

5 Antarctica receives more solar radiation than does any other place on Earth.

WRITING PRACTICE

우리말과 일치하도록 주어진 단어를 활용하여 문장을 완성하시오.

1 3년이 지나서야 비로소 그 전쟁이 끝났다. (until, later)

_____ _____ _____ _____ _____ did the war end.

2 내 자전거 바퀴가 펑크 났다. 나는 그것을 내 스스로 고쳤다. (fix, oneself)

My tire went flat on my bicycle. I _____ _____ _____.

3 내가 안전벨트를 매자마자 그는 차 속력을 내서 달렸다. (fasten)

Scarcely _____ _____ _____ my seat belt _____ he sped away in the car.

37 생략 (1) / 생략 (2): 공통구문

정답 및 해설 p.63

↗ **CHECK UP** 괄호 안에서 알맞은 것을 고르시오.

1 Bob's essay had little of the style or humor of (Ben's / Ben). `80 - A`

2 A: Do we have to walk all the way down there? `80 - A`
B: I hope (not / we not).

3 Phone me (if necessary / if it necessary). `80 - B`

A 다음에서 생략된 부분을 쓰시오.

1 Lee tried to think positively, but he couldn't.

2 The racing car driver ran out of gas and had to stop.

3 She can't have bought everything that I asked her to at the store.

4 You want to use my towel? Don't you have your own?

5 Though saddened by the news, she acted gracefully.

6 Use this medicine as needed. It will ease your pain.

7 Robert spent more money on the trip than Matt.

B 밑줄 친 부분을 공유하고 있는 어구들을 모두 찾으시오.

1 The airplane <u>had</u> a smooth takeoff, but a bumpy landing.

2 To say something and to mean something <u>are</u> two different things.

3 The people on strike asked for and got <u>a higher salary</u>.

4 He's had an interesting and often controversial <u>life</u>.

5 You may, but don't have to, <u>help</u> me.

6 She <u>was</u> always admired, but never really complimented on her work.

7 <u>You</u> do what you can, and hope for the best.

C 어법상 **틀린** 문장은 바르게 고치고, 옳은 문장에는 표시(O)하시오.

1 The dog was trained to come to me when it called.

2 I don't have to keep an English diary, but I want.

3 The news was rather alarming but obviously truth.

4 Let's go to the river and to have a picnic instead of eating at home.

5 Unless given time to recover, he would have to miss the next soccer match.

6 Health and happiness are necessary, but often taken for granted.

WRITING PRACTICE

우리말과 일치하도록 주어진 표현을 활용하여 문장을 완성하시오.

1 당신이 원한다면 우리와 함께 운동해도 됩니다. (would like)
If _____ _____ _____ _____, we can exercise, together.

2 그는 밤새 잠을 못 잔 것처럼 보인다. (have slept)
He looks as if _____ _____ _____ _____ all night.

3 안전벨트는 제대로 매면 생명을 구한다. (save, lives, wear)
Seat belts _____ _____ when _____ correctly.

4 A: 아이들이 예절 바르게 행동했나요?   B: 유감스럽지만 그렇지 않았어요. (afraid)
A: Did the kids behave themselves?   B: I'm _____ _____.

5 친구에 관해서라면, 많으면 많을수록 좋다. (more, better)
When it comes to friends, _____ _____ _____ _____.

6 나는 가능하면 버스를 탈 것이다. 나는 택시를 탈 충분한 돈을 가지고 있지 않다. (possible)
I'll take the bus _____ _____. I don't have enough money for a taxi.

7 한국에서 비슷한 일이 생기면 어떻게 될까? 상황이 달라질까? (what)
_____ _____ something similar happened in Korea? Would things be different?

38

삽입·동격 / 해석에 주의해야 할 구문: 무생물주어·명사를 사용한 표현

정답 및 해설 p.64

CHECK UP 괄호 안에서 알맞은 것을 고르시오.

1 You are, (as far as I know / if ever), the only real artist in this group. `82 - A`

2 The tickets for the show (starts / starting) at 8 have sold out. `82 - A`

3 The rumor (that / whether) she was fired was untrue. `82 - B`

4 The customers (took / made) official complaints, so the meeting was held to solve them. `83 - B`

A 빈칸에 알맞은 것을 [보기]에서 골라 쓰시오.

| 보기 | if ever | on the other hand | I think | what is worse | that is to say |

1 Ben seldom, _____, drinks coffee in the evening.

2 I met someone who _____ will make a good roommate.

3 She broke her right leg, and _____, she sprained her left ankle.

4 My son is shy and timid; my daughter, _____, is outgoing and sociable.

5 He was a genius; _____, a person who does superlatively and without obvious effort something that most people cannot do.

B 서로 동격 관계에 있는 어구에 밑줄을 치시오.

1 Shane, the president of the club, canceled the meeting.

2 I didn't get a raise in spite of the fact that I was doing my job well.

3 The news of their divorce didn't come as a surprise to me.

4 The idea arose that the four of us could make music together.

5 He answered the question of whether his journey had an impact on the way he saw the world.

C 밑줄 친 부분에 유의하여 우리말로 옮기시오.

1 Investigation of the case will show that it is murder.

2 A three-hour flight brought them to the beaches of Costa Rica.

3 No amount of makeup could hide her age.

4 Their confusing explanations drove us crazy.

5 The little girl gave a shy smile and hid behind her mother.

6 In spite of the danger of losing their lives, they didn't give up.

D 두 문장이 같은 의미가 되도록 빈칸에 알맞은 말을 쓰시오.

1 I slept well last night.

→ I _____ last night.

2 Mike works hard.

→ Mike is _____.

3 Henry speaks German fluently.

→ Henry is _____.

4 Let's look closely at what's been keeping them busy.

→ Let's have _____ what's been keeping them busy.

WRITING PRACTICE

우리말과 일치하도록 주어진 단어를 활용하여 문장을 완성하시오.

1 나의 치통 때문에 나는 치과에 가야 했다. (toothache, force)

_____ _____ _____ _____ to go to the dentist.

2 최선의 선택은 아니지만, 어쨌든 우리는 그것을 따라야만 한다. (case)

It's not the best decision, but we have to follow it _____ _____ _____.

3 그 개는 말하자면 우리 가족 구성원이다. (speak)

The dog is, _____ _____ _____, a member of our family.

39

주어와 술어동사의 수 일치 / 시제의 일치와 그 예외

정답 및 해설 p.66

↗ **CHECK UP**   괄호 안에서 알맞은 것을 고르시오.

1 Every room and bathroom in the hotel (have / has) to be cleaned.   `84 - C`

2 Most of the goods sold by the company (comes / come) from China.   `84 - D`

3 It was reported that the bank (was / had been) robbed by three people.   `85 - A`

4 The teacher told us that the Joseon Dynasty (was / has been) founded in 1392.   `85 - B`

A   주어진 단어와 현재시제를 이용하여 빈칸에 알맞은 말을 쓰시오.

1 Neither the guidebook nor maps _____ helpful. (be)

2 Either you or Susan _____ to bring the cake. (have)

3 My cat, as well as my dogs, _____ to eat dog food. (like)

4 Not you but he _____ going on the business trip. (be)

5 Both the winner and the loser _____ satisfied with the result. (be)

B   주어진 단어를 알맞은 형태로 바꾸어 문장을 완성하시오.

1 Measles _____ a contagious disease. (be)

2 The United Arab Emirates _____ famous for Burj Al Arab, a seven-star hotel. (be)

3 Eighty percent of those who had signed up for the class _____ satisfied with it. (be)

4 As I closed the door, I realized I _____ my keys inside. (leave)

5 The students learned that water _____ at 0 °C. (freeze)

6 She said that Amelia Earhart _____ the first woman to fly across the Atlantic. (be)

7 Five minutes _____ a long time to wait without doing anything. (be)

C 주절의 시제를 과거로 바꾸어 문맥에 맞게 문장을 완성하시오.

1 I wish I had more brothers and sisters.

　→ I wished _____.

2 I believe that this book will be very interesting to read.

　→ I believed that _____.

3 The detective knows that she is lying from her behavior.

　→ The detective knew that _____.

D 어법상 틀린 문장은 바르게 고치고, 옳은 문장에는 표시(O)하시오.

1 Half of the students is absent with colds today.

2 Eva could not drive anymore because she runs out of gas.

3 Two teachers, neither of whom worked at our school, was at the event.

4 Even experienced hikers who hikes every weekend have difficulty with this trail.

5 I wasn't as calm as I usually am. I felt a little tense.

6 They said that their daughter always skips breakfast.

WRITING PRACTICE

우리말과 일치하도록 주어진 표현을 활용하여 문장을 완성하시오.

1 관광 티켓 구매를 원하는 모든 사람은 약 40분 정도 기다려야 한다. (who, want, have)

Everyone _____ _____ to buy tickets for the sightseeing tour _____
_____ wait for about 40 minutes.

2 한 명 이상의 학생이 그 파티에 갈 것이다. (one of, be)

More than _____ _____ _____ _____ _____ going to the party.

3 많은 지역에서 교통사고 건수가 증가해오고 있다. (number, have)

_____ _____ _____ car accidents _____ increased in many areas.

4 대인 관계 기술은 무엇인가? 그것은 우리가 다른 사람들과 의사소통하기 위해 사용하는 삶의 기술이다.
(interpersonal skills)

_____ _____ _____ _____? They are the life skills we use to
communicate with other people.

40

UNIT 86-89

평서문·의문문의 화법전환 / 명령문의 화법전환 / 감탄문·기원문의 화법전환 / 두 개 이상의 절이 있는 문장의 화법전환

정답 및 해설 p.67

A 직접화법을 간접화법으로, 간접화법을 직접화법으로 전환하시오.

1 George said to me, "I lived in an apartment on the 21st floor three years ago."
→ George told me that _____.

2 Alice said, "What picturesque scenery the island has!"
→ Alice said that _____.
→ Alice exclaimed _____.

3 She said to the shoemaker, "Please put new metal heels on my shoes."
→ She _____.

4 Ariel asked him, "Do you know that restaurant Amy recommended?"
→ Ariel _____.

5 Lora said that she was going to go shopping that weekend.
→ Lora said, "_____."

6 He asked me how much he had to pay for a membership.
→ He asked me, "_____ for a membership?"

7 Ellie said, "Let's take yoga lessons three times a week."
→ Ellie suggested _____.

8 "What should I wear to the ceremony?" I asked my mom.
→ I asked my mom _____.

9 "You'd better not eat too many sweets," she said to me.
→ She warned _____.

10 Kiera said, "My family went to the beach last year."
→ Kiera _____.

11 Chad said to his wife, "It will be hot this summer. Let's buy a wall-mounted air conditioner."
→ Chad told his wife _____, and _____ _____ a wall-mounted air conditioner.

102 G-ZONE WORKBOOK

B   [보기]에서 알맞은 전달동사를 골라 활용하여 간접화법으로 전환하시오.

> 보기   ask   wish   answer

1 We said, "May God forgive her!"

→ We _____.

2 He asked, "Are you married?" and I said, "Yes."

→ He asked me if I was married and I _____.

3 "Would you turn off the TV, please?" he asked.

→ He _____.

C   다음 대화를 간접화법으로 바꾼 것에서 어법상 틀린 부분을 찾아 바르게 고치시오.

1 Police officer: You ran a red light.

Ross: Do I have to pay a fine?

→ The police officer told Ross that he had run a red light. Ross asked whether did he have to pay a fine.

2 Bill: I can't believe we lost the baseball game by two points.

Helen: Don't be upset. I'm sure we will win next time.

→ Bill said Helen that he couldn't believe we had lost the baseball game by two points. Helen advised Bill not be upset, and told him that she is sure they would win the following time.

WRITING PRACTICE

우리말과 일치하도록 주어진 단어를 활용하여 문장을 완성하시오.

1 그 여자는 발을 밟아서 미안하다고 놀라서 말했다. (surprise)

The woman _____ _____ _____ that she was sorry she stepped on my foot.

2 Fred는 나에게 그 뮤지컬을 본 적이 있냐고 물었다. (see)

Fred asked me _____ _____ _____ _____ the musical.

3 그는 나에게 그 다음날까지 내 셔츠를 세탁하는 것을 잊지 말라고 했다. (forget, next)

He told me _____ _____ _____ to wash my shirt _____ _____ _____ _____.

41

보통명사의 주요 용법 / 집합명사의 주요 용법 정답 및 해설 p.70

↗ **CHECK UP** 괄호 안에서 알맞은 것을 고르시오.

1 I'd like to ask her (question / a question) about the recent incident. `90`

2 I haven't written (poetry / a poetry) in months. `91 - B`

3 We had a great day at the lake. We brought home a whole bucketful of `91 - C`
(fish / fishes).

A 주어진 단어를 활용하여 문장을 완성하시오.

1 The _____ in the Middle Ages were very strong politically. (clergy)

2 Each passenger is allowed two pieces of carry-on _____. (baggage)

3 The native _____ of America are not one tribe, but many, each with its own distinctive lifestyle. (people)

4 They keep horses and _____; the former for riding, the latter for milking. (cattle)

5 The government advisory committee now _____ of more than 12 members. (consist)

6 _____ is the best source of the natural sugar needed for energy. (fruit)

B [보기]에서 빈칸에 들어갈 수 있는 것을 모두 골라 쓰시오.

보기	a	the	large	much	many

1 _____ snake is an animal with a long, thin body and no legs.

2 His life was full of happiness from the cradle to _____ grave.

3 The lecture was so popular that it drew a _____ audience.

4 I'm looking for some organic produce, but this grocery store doesn't have _____.

C 밑줄 친 부분을 어법상 바르게 고치시오.

1 I like most of his poetry, but this <u>poetry</u> is not his best.

2 How many pieces of <u>bags</u> did you check in?

3 Kelly is a successful manager of a <u>cloth</u> store.

4 A marriage has been arranged between the two <u>family</u>.

5 What do you say to taking a drive for a change of <u>sceneries</u>?

D 어법상 틀린 문장은 바르게 고치고, 옳은 문장에는 표시(O)하시오.

1 They got married and started a harmonious family three years ago.

2 She's supposed to be brilliant actress.

3 In this store, there are many merchandises for children.

4 There's an ocean of a puddle under your washing machine.

5 In winter, people put on many layers of clothings to keep warm.

6 A dodo is extinct because of humans.

WRITING PRACTICE

우리말과 일치하도록 주어진 표현을 활용하여 문장을 완성하시오.

1 당신은 무거운 가구와 책을 얼마나 많이 가지고 있죠? (how, heavy, furniture)

_____ _____ _____ _____ and how many books do you have?

2 그들의 팀은 3점차로 지고 있었다. (team, be)

Their _____ _____ losing by three points.

3 그들은 아파트를 수색하도록 했다. 경찰은 증거를 찾고 있었다. (police, look for)

They had their apartment searched. _____ _____ _____ _____ _____ evidence.

4 밴쿠버 섬은 캐나다의 서부 해안에 있는 보석 같은 섬이다. (jewel, of)

Vancouver Island is _____ _____ _____ _____ _____ on Canada's west coast.

↗ **CHECK UP**   괄호 안에서 알맞은 것을 고르시오.

1 After using the toilet, wash your hands with (soap / soaps).   `92 - A`

2 He drank (two glasses of milk / two glass of milks) and left for school.   `92 - A`

3 It took more than two months to read (a Twain / Twain).   `92 - B`

4 He entered politics and was (success / a success).   `93 - A`

A   주어진 단어를 활용하여 문장을 완성하시오.

1 I'll take a dozen doughnuts and two _____ of tuna. (can)

2 _____ _____ are going to buy a lawn mower this weekend. (Jackson)

3 He got caught stealing other people's personal _____. (information)

4 Nell didn't spill the coffee _____ _____. The cup must have been too hot. (purpose)

5 Three _____ _____ _____ are not enough to make Korean chop steak. (slice, beef)

6 We left _____ _____ on in the bedroom so that the child would not feel frightened. (light)

7 Aiden is afraid of fire after having narrowly escaped from _____ _____ when he was young. (fire)

B   두 문장이 같은 의미가 되도록 전치사와 명사를 포함하여 문장을 완성하시오.

1 He was able to get the job easily.
→ He was able to get the job _____ _____.

2 The wool trade was important to the town.
→ The wool trade was _____ _____ to the town.

3 It is useless to cry over spilled milk.
→ It is _____ _____ _____ to cry over spilled milk.

C 다음 문장이 같은 의미가 되도록 빈칸에 알맞은 말을 쓰시오.

Jenny had the patience to wait for him.
→ Jenny **1** _____ _____ for him.
→ Jenny was **2** _____ _____ _____ _____ for him.
→ Jenny was so **3** _____ _____ _____ _____ for him.

D 어법상 틀린 문장은 바르게 고치고, 옳은 문장에는 표시(O)하시오.

1 Susie asked me to buy a few bread and a carton of low-fat milk for breakfast.

2 Cheese we tasted at the shop was great.

3 I bought three toothpastes for the price of two.

4 Tim has made rapid progresses in mathematics, but not in economics and physics.

5 When a corporation goes bankrupt, its stock is of no value anymore.

6 He is rich in architectural knowledges.

7 Check with care to ensure we have all the documents we need.

WRITING PRACTICE

우리말과 일치하도록 주어진 단어를 활용하여 문장을 완성하시오.

1 그의 조언은 큰 도움이 되었다. (great)
His advice is _____ _____ _____.

2 탱크에 휘발유가 거의 남아있지 않다. (gasoline)
There _____ _____ _____ left in the tank.

3 이 일을 하는 데 많은 경험이 필요하지는 않습니다. (experience)
You do not need _____ _____ to do this project.

4 Picasso의 그림 두 점을 그림을 가지고 있다니, 그는 부자임에 틀림없어.
He must be rich to have _____ _____.

43

명사의 수 / 명사의 소유격 / 소유격의 의미와 용법 / 명사의 성(性)

정답 및 해설 p.73

↗ **CHECK UP**   괄호 안에서 알맞은 것을 고르시오.

1 They say bad news (come / comes) in threes.   `94`

2 Though he is eight years old, he is taller than (ten-year-old / ten-years-old) boys.   `94`

3 With the KTX, Busan is a (three hours' train ride / three hours train ride) from Seoul.   `95 - B`

4 We went to the amusement park with some friends of (our / ours).   `96 - B`

5 He can't be the (bridegroom / bride). He's not dressed well enough.   `97 - A`

A   주어진 표현을 활용하여 문장을 완성하시오.

1 *Oliver Twist*, _____ _____ famous novel, was made into a film. (Charles Dickens)

2 This is a variation of my _____ recipe. (mother-in-law)

3 Although she had only started studying in her late _____, she became an expert in her field. (twenty)

4 I went to the _____ to buy meat. (butcher)

5 The hotel is a _____ building. (ten, story)

B   빈칸에 알맞은 것을 [보기]에서 골라 필요시 변형하여 쓰시오.

보기	manner	hundred	good	species	arm

1 It must have taken _____ of hours to prepare each one.

2 The factory was accused of making of illegal _____.

3 It is good _____ to keep your cell phone turned off in the concert hall.

4 Octopuses generally have a short life expectancy. Some _____ live for as little as six months.

5 The shop sold leather _____, such as wallets and briefcases.

C 어법상 <u>틀린</u> 문장은 바르게 고치고, 옳은 문장에는 표시(O)하시오.

1 She puts on air, but really she's as common as you or me.

2 Brad wants to change his major to statistics, which is a branch of mathematics.

3 I wish you would be more careful with that scissors.

4 You have to declare what you bought abroad to custom.

5 If you look at the page's bottom, you will find the answer.

6 My grades were better than my brother last year.

WRITING PRACTICE

우리말과 일치하도록 주어진 표현을 활용하여 문장을 완성하시오.

1 내 여자친구는 여자대학교에 다닌다. (women)
My girlfriend goes to _____ _____ _____.

2 그 머리모양은 1870년대에 유행했다. (in)
That hairstyle was popular _____ _____ _____.

3 나의 엄마 친구 네 분이 문화 센터에서 꽃꽂이 강좌를 들으신다. (friend)
Four _____ _____ _____ _____ take a flower-arranging course at the cultural center.

4 그는 그의 여동생의 사고 소식을 듣고 한달음에 병원으로 달려갔다. (the news, accident)
After hearing _____ _____ _____ _____ _____ _____,
he rushed to the hospital.

5 많은 사람들이 징후나 증상이 있지 않기 때문에 당뇨병은 발견하기 어렵다. (hard, detect)
Diabetes _____ _____ _____ _____ because many people have no signs or symptoms.

44

UNIT 98-99

부정관사의 주요 용법 / 정관사의 주요 용법

정답 및 해설 p.74

☑ **CHECK UP** 괄호 안에서 알맞은 것을 고르시오.

1 Danny always has to check his email. He can't survive (a / the) day without it. `98`

2 Mike says he's only going to play online games for two hours (a / the) week. `98`

3 (A / The) weather is so nice. Why don't we go on a picnic? `99 - A`

4 On (the fifth / fifth) of July, the company publicly announced its sales target of 370 billion won. `99 - B`

A 빈칸에 알맞은 관사를 쓰시오.

1 The teacher talks with the student on the phone in English for ten minutes _____ day.

2 As _____ artist, he has painted landscapes all his life.

3 In _____ way, this answer is correct, too.

4 Are you going to fix the sink or would you rather I called _____ plumber?

5 Alison has been playing _____ guitar for ten years.

6 The teacher told the children to stand in _____ line.

7 A new passenger ship made its maiden voyage across _____ Atlantic.

8 You won't have _____ penny left if you keep spending like that.

B 어법상 <u>틀린</u> 문장은 바르게 고치고, 옳은 문장에는 표시(O)하시오.

1 Gobi Desert is in northern China and southern Mongolia.

2 A moon is high up in the sky.

3 My uncle sent me a MP3 player, which he had bought in Tokyo.

4 I wish every individual in every company would do same as you.

5 The organization raises money to help the poor.

6 I saw a cell phone in a shop; it's exact one I want to buy.

7 *Mayflower* transported the Pilgrims from Plymouth port, England, to Plymouth Colony, Massachusetts, in 1620.

1 우리말과 일치하도록 필요한 부분에 관사를 쓰시오.

1) 너는 세상에서 가장 높은 건물이 무엇인지 아니?

Do you know what tallest building on earth is?

2) 우리는 서인도 제도로 크루즈 여행을 떠나고 싶다.

We'd love to go on a cruise in West Indies.

3) 토마토와 버섯은 파운드 단위가 아니라 킬로그램 단위로 팔린다.

Tomatoes and mushrooms are sold not by pound but by kilogram.

4) 우리는 8월 어느 일요일에 해변에 갔는데 꽤 혼잡했다.

We went to the beach on Sunday in August, and it was quite crowded.

5) 큐레이터는 박물관이나 미술관에서 물건들이나 예술 작품을 담당하고 있는 사람이다.

Curator is someone who is in charge of the objects or works of art in a museum or art gallery.

2 우리말과 일치하도록 주어진 단어와 관사를 활용하여 문장을 완성하시오.

1) 정부는 노숙자들을 더 이상 수수방관해서는 안 된다. (homeless)

The government should no longer be inattentive to _____ _____.

2) 콩고 강은 세계에서 가장 깊고 넓은 강들 중 하나이다. (deep, large)

The Congo River is one of _____ _____ and _____ _____ _____ in the world.

3) 나는 그의 얼굴을 때렸고, 그도 나를 때렸다. (hit, in)

I _____ _____ _____ _____ _____, and he hit me back.

4) 고(故) John Jackson은 환경 운동가이자 사회 활동가였다. (late)

_____ _____ _____ _____ was an environmentalist and social activist.

45

관사의 생략 / 관사의 위치

정답 및 해설 p.75

↗ **CHECK UP**   괄호 안에서 알맞은 것을 고르시오.

1 We began having (the breakfast / breakfast) together as a rule.   `100 - A`

2 Brush your teeth before going to (bed / the bed).   `100 - B`

3 I had never seen (a such amazing building / such an amazing building) before I   `101 - A`
visited the Taj Mahal.

4 Having written (the all invitations / all the invitations), she mailed them at the   `101 - B`
post office.

A   빈칸에 알맞은 관사를 쓰시오. 단, 필요하지 않을 경우 표시(X)하시오.

1 The injured were taken by _____ ambulance to the hospital.

2 School violence has become _____ social problem in Korea.

3 She would rise at four o'clock to practice _____ figure skating before class.

4 I've been around this type of _____ thing all my life.

5 Go straight and make a left at _____ church.

6 We had _____ lunch together, and then we played the cello.

7 On her visit to Korea, _____ Queen Elizabeth II stopped by Andong Hahoe folk
village.

B   자연스러운 문장이 되도록 주어진 단어를 배열하시오.

1 Last year we made (the, number, of, double) cell phone sales compared to all our rivals
combined.

2 It was (car, a(n), quite, expensive) that my father bought for me.

3 Dina had to meet (rather, unusual, customer, an) the day before yesterday.

C   어법상 **틀린** 문장은 바르게 고치고, 옳은 문장에는 표시(**O**)하시오.

1 Don't just dip your big toe into the water and decide it's too a cold day to swim.

2 A hashtag is a word or phrase that is preceded by the # symbol.

3 The construction went on the day after the day without a break.

4 Bridget might not be so good friend. After all, she did lie to you.

5 The professor Victor has great expertise in international relations.

6 This corridor is the twice length of the other, but it is much narrower.

WRITING PRACTICE

우리말과 일치하도록 주어진 단어를 활용하고 관사에 유의하여 문장을 완성하시오.

1 그것은 걸어서 이틀 걸리는 여행이 될 것이다. (foot)

It will be two days' journey _____ _____.

2 너는 어떤 종류의 음식이 먹고 싶니? (kind)

_____ _____ _____ _____ do you want to have?

3 좋지 않은 날씨 때문에 비행이 지연되고 있다. (account)

My flight is delayed _____ _____ _____ the bad weather.

4 그들은 팔짱을 끼고 바닷가를 거닐었다. (arm)

They walked along the beach _____ _____ _____.

5 방과 후에 나는 고모의 결혼식을 보기 위해 결혼식장에 갔다. (school)

_____ _____, I went to a wedding hall for my aunt's wedding.

6 우리 반 학생들 절반 이상이 야외 수업을 할 것을 건의했다. (half)

More than _____ _____ _____ in my class suggested we have an outdoor lesson.

46 인칭대명사의 주요 용법 / 인칭대명사 it

☑ CHECK UP 괄호 안에서 알맞은 것을 고르시오.

1 It was (me / I) that she blamed for missing our plane. `102 - A`

2 All of his friends went home, so Harry had to study (by himself / in himself). `102 - B`

3 Susan has two dogs, which (makes / makes it) difficult for her to travel. `103 - B`

4 (It's / That's) a long drive to my grandparents' house. `103 - B`

A 주어진 인칭대명사를 필요시 문맥에 맞게 고치시오.

1 My little sister said "Who is there?," and I answered "It's (I)."

2 I'm going to a concert with a friend of (I).

3 It was (she) that first introduced her son to the piano.

4 The police officer was unhappy about (they) complaining.

5 That he will come to the office today is confirmed. I called him (I).

6 I think she liked her surprise party. She seemed to be enjoying (she).

B 밑줄 친 It[it]과 같은 용법으로 쓰인 것을 [보기]에서 찾아 그 기호를 쓰시오.

> 보기   ⓐ The logs were wet, so <u>it</u> was hard to light them.
> ⓑ <u>It</u> was the food she ordered that she was waiting for.
> ⓒ They'll have an outdoor concert providing <u>it</u> doesn't rain.
> ⓓ Many find <u>it</u> hard to make decisions when there are too many choices available.
> ⓔ I have been in Rome for seven days. <u>It</u> is the capital of Italy.

1 We had to buy an air conditioner yesterday. <u>It</u> was getting too hot in the apartment.

2 <u>It</u> was Mr. Simpson who recommended me as his successor.

3 The weather has been cold, which makes <u>it</u> difficult to walk.

4 I don't care about the money that was stolen. <u>It</u>'s more difficult to replace my passport and license.

5 Justin bought a new tablet computer. <u>It</u> was so expensive that he had to save money for months before he could afford it.

C   어법상 **틀린** 문장은 바르게 고치고, 옳은 문장에는 표시(O)하시오.

1   It was so hot in the room that the men removed their ties.

2   I taught me to speak English.

3   We are proud of hers having been chosen as the winner.

4   I find easier to go to the supermarket late at night.

5   The luggage was too heavy for me to lift by myself, so I asked a porter to carry it.

WRITING PRACTICE

1   우리말과 일치하도록 알맞은 것을 [보기]에서 골라 필요시 변형하여 문장을 완성하시오.

보기	it	own	one	oneself	the thing

1) 판사는 직접 배심원들과 함께 그 문제를 살펴보았다.

   The judge _____ saw the problem with the jury.

2) 사람은 동시에 행복과 슬픔을 느낄 수 있다.

   _____ can be happy and sad at the same time.

3) 어떻게 지내세요? 요즘 바쁘신가요?

   How is _____ going with you? Are you busy these days?

2   우리말과 일치하도록 주어진 표현을 활용하여 문장을 완성하시오.

1) 앉아서 음식이 나오는 것을 기다려주세요. (oneself)

   Please _____ _____ and wait for your food to arrive.

2) 그가 바로 그 이메일을 보낸 사람이다. (he, send)

   _____ was _____ _____ _____ the email.

3) 일요일이라서 백화점이 문을 닫았다. (Sunday)

   As _____ _____ _____, the department store was closed.

4) 그녀는 Jame의 결과와 그녀 자신의 것을 비교하고 실망했다. (with)

   She compared Jame's results _____ _____ _____ and was disappointed.

5) 나의 어제 그녀의 친구 한 명을 만났다. (a)

   I met _____ _____ _____ _____ yesterday.

47

UNIT 104-105
지시대명사 this·that /
지시대명사 such·same

정답 및 해설 p.78

↗ **CHECK UP**   괄호 안에서 알맞은 것을 고르시오.

1 The cost of living in London is higher than (this / that) of Seoul.   `104`

2 Last fall I met several exchange students, but I haven't seen them around (this / that) term.   `104`

3 Now, listen to (this / that). It's going to change our lives a lot!   `104`

4 He is a young child and needs to be handled (as same / as such).   `105`

A   빈칸에 알맞은 것을 [보기]에서 골라 쓰시오.

보기	this	these	that	those	such	same

1 The beaches on the east coast are more beautiful than _____ on the west.

2 I can guarantee _____: He will be the winner of the competition.

3 The employees have been working overtime _____ week.

4 He likes to collect antiques _____ as old cars and telephones.

5 No matter how you do it, the result will be the _____.

6 The lifestyle in Jeju is more relaxed than _____ of Seoul.

7 You're working hard _____ days. You should try to get more rest.

8 I think the _____ as you do about this problem.

9 Some students tend not to wash their hair during the exam period. _____ habits make me sick.

10 History was boring. _____ was her opinion before she met the history teacher.

B   어법상 <u>틀린</u> 문장은 바르게 고치고, 옳은 문장에는 표시(O)하시오.

1   You may well disagree, but I think that time I agree with Bruce.

2   This picture, which was painted in 1920, faithfully reflects the manners and customs of that days.

3   Parents are always comparing their kids with those of other parents.

4   For those of you who read the news, this story may be familiar.

5   As an author, I'll say that: It was not easy to write this book.

6   I think she is not so a fool as to get married to David.

WRITING PRACTICE

우리말과 일치하도록 this, that, such, same 중 하나와 주어진 표현을 활용하여 문장을 완성하시오.

1 표를 예매하는 사람들은 20% 할인 받을 것이다. (buy, in advance)

_____ _____ _____ _____ _____ _____ will get a 20% discount.

2 그의 글씨체는 어린 아이의 것 같다. (handwriting, like)

_____ _____ _____ _____ _____ _____ a young child.

3 그녀의 행동은 모든 사람이 그녀를 싫어할 정도였다. (behavior)

_____ _____ _____ _____ that everyone disliked her.

4 나도 똑같은 햄버거를 주문할래. 그게 바로 내가 원하는 거야. (order, hamburger)

I'll _____ _____ _____ _____. That's exactly what I want.

5 그녀는 나뿐만 아니라 우리 가족들을 도와줄 만큼 정말 천사 같은 사람이었어. (be, angel)

_____ _____ _____ _____ _____ as to help not only me but my whole family.

48

부정(不定)대명사 some·any / 부정대명사 one

정답 및 해설 p.79

☑ CHECK UP 괄호 안에서 알맞은 것을 고르시오.

1 Let's turn the radio on. Maybe we can find (some / any) good music. `106 - A`

2 I'll probably be home tonight. I don't have (any / some) plans. `106 - B`

3 I'm sorry I broke your cup. May I buy you a new (it / one)? `107`

4 I'll be surprised if she doesn't pass this exam. It's (one / ones) of her favorite subjects. `107`

A 빈칸에 some과 any 중 더 알맞은 것을 쓰시오.

1 You can choose _____ of the hats that you want.

2 The houses were damaged in the hurricane. _____ of them were completely destroyed.

3 There weren't _____ umbrellas left. They were all sold out.

4 For _____ reason, this machine makes two copies of everything.

5 We're out of shampoo. Could you buy _____ at the store?

B one을 활용하여 빈칸에 쓰시오.

1 _____ knows _____ own flaws the best.

2 Soft contact lenses are less expensive than hard _____.

3 Eva's washing machine is faster, quieter, and more convenient to use than her sister's new _____.

4 That's a good joke, but I know an even better _____!

5 Thomas used to be lazy, but now he is _____ of the best students in class.

C   빈칸에 공통으로 들어갈 것을 [보기]에서 골라 쓰시오.

보기   one   it   some   any

1 (A) Let's go _____ place that is off the beaten path.

(B) Take _____ snacks with you on the plane in case you get hungry.

2 (A) We have three choices for dinner. You can choose _____ of them.

(B) He showed barely _____ interest in the game.

3 (A) When I finish this _____, I will have written 300 pages.

(B) The saying, "_____ acts according to the way _____ appears," is exactly right.

D   어법상 틀린 문장은 바르게 고치고, 옳은 문장에는 표시(O)하시오.

1 Any words cannot describe my emotions now.

2 Could you give me some more salad? It's very delicious.

3 Last week Mark paid for his sister's birthday party and gave any money to charity.

4 When she came back, she noticed that some of the bread were missing from her basket.

5 The president was the one who proposed a bill for protecting us from air pollution.

6 This bakery is really well known for its cheesecake. Why don't you try some this cake?

WRITING PRACTICE

우리말과 일치하도록 one, some, any 중 하나와 주어진 표현을 활용하여 문장을 완성하시오.

1 그 잠수부들은 오늘 아무 장비도 착용하지 않고 얕은 물에 잠수하고 있다. (without, equipment)
The divers are diving in shallow water _____ _____ _____ today.

2 너는 신발이 많구나. 넌 어디서 그런 귀여운 신발을 샀니? (those)
You have so many shoes. Where did you get _____ _____ _____?

3 몇몇 달리기 선수는 중간에 포기하고 결승지점을 통과하지 못한다. (the runners, give up, reach)
_____ _____ _____ _____ _____ _____ in middle of the race and _____ _____ the finish line.

49

부정대명사 other·another /
부정대명사 all·each

정답 및 해설 p.80

☑ **CHECK UP** 괄호 안에서 알맞은 것을 고르시오.

1 Good listening skills are invaluable when working with (others / the other). `108 - A`

2 I had already eaten, so I couldn't eat (other / another) bite. `108 - B`

3 She has two children; (one / some) is three years old and (another / the other) is nine months old. `108 - C`

4 We had a lot of problems, but in the end (they all / all they) were solved. `109 - A`

5 I bought (each of / each) the girls a new dress for Christmas. `109 - B`

A 빈칸에 알맞은 것을 [보기]에서 골라 쓰시오.

보기	all	some	each	another	other(s)	the other(s)

1 A: Did you buy a new laptop for your son? You said you would go shopping with him yesterday.

   B: We went shopping _____ day, but in the end we didn't find what he was looking for.

2 A: Wow, you look great! How did you lose so much weight?

   B: I've been exercising and dieting. I've gone jogging _____ night for three months.

3 A: How many books do you have in your backpack?

   B: There are three: one is an English book and _____ is a math book.

   A: And what is _____?

   B: Hmm ... it's a comic book about time travel.

4 A: Why do _____ people get more mosquitoe bites than _____?

   B: I don't know. Let's look it up on the Internet.

B   어법상 <u>틀린</u> 문장은 바르게 고치고, 옳은 문장에는 표시(O)하시오.

1   Some people may need as much as ten hours of sleep a night, but the others need much less.

2   Nearly all of parking spots were filled.

3   A: This traffic is too heavy. We're going to be late!
     B: We had better take other route.

4   He can speak many languages other than English.

5   This weekend only, K-mart is offering boxes of apples for 10,000 won every.

6   This magazine is all advertisements. I'd like to read a different one.

WRITING PRACTICE

우리말과 일치하도록 one, another, all, each 중 적절한 것과 주어진 표현을 활용하여 문장을 완성하시오.

1 듣는 것과 이해하는 것은 매우 별개의 일이다. (thing)
   Listening is _____ _____, but understanding is quite _____.

2 여기에 그가 우리에게 준 세 개의 액자들이 있다. 그것들 모두 아름답다. (be)
   Here are three picture frames that he gave to us. _____ _____ _____
   _____ beautiful.

3 Kelly와 내가 대학을 마칠 때면 우리는 5년간 서로 알고 지낸 사이가 될 것이다. (other)
   By the time Kelly and I finish university, we will have known _____ _____ for five
   years.

4 금요일 밤에 특별 영화 세 편이 방영될 것이다. 그것들은 차례로 방영될 것이다. (after)
   Three special movies will be shown Friday night. They will be shown _____ _____
   _____.

50

부정대명사 both·either·neither·none /
부정대명사 -one·-body·-thing

정답 및 해설 p.81

↗ CHECK UP

괄호 안에서 알맞은 것을 고르시오.

1 We can go to (either / neither) store. It doesn't matter to me. `110 - B`

2 It's raining. There will be (no / none) rides to go on at the amusement park. `110 - D`

3 Is there (anything wrong / wrong anything) with blowing my nose in the subway? `111`

4 He is very sociable. He gets along well with (somebody / everybody). `111 - A`

5 He is too fond of getting something for (nothing / anything). `111 - C`

A

빈칸에 알맞은 것을 [보기]에서 골라 쓰시오.

보기	both	either	neither	none

1 We make a contract with _____ of the two companies, so write up two contracts.

2 She asked four of her friends to come with her, but _____ of them wanted to go.

3 Greg had two different computer jobs, but he wasn't very good at _____ of them.

4 _____ of Lucy's clothes fitted her anymore because she was growing so fast.

5 We asked two people for directions. _____ of them was helpful—they were both from out of town.

B

[보기]와 같이 주어진 표현을 -one, -body, -thing을 이용한 표현으로 바꾸어 문장을 완성하시오.

> 보기
> • There's *something good* on this website. (a good thing)
> • We're all here now. There's *nobody[no one] else* to come. (not another person)

1 There's _____ on Channel 4 tonight. (no interesting thing)

2 Take a seat. I have _____ to tell you. (a surprising thing)

3 _____ seems to be having a good time at the picnic. (all the people)

4 I'm afraid I probably won't be able to help you on Sunday. Can you find

_____? (another person)

5 You should go to the party tonight. I'm sure there will be _____

there. (a nice person)

6 My mouth doesn't work today. I can't say _____! (a right thing)

C 어법상 <u>틀린</u> 문장은 바르게 고치고, 옳은 문장에는 표시(O)하시오.

1 I'm very upset because somebody have stolen my bicycle.

2 Anything that happened today should not be discussed any further. Do not talk about any of it.

3 Either of the two boys are supposed to lead the parade.

4 I've tried several coffee shops, but neither of them has coffee this good.

5 I went to two doctors, but neither of them couldn't help me. I had to visit a third one.

WRITING PRACTICE

우리말과 일치하도록 주어진 단어를 활용하여 문장을 완성하시오.

1 나는 연예인들이 사생활에서 무엇을 하든지 우리가 상관할 바가 아니라고 생각한다. (business)

I think that what celebrities do in their private lives is _____ _____ _____

_____.

2 그는 마치 그들이 사람인 것처럼 동물들에게 말하는 것을 아무렇지 않게 생각했다. (think)

He _____ _____ _____ talking to animals as if they were humans.

3 그 신발은 결코 편하지 않았다. (but)

The shoes were _____ _____ comfortable.

4 가격은 500위안 정도일 것이다. (like)

The price might be _____ _____ 500 yuan.

5 그 지연에 대해서 어떤 변명도 받아들여지지 않을 것이다. (excuse)

_____ _____ will be accepted for the delay.

51 부정대명사의 전체부정과 부분부정 / 의문사의 용법

정답 및 해설 p.83

☑ **CHECK UP** 괄호 안에서 알맞은 것을 고르시오.

1 It's the first week of the new semester. I don't know (all / none) of the kids in my class yet. `112`

2 We can leave either now or after lunch. (What / Which) would you prefer? `113 - A`

3 A: (What / How) does Ms. Lopez look like? `113 - C`
   B: She has black hair and wears glasses.

4 (What do you think / Do you think what) I should buy him for his birthday? `113 - C`

A 대화의 내용과 일치하도록 [보기]에서 알맞은 단어를 골라 문맥에 맞게 쓰시오.

보기	both	every	all	neither	none	one

1 **A**: Sally, how was your trip to Japan?
   B: It was great! I enjoyed the food and had a lot of fun!
   A: Good! And how were the people?
   B: Well ... some seemed to be kind to foreigners, but others didn't.
   → Sally thought _____ _____ Japanese people were kind to foreigners.

2 **A**: There's going to be a promotion party for Linda tonight. Can you come?
   B: Oh, I'd love to, but I can't. I have to go to the hospital to see my grandmother. Please say "Congratulations" to her for me.
   A: Okay, I will.
   → _____ of them can go to Linda's party tonight.

3 **A**: Sean, have you ever read *Lord of the Flies*? It's a masterpiece!
   B: Hmm ..., no. I have never heard of it.
   A: Then what about *Perfume* or *Water for Elephants*? They were interesting!
   B: No, Kate. As you know, I don't like reading novels.
   → Sean has read _____ of the books that Kate mentioned.

B 빈칸에 알맞은 의문사를 쓰시오.

1 **A:** _____ does Veronica think about the news?   **B:** She hasn't heard it yet.

2 **A:** _____ thick is the ice on the lake?   **B:** It's thick enough to skate on.

3 **A:** _____ is the capital city of Canada?   **B:** It's Ottawa.

4 **A:** Can you tell me _____ the art museum is?   **B:** Yes, it's around the corner.

5 **A:** Do you know _____ she's not answering her phone?   **B:** Yes, she's sick.

C 어법상 틀린 문장은 바르게 고치고, 옳은 문장에는 표시(O)하시오.

1 The two programs were not designed for this system, so either of them didn't work.

2 **A:** How do you call it?   **B:** We call it a "selfie stick."

3 **A:** Can you imagine how your country will be in ten years?
   B: Sure. I think it will be more peaceful than now.

WRITING PRACTICE

우리말과 일치하도록 주어진 표현을 활용하여 문장을 완성하시오.

1 너는 도쿄행 항공료가 얼마인지 아니? (much, cost, a flight to Tokyo)
Do you know _____ _____ _____ _____ _____ _____
_____ ?

2 너는 그의 새 노래에 대해 어떻게 생각하니? (feel about)
_____ _____ _____ _____ _____ his new song?

3 길에서 너와 눈을 마주치는 모든 남자가 너에게 관심이 있는 것은 아니다. (man)
_____ _____ _____ who makes eye contact with you on the street is
interested in you.

4 배우들과 일하는 건 어떤가요? (like)
_____ _____ _____ _____ working with actors?

5 **A:** 가격이 얼마인가요? (price)   **B:** 작은 것은 5달러이고 큰 것은 8달러입니다.
   A: _____ _____ _____ _____ ?
   B: The smaller one is $5, and the bigger one is $8.

1 빈칸에 들어갈 수 <u>없는</u> 것을 고르시오.

> _____ of the singers were offered recording contracts.

① Some ② All
③ Both ④ Each
⑤ Many

2 빈칸에 알맞은 것을 2개 고르시오.

> We're going to the Seoul Museum of History with _____.

① some friends of my sister's
② some of my sister's friends
③ my sister's some friends
④ some friends of my sister
⑤ some my sister's friends

3 다음 대화문 중 어법상 <u>틀린</u> 것을 고르시오.

① A: Can you go to the party with me?
  B: I'm afraid not.
② A: I can't stay longer.
  B: Neither I can.
③ A: Will you be my best man?
  B: I'd be glad to.
④ A: Have you found a good academy yet?
  B: No. We're going to visit a few tomorrow.
⑤ A: It'll take ages to walk home because of this rain. Let's take a taxi.
  B: There goes taxi!

4 우리말로 바르게 옮기지 <u>않은</u> 것을 고르시오.

① I came across the very picture that I was looking for.
  → 나는 내가 찾던 바로 그 그림을 우연히 발견했다.
② It was not until yesterday that I knew the truth.
  → 내가 그 사실을 알게 된 것은 어제가 아니었다.
③ Where in the world did you find my ring?
  → 너 도대체 어디서 내 반지를 찾은 거야?
④ Her attitude hadn't changed in the least.
  → 그녀의 태도는 전혀 바뀌지 않았었다.
⑤ Do help yourself to food and drinks.
  → 음식과 음료를 마음껏 먹어.

5 우리말과 일치하도록 주어진 단어를 바르게 배열하시오.

네가 어젯밤에 해준 얘기는 정말 좋은 얘기였다.

→ What you told me last night was (such, story, good, a).

6 우리말과 일치하도록 주어진 표현을 이용하여 문장을 완성하시오.

잠깐 나룻배를 타면 네가 그 섬에 갈 수 있을 것이다.
(bring, the island)

→ A short ferry ride will _____
_____ _____ _____
_____.

7 빈칸에 알맞은 것을 고르시오.

Fruits are a great-tasting way to get vitamins, minerals and fiber and to satisfy your sweet tooth without loading up too much on calories. And except for a few, _____ avocados, and coconuts, fruits are virtually fat-free.

① just as
② both of
③ such as
④ some of
⑤ the same as

8 어법상 틀린 부분을 바르게 고치지 <u>못한</u> 것을 고르시오.

① The injured was admitted to a local hospital. (was → were)
② The number of PCs in the world are increasing fast. (are → is)
③ Many a little boy have wanted to become a fireman. (have → has)
④ James read that the Korean War is over by 1953. (is → had been)
⑤ The students learned that cells divided to reproduce. (divided → divide)

[9-10] 두 문장이 같은 의미가 되도록 문장을 완성하시오.

9

The man asked us, "Do you have time to see the dolphin show?"

→ The man asked us _____
_____ _____ _____ to see the dolphin show.

10

Tom said to the students, "Refer to the dictionary."

→ Tom advised _____ _____
_____ _____ _____
the dictionary.

11 어법상 <u>틀린</u> 문장을 고르시오.

① Half of my paycheck was gone already.
② More than one store was closed this month.
③ Four hundred dollars is my monthly rent.
④ Neither my boyfriend nor my friends wants to go shopping with me.
⑤ You as well as Charlie are mistaken in your assumption.

12 빈칸에 공통으로 들어갈 말을 쓰시오.

(A) I found a _____ of jewelry that I wanted to purchase.
(B) He ate the last _____ of pie when his sister wasn't looking.
(C) As I am new to cryptography, I would appreciate a _____ of advice.

13 밑줄 친 부분 중 어법상 틀린 것을 고르시오.

① In <u>a</u> way, his story makes sense.
② <u>A</u> Ms. Jones called you while you were out.
③ She might spend <u>a</u> semester in Canada.
④ <u>An</u> alcoholic is someone who drinks too much.
⑤ The story takes <u>a</u> place during World War II.

14 빈칸에 알맞은 것을 고르시오.

Some people say they can taste the difference between organic and nonorganic food. _____ say they find no difference. What about you?

① Those　　② The other　　③ Others
④ Another　　⑤ One

15 밑줄 친 부분 중 어법상 틀린 것을 고르시오.

① We're going to have a hot summer <u>this</u> year.
② There were no computers in <u>these</u> days.
③ Her acting was like <u>that</u> of a professional.
④ <u>Those</u> who come first can get tickets.
⑤ I'll say <u>this</u>: She is not afraid of criticism.

16 빈칸에 공통으로 들어갈 대명사를 쓰시오.

(A) I don't like _____ when you lie to me.
(B) What was _____ that the boss asked you to do?
(C) I thought _____ easy to remove computer viruses.

[17-18] 빈칸에 알맞은 말을 쓰시오.

17

A: Mark bought a hat online for ten dollars.
B: I just bought _____ for an even cheaper price than what Mark paid.

18

A: What's the biggest benefit of regular workouts?
B: I've found that not only _____ I sleep better, but I also have more energy.

19 밑줄 친 부분 중 어법상 틀린 것을 고르시오.

① You could borrow <u>an iron</u> from the hotel reception desk.
② I have <u>an information</u> that may interest you.
③ Many people think she is <u>a success</u> as a news anchor.
④ You can buy <u>a paper</u> on the way to the subway.
⑤ I'll leave <u>a light</u> on for you.

20 밑줄 친 부분 중 생략할 수 있는 것을 고르시오.

① Why did the man kill <u>himself</u>?
② The door is open. Let <u>yourself</u> in.
③ What happened? Did you burn <u>yourself</u>?
④ Jake won the first prize. He was proud of <u>himself</u>.
⑤ I <u>myself</u> saw the scene with my own eyes.

21 어법상 틀린 부분을 찾아 바르게 고치시오.

A 30 minutes daily walk can do wonders for your metabolism. Try taking a walk for 30 minutes in the morning or 30 minutes in the evening, two hours before going to bed. You might sometimes replace a walk with some stretching activities like a mild form of yoga.

We all have fussy friends who wrinkle their noses at sushi and consider pizza an exotic food. Now there's a name for their cuisine-challenged condition: food neophobia. It refers to _____. Food neophobia is seen in many young animals learning to distinguish between edible and inedible substances. This is a necessary skill. But the ability to embrace new things is key to gaining knowledge. If left unchecked, food neophobia can limit dietary variety, depriving people of essential nutrients. For this reason, it's important for parents to foster kids' curiosity in new foods. Picky eaters can benefit from repeated exposure to feared foods, but simply smelling or eyeing new foods won't work. It's a matter of trying them. After all, many people reject foreign foods at first taste, but with time, the dishes become more pleasing to eat.

22 위 글의 빈칸에 들어갈 말로 가장 적절한 것을 고르시오.

① an addiction to certain foods
② attempts to eat inedible objects
③ anxiety about eating new food
④ the desire to eat healthy food
⑤ the act of trying new things

23 위 글의 밑줄 친 If left unchecked에서 생략된 말을 쓰시오.

Is coffee good or bad for your health? According to a recent study, ① those who drank coffee had lower rates of age-related cognitive decline than those who didn't, with the best results seen in men who drank ② three cups of coffee a day. ③ On the downside is coffee's well-documented side effects: anxiety, insomnia, tremors, and an irregular heartbeat. If you experience ④ any of these effects, you're better off avoiding coffee ⑤ no matter what potential health benefits it may have. The way coffee affects you is your surest guide to whether or not you should be drinking it and, _____, how much.

24 위 글의 ①~⑤ 중에서 어법상 틀린 것을 고르시오.

①   ②   ③   ④   ⑤

25 위 글의 빈칸에 들어갈 말로 가장 적절한 것을 고르시오.

① if so
② as far as I know
③ so to speak
④ that is to say
⑤ what is worse

52 성질과 상태를 나타내는 형용사의 용법 (1) / 성질과 상태를 나타내는 형용사의 용법 (2)

정답 및 해설 p.87

↗ CHECK UP 괄호 안에서 알맞은 것을 고르시오.

1 He is still (live / alive)? It cannot be possible. `114 - A`

2 The unemployed often (don't / doesn't) have health insurance. `114 - B`

3 Between 1960 and 1990, Korea experienced rapid (industrial / industrious) growth. `115 - B`

A 주어진 두 단어 중 빈칸에 들어갈 말로 알맞은 것을 골라 쓰시오.

1 (sleeping / asleep)

1) I tried to wake him up to catch a film in the morning, but he was sound _____.

2) A(n) _____ lion was woken by a mouse running over his mane and ears.

2 (shameful / ashamed)

1) The boy regretted his _____ behavior. He wished he could have turned the clock back.

2) I'm really _____ of myself and the things I have done.

3 (elder / older)

1) To be a caring _____ sister is easy in theory but requires infinite patience.

2) I wish we didn't have to get _____; I want to stay this age forever.

B 주어진 단어를 빈칸에 알맞은 형용사로 바꾸어 쓰시오.

1 (imagine)

1) I'm looking for a book on how to raise an _____ child.

2) This screensaver shows an _____ world full of mythical creatures.

2 (economy)

1) _____ growth—the rate at which national income is growing—is the most fundamental indicator of an economy's health.

2) I recommend this car because it's _____ and environmentally friendly.

C   밑줄 친 부분에 유의하여 우리말로 옮기시오.

1 My family owns a considerable amount of land.

2 A large group of people are dissatisfied with the present bus system.

3 The successive meetings made Kate exhausted.

4 What do you think the most historic decision ever made was?

D   어법상 틀린 문장은 바르게 고치고, 옳은 문장에는 표시(O)하시오.

1 The lakeside house, located in Tennessee, was the home of the late singer.

2 She will leave Korea to good and go to France.

3 Being "literal" means that a person knows how to read and write.

4 The film was a little slow, but on the whole it was an interesting story.

5 The snow was the cause which was main of the delay.

6 The alone boy is looking for a friend to play with.

WRITING PRACTICE

우리말과 일치하도록 주어진 단어를 활용하여 문장을 완성하시오.

1 그는 벌에 쏘이는 것을 두려워했다. (afraid)
He _____ being stung by the bees.

2 그 피고인은 자신이 무죄라고 주장한다. (accused, claim)
_____ that he is not guilty.

3 아무도 그의 생일이 언제였는지 확실히 모른다. (certain)
No one knows _____ when his birthday was.

4 당신이 다른 사람들에게 경의를 표한다면, 그들 또한 당신을 공손히 대할 겁니다. (you, be)
If _____ to others, they will also treat you with respect.

5 젊은이들은 절대 실현되지 않을 목표를 가지며, 늙은이들은 절대 일어나지 않았던 추억을 갖는다. (young, old, have)
_____ aspirations that never come to pass;
_____ reminiscences of what never happened.

53

UNIT 116-117

수와 양을 나타내는 형용사의 용법 (1): 수사 /
수와 양을 나타내는 형용사의 용법 (2): 부정 수량형용사

정답 및 해설 p.89

↗ **CHECK UP**   괄호 안에서 알맞은 것을 고르시오.

1 There were about two or three (thousand / thousands) people at the meeting.   `116 - A`

2 Approximately three (fifth / fifths) of the participants object to the new proposal.   `116 - B`

3 Do you know how (many / much) types of fish there are in the sea?   `117 - A`

4 My brother was (few / little) help when I was cleaning the house.   `117 - B`

A   주어진 우리말과 일치하도록 문장을 완성하시오.

1 The movie will be showing at seven o'clock tonight. So let's meet at
_____ seven at the entrance to the cinema. (6시 45분)

2 The doctors recommend that patients with diabetes have _____
of their calories at breakfast. (7분의 2)

3 A: When is Korea's Independence Day?   B: It's _____. (8월 15일)

4 It was fourteen degrees _____ Celsius this morning. (섭씨 영하 14도)

B   자연스러운 일상체 문장이 되도록 빈칸에 알맞은 것을 [보기]에서 골라 쓰시오.

보기	a lot (of)	many	much

1 A: Were there _____ people in the shops on the weekend?
B: No, not _____, even though _____ shops were having sales.

2 A: How _____ time do you spend exercising every week?
B: _____. Probably about 20 hours.

3 A: How _____ times have you been to the Philippines?
B: Not _____. I've only been there once or twice.

4 Some people spend _____ time at the office, but they don't really do any work.

C 빈칸에 알맞은 것을 [보기]에서 골라 쓰시오.

보기	several	enough	low	much	frequent

1 They used to date, but they broke up _____ months ago.

2 If your income is _____, you may be entitled to housing benefits.

3 These days, forest fires are _____ because of the dry weather.

D 빈칸에 **enough, little, few** 중 가장 알맞은 것을 넣어 대화를 완성하시오.

1 Mr. Young: We have _____ curry powder, but we have _____ carrots. Oh, and we have _____ potatoes.

Ms. Young: I see. I'll buy curry powder and potatoes.

2 Jane: Mom, there isn't _____ milk. Also, we have _____ flour and _____ eggs.

Mother: Then we have to buy all three.

WRITING PRACTICE

우리말과 일치하도록 주어진 단어를 활용하여 문장을 완성하시오.

1 나는 그를 여러 번 도우려고 애썼다. (many)
I tried to help him _____ _____ _____ .

2 그의 요리 실력은 제일이다. (second)
His cooking is _____ _____ _____.

3 부산의 인구는 서울 인구의 약 4분의 1이다. (quarter, large)
The population of Busan is about _____ _____ _____ _____ _____ that of Seoul.

4 수십만의 꿀벌들이 매년 수백 킬로의 꿀을 그곳에서 생산한다. (hundred, thousand, bee)
_____ _____ _____ _____ _____ produce hundreds of kilos of honey there yearly.

54

형용사의 어순과 위치 / 주의할 형용사 구문

정답 및 해설 p.90

↗ **CHECK UP** 괄호 안에서 알맞은 것을 고르시오.

1 If you turn the corner, you will recognize (some large, red / large, some red) buildings. `118 - A`

2 (It's / I'm) happy that my father allowed me to go to Busan. `119 - B`

3 It's essential that she (will wear / should wear) proper clothes at the funeral. `119 - C`

A 자연스러운 문장이 되도록 주어진 단어를 배열하시오.

> 보기 A: What was the woman like?
> B: She was a *funny, short, young* woman. (young, funny, short)

1 A: What was the box like?
B: It was a(n) (plastic, ugly, black) box.

2 A: What were the vases like?
B: They were (Korean, tall, round, wonderful) vases.

B 자연스러운 문장이 되도록 주어진 표현을 배열하시오.

1 You can receive (the best tickets, this theater, available, at).

2 He gave me a birthday present. It was (French, a, medium-sized, garden) table!

3 He never gets upset, not even when (major, goes, something, wrong).

4 This tree is (old, years, 30). It is older than me.

5 He always mumbles, so (is, hard, he, hear, to).

C　어법상 **틀린** 문장은 바르게 고치고, 옳은 문장에는 표시(**O**)하시오.

1 There was a full of juice glass and a whole bagel on the table.

2 While looks are important, you're also necessary to have good manners on a date.

3 The three first people in line got the remaining tickets.

4 It's important that everyone follow the rules at the amusement park.

5 We are confident that we can present a cost-effective and widely acceptable plan.

WRITING PRACTICE

우리말과 일치하도록 주어진 단어를 활용하여 문장을 완성하시오.

1 부족들이 행했던 풍습들은 아주 오랜 옛날부터 전해져 내려왔다. (immemorial, time)

Customs practiced by tribes have been handed down _____ _____ _____.

2 그는 이번이 우승할 수 있는 마지막 기회라는 것을 알았다. (aware)

_____ _____ _____ _____ this was his last chance to win.

3 네가 그런 말을 하다니 웃기네. 우리는 일전에도 같은 얘기를 했었는데. (funny, say)

_____ _____ _____ that you _____ _____ that. We were just

saying the same thing the other day.

4 그녀는 이야기하기에 지루한 사람이다. 그녀는 결코 내 말에 반응을 보이지 않는다. (boring)

_____ _____ _____ to talk to. She never reacts to what I'm saying.

5 그가 제 시간 내에 여기에 도착하는 것은 불가능하다. (he, impossible)

_____ _____ _____ _____ _____ to arrive here in time.

6 그녀는 만족시키기 어려운 사람이다. (satisfy)

She is _____ _____ _____.

7 그들의 공연은 보기에 놀라웠다. (surprising, watch)

_____ _____ _____ _____ _____ their performance.

8 그들은 그들의 아들이 우승할 것이라고 확신했다. (sure)

_____ _____ _____ _____ their son would win.

↗ CHECK UP 괄호 안에서 알맞은 것을 고르시오.

1 This is the only publication devoted (whole / wholly) to one of the most vital concepts in animated film. `120 - A`

2 The book currently in production will arrive (short / shortly). Everybody is expecting it. `121 - C`

3 Gossip columns (sometimes are / are sometimes) cruel to celebrities. `122 - A`

4 I've got something stuck in my teeth. I can't seem to (get out it / get it out). `122 - C`

A 빈칸에 알맞은 것을 [보기]에서 모두 골라 쓰시오.

보기	close	closely	hard	hardly	near	nearly

1 I _____ ever see my best friend these days. We are both very busy studying.

2 You are not supposed to stand too _____ to the subway track.

3 They didn't find us at the mall. They can't have been looking very _____.

4 I _____ nodded off during my history class.

5 You will need to look _____ at each course before deciding the right one for you.

6 A: Is the baseball stadium far from here? B: No, it's _____.

B 빈칸에 알맞은 것을 [보기]에서 골라 편지를 완성하시오.

보기	usually	sadly	last week	this time

Dear Anna,

It was great to hear from you **1** _____. We were pleased to hear you will be coming here. **2** _____, we were abroad when you visited Chicago last year. So you definitely should stay with us **3** _____. You can bring a friend if you'd like. We're **4** _____ at home in the evening. Don't forget to call us soon.

C 빈칸에 알맞은 것을 [보기]에서 골라 필요시 변형하여 쓰시오.

보기	cheap	late	only	public	wrong

1 He bought his digital camera _____ from a website named Wassada.

2 We can't respond to all emails—_____ short ones will be replied to.

3 Birds don't sleep _____. They rise early to search for food.

4 This problem should be discussed _____.

D 자연스러운 문장이 되도록 주어진 표현을 배열하시오.

1 Sally is doing (at college, these days, well, in London).

2 A lot of people spoke (at the meeting, last night, angrily).

3 He (takes, sometimes) a walk at dawn.

4 I gave up on finding my dream home in Spain after looking (for a year, everywhere).

WRITING PRACTICE

우리말과 일치하도록 주어진 표현을 활용하여 문장을 완성하시오.

1 그는 잠시도 주저하지 않고 그녀를 불 밖으로 밀쳐냈다. (push away)
He _____ _____ _____ from the fire without hesitating for a second.

2 내가 말한 대로, 너는 항상 계속해서 배워야 한다. (should, keep, always)
As I told you, you _____ _____ _____ learning.

3 그는 집으로 운전해 갈 수 없을 정도로 술에 취해 있었어. (enough, sober)
He wasn't _____ _____ _____ _____ home.

4 나는 그녀의 그림을 좋아한다. 그녀의 작품은 자연의 아름다움을 사랑스럽게 포착했다. (lovely)
I like her paintings. Her works captured the beauty of nature _____ _____
_____ _____.

56

UNIT 123-125

주요 부사의 용법 (1) / 주요 부사의 용법 (2) / 주요 부사의 용법 (3)

정답 및 해설 p.92

↗ CHECK UP 괄호 안에서 알맞은 것을 고르시오.

1 A: Are you still writing?
B: No, I finished a few minutes (ago / before).   `123 - A`

2 He (very / much) prefers coffee to any other hot drink.   `124 - A/B`

3 I (can / cannot) hardly believe my eyes! It's so picturesque.   `125 - A`

4 If you don't stay longer, I won't (too / either).   `125 - B`
= If you don't stay longer, (either / neither) will I.

A 주어진 단어 중 가장 알맞은 것을 골라 빈칸에 쓰시오.

1 (ago / before / since)
1) Jamie left London after he graduated from college. I haven't seen him _____.
2) I only bought this car three months _____, and it's already been in the repair shop twice.
3) She was eager to visit the marine park, as she had never seen dolphins _____.

2 (already / yet / still)
1) Don't tell Christine what I said. She doesn't know about it _____.
2) The movie had _____ started by the time we got to the cinema.
3) I don't feel as though I just retired. I _____ have a lot of work to do.

3 (once / never / ever)
1) A: Have you _____ wondered what it's like to fly inside a hurricane?
B: No, I _____ have. Just hearing about it makes me scared.
2) Many movie stars _____ worked as waiters or waitresses in restaurants or coffee shops.

4 (very / much)
1) I'm not _____ good at remembering names.
2) Your stomach muscles will be _____ strengthened by this exercise.

B 빈칸에 알맞은 것을 [보기]에서 골라 쓰시오.

보기	either	neither	too	hardly	seldom	there

1 A: Have a good weekend!   B: You _____.

2 A: I have no idea who will win first prize in this contest.   B: _____ do I!

3 Sarah can _____ wait until tomorrow. She's going to Disneyland.

4 Oh, _____ is my watch! I thought I lost it.

5 I drink only low-fat milk and _____ eat high-fat cheeses such as cream cheese.

C 우리말과 같은 뜻이 되도록 어법상 틀린 부분을 찾아 바르게 고치시오.

1 호랑이도 제 말 하면 온다더니, 그녀가 여기 왔어.

Speak of the devil! Here comes she.

2 매우 다행스럽게도, 다음 날 아침 나의 다리는 괜찮아졌다.

The next morning my legs felt better, very to my relief.

3 예시는 추상적인 강의 자료를 이해하는 데 유용하며, 실제적인 적용 또한 그러하다.

Examples are useful for understanding abstract lecture material, and so practical applications are.

WRITING PRACTICE

우리말과 일치하도록 much, enough, hardly 중 하나와 주어진 단어를 활용하여 문장을 완성하시오.

1 우리가 집에 오자마자 Elliott은 쇼핑하러 가자고 졸랐다. (arrive)

We _____ _____ _____ home when Elliott was pleading to go shopping.

2 너는 걱정하지 않아도 충분할 정도로 시험을 잘 준비했다. (well)

You prepared for the test _____ _____ _____ _____ _____

about it.

3 그 호텔방은 내가 예상한 것보다 훨씬 더 좋았다. (good)

The hotel room _____ _____ _____ than I expected.

원급을 사용한 비교 구문: 동급 비교

정답 및 해설 p.94

☑ **CHECK UP** 괄호 안에서 알맞은 것을 고르시오.

1 Baseball is (as / more) popular as soccer here. `126 - A`

2 The company is (twice as large as / large as twice as) it was a few years ago. `126 - A`

3 The explanation is not (so / very) much wrong as incomplete. `126 - B`

4 As (soon / long) as we keep playing well, we'll keep winning. `126 - C`

A 두 문장이 같은 의미가 되도록 빈칸에 알맞은 말을 쓰시오.

1 Please let me know as soon as you can.

→ Please let me know as soon as _____.

2 Becky works less productively than Peter.

→ Becky doesn't work _____ _____ _____ Peter.

3 It's more of a hobby than a career.

→ It's not a career _____ _____ _____ a hobby.

4 To my knowledge the project will start next month.

→ _____ _____ _____ I know, the project will start next month.

B 빈칸에 알맞은 것을 [보기]에서 골라 쓰시오.

보기	possible	not so much	ever	as good as	as soon as

1 Karl studied very hard and scored highest on the last exam. He is

_____ a genius as a hard worker.

2 I miss my uncle. He is as good and kind-hearted a man as _____

lived.

3 I've prepared as much as _____ for my driving test, so there's

nothing else I can do.

4 We called the police _____ we saw the thief.

5 Gold is just _____ money. So keep your gold watch safe.

C 두 문장이 같은 의미가 되도록 동급 비교를 사용하여 빈칸에 알맞은 말을 쓰시오.

1 Andrew is 170 cm tall. His girlfriend is 170 cm tall, too.

→ Andrew is _____ _____ _____ his girlfriend.

2 Jane was busy last year. And she is busy this year, too.

→ Jane is _____ _____ _____ _____.

3 Mr. Smith is like ice. He is a cold-hearted man.

→ Mr. Smith is _____ _____ _____ _____.

D 어법상 틀린 문장은 바르게 고치고, 옳은 문장에는 표시(O)하시오.

1 He is not such great a person as you think.

2 We didn't want to wake the baby, so we came into the room as quiet as we could.

3 I may as well talk to the wall as try to explain something to him.

4 He was certain that Lisa was as beautiful as 100 times she had been the year before.

5 My dog is as big as almost a small horse.

WRITING PRACTICE

우리말과 일치하도록 주어진 단어를 활용하여 문장을 완성하시오.

1 그 그림은 보이는 것만큼 오래 되지 않았다. 그 화가는 그림이 오래되어 보이게 하려고 특별한 기법을 썼다. (old)

The painting _____ _____ _____ _____ _____ it looks. The artist used a special technique to make it look old.

2 하늘이 더할 나위 없이 맑다. 우리는 소풍을 가는 게 좋겠다. (clear)

The sky is _____ _____ _____ _____ _____. We should go on a picnic.

3 그녀는 약속을 충실히 지킨다. (word)

The woman _____ _____ _____ _____ _____ _____.

58

비교급의 용법

정답 및 해설 p.95

☑ **CHECK UP** 괄호 안에서 알맞은 것을 고르시오.

1 We have no money to spend at the moment. Our trip last month cost (more / less) than we expected.   `127 - A`

2 A study showed that a medium-sized box of popcorn contains more fat (than / as) a breakfast of bacon and eggs.   `127 - A`

3 Ryan and Toby both are soldiers, but Ryan is senior (than / to) Toby.   `127 - B`

4 It was actually (much / very) cheaper to fly to the island than to take a boat.   `127 - C`

A 두 문장이 같은 의미가 되도록 빈칸에 알맞은 말을 쓰시오.

1 Credit cards are more convenient than cash.
→ Cash is _____ _____ _____ credit cards.

2 I like a quiet park better than a crowded amusement park.
→ I prefer _____ _____ _____ _____ a crowded amusement park.

3 This new table is wider than the original model by ten centimeters.
→ This new table is _____ _____ _____ than the original model.

4 The height of the tree is 100 meters. The height of the tower is 90 meters.
→ The height of the tree is greater than _____ _____ _____ _____.

5 When assembling the figure, put the body parts together first. After that, add the legs and wings.
→ When assembling the figure, put the body parts together _____ to adding the legs and wings.

B 자연스러운 문장이 되도록 빈칸에 알맞은 말을 쓰시오.

1 He felt inferior _____ her. She was always one step ahead of him.

2 The public rated the movie more positively than _____ the critics and the reporters.

3 He spends more money _____ he earns.

C   주어진 단어를 활용하여 문장을 완성하시오.

1 The new system helps people use energy _____ than before. (efficiently)

2 The story is _____ than scary. I really enjoyed reading it. (funny)

3 Jake was crueler than he _____ now. (be)

4 Of course, economy-class seats are _____ than business-class seats. (expensive)

D   어법상 틀린 문장은 바르게 고치고, 옳은 문장에는 표시(O)하시오.

1 The new version of this 3D game is far superior than the old one.

2 The population of China is larger than Japan.

3 I should have taken the subway. It would have been quicker.

4 She's not really that pretty. She's cuter than prettier.

WRITING PRACTICE

우리말과 일치하도록 주어진 단어를 활용하여 문장을 완성하시오.

1 새 기차는 예전 기차보다 4배 더 빨리 간다. (time)
The new train goes _____ _____ _____ _____ the old one.

2 그 화가는 죽고 나서 훨씬 더 유명해졌다. (even, famous)
The artist became _____ _____ _____ after his death.

3 이 영화는 상류층의 삶을 묘사한다. (upper)
This movie depicts the lives of _____ _____ _____.

4 일부 사람들은 감정적인 인식이 논리적인 사고보다 덜 중요하다고 믿는다. (important)
Some people believe that emotional awareness is _____ _____ _____ logical thinking.

59 비교급을 사용한 구문 / 비교급의 부정

정답 및 해설 p.96

☑ CHECK UP
괄호 안에서 알맞은 것을 고르시오.

1 The (big / bigger) of the two cookies on the table is mine. `128 - A`

2 The construction noise got (loud / louder) and (loud / louder). `128 - B`

3 Please return the book no (later / earlier) than next Friday. Otherwise, you must pay a late fee. `129 - B`

4 I have no (more / less) than $2 today. Could you treat me to lunch? `129 - B`

A
두 문장이 같은 의미가 되도록 빈칸에 알맞은 말을 쓰시오.

1 As you stay longer in the sun, your chances of getting burned become higher.
→ _____ _____ you stay in the sun, _____ _____ your chances of getting burned become.

2 This act only applies to employers with 100 employees at most.
→ This act only applies to employers with _____ _____ _____ 100 employees.

3 His parents made him promise that he wouldn't fight anymore.
→ His parents made him promise that he would fight _____ _____.

4 I've heard about his school days at least a hundred times.
→ I've heard about his school days _____ _____ _____ a hundred times.

5 You should be wise enough not to believe everything you read.
→ You should _____ _____ _____ to believe everything you read.

6 She had hardly left the room when she burst into tears.
→ _____ _____ had she left the room _____ she burst into tears.

7 On Saturday mornings, I play badminton as often as not.
→ On Saturday mornings, I play badminton _____ _____ than not.

B 어법상 **틀린** 문장은 바르게 고치고, 옳은 문장에는 표시(O)하시오.

1 I respect him the all more for his honesty.

2 Our school is getting big and big. We need more teachers.

3 A four-year-old child is no more intelligent than a chimpanzee.

4 You are no longer a child. Be more responsible and independent!

5 The game starts at 7 p.m., but if you can arrive earlier, so many the better.

WRITING PRACTICE

1 우리말과 일치하도록 [보기]에서 알맞은 비교급을 골라 문장을 완성하시오.

보기	earlier	more	better	worse

1) 나는 네가 너의 친구들에게 내가 말한 것을 말할 만큼 어리석지 않다고 믿는다.
   I believe you _____ _____ _____ _____ _____ your friends
   what I said.

2) 네가 긍정적일수록 네 경험은 더 나은 것이 된다.
   _____ _____ positive you are, _____ _____ your experience will be.

3) 나는 그 프로젝트를 빨라야 다음 주에 시작할 것이다.
   I can start the project _____ _____ _____ next week.

4) 올해 경제성장률은 지난해보다 나쁘지 않다.
   The rate of this year's economic growth is _____ _____ _____ that of last
   year's.

2 우리말과 일치하도록 주어진 단어를 활용하여 문장을 완성하시오.

1) 내 여자친구는 항상 말싸움에서 나를 이긴다. (get)
   My girlfriend always _____ _____ _____ _____ me in an argument.

2) 사람들은 그가 거지만도 못한 것처럼 대했다. (no)
   People treated him as if he were _____ _____ _____ a beggar.

60

UNIT 130

최상급의 용법

☑ **CHECK UP** 괄호 안에서 알맞은 것을 고르시오.

1 Which is the largest continent (in / of) the world? `130 - A`

2 Steve is (far / by far) the most talented musician to ever walk this planet. `130 - B`

3 This is one of the biggest (store / stores) in the mall. `130 - B`

4 He is the funniest comedian in Australia. `130 - B`

= (Any / No) comedian in Australia is funnier than him.

A 두 문장이 같은 의미가 되도록 빈칸에 알맞은 말을 쓰시오.

1 The vulture is the largest bird but one in the whole world.

→ The vulture is _____ _____ bird in the whole world.

2 Spending time aimlessly is more wasteful than any other thing.

→ _____ is so _____ _____ spending time aimlessly.

3 The richest man couldn't buy eternal youth.

→ _____ the richest man couldn't buy eternal youth.

4 I thought he was the least likely to get married.

→ I thought he would be _____ _____ one to get married.

5 His changing jobs is not even a little surprising.

→ His changing jobs is not _____ _____ _____ surprising.

B 주어진 문장과 같은 의미가 되도록 빈칸에 알맞은 말을 쓰시오.

Joanne is the quickest runner in the school.

1 → Joanne is _____ _____ any other runner in the school.

2 → Joanne is quicker than _____ _____ _____ _____ in the school.

3 → _____ _____ in the school is quicker than Joanne.

4 → No runner in the school is _____ _____ _____ Joanne.

C 어법상 틀린 문장은 바르게 고치고, 옳은 문장에는 표시(O)하시오.

1 The homestay hosts were most kind.

2 Where is the world's shopping mall biggest?

3 Last but least, remember to stay calm during an interview.

4 He listened most carefully, paying attention to every detail.

5 Using your English is more the best way to learn the language.

6 Ian was the three fastest runner in the marathon.

WRITING PRACTICE

우리말과 일치하도록 주어진 표현과 최상급을 활용하여 문장을 완성하시오.

1 그것이 내가 겪은 경험 중 가장 무서운 경험이다. (frightening, ever, be through)
That's _____ _____ _____ experience _____ _____
_____ _____ _____.

2 나는 문학을 읽는 것과 영어를 좋아한다. 이것들이 내가 영어영문학을 전공으로 선택한 단연코 가장 큰 이유이다.
(by far, big, reasons)
I love English and reading literature. These are _____ _____ _____
_____ _____ I chose English literature and language as my major.

3 늦어도 내일까지는 팩스로 이 보고서를 당신에게 보내 드릴게요. (late)
I'll fax this report off to you tomorrow _____ _____ _____.

4 저의 장녀를 소개해 드릴게요. 그녀의 이름은 Becky이고, 치과의사입니다. (old)
Let me introduce _____ _____ _____. Her name is Becky, and she is a
dentist.

5 나는 네가 네 경험을 최대한 이용하기를 바란다. (make)
I hope you _____ _____ _____ _____ your experience.

6 고대 로마에 대한 그의 설명은 내가 알고 있는 한 정확하다. (knowledge)
His description of ancient Rome is correct to _____ _____ _____
_____ _____.

1 밑줄 친 부분 중 어법상 <u>틀린</u> 것을 고르시오.

① The snow hasn't stopped falling for <u>nearly two days</u>.
② He was <u>second to last</u> in the hundred meter dash.
③ That car on the hillside is <u>the only car available</u> today.
④ In the last few days, I've made <u>several overseas phone calls</u>.
⑤ We sat in <u>completely darkness</u> until they could start the film.

[2-3] 두 문장이 같은 의미가 되도록 문장을 완성하시오.

2 Males are three times more likely to die in car accidents than females.
→ Males are _____ _____ _____ _____ to die in car accidents as females.

3 He is the bravest man in this area.
→ _____ _____ man in this area is _____ _____ _____ he is.

4 밑줄 친 부분의 어순이 바르지 <u>않은</u> 것을 고르시오.

① There <u>goes our school bus</u>!
② We have to overcome the <u>present difficulties</u>.
③ His assets are <u>the double size</u> of what I have.
④ Do you have a room <u>large enough</u> for us all?
⑤ I'll <u>take it off</u> with nail polish remover.

5 다음 중 우리말로 바르게 옮기지 <u>않은</u> 것을 고르시오.

① The seats on the fourth floor of the theater are cheaper than those on the third floor.
→ 그 극장의 4층 좌석은 3층 좌석보다 더 싸다.
② Health insurance for men is likely to be less expensive than health insurance for women.
→ 남성용 건강 보험은 여성용 건강 보험보다 덜 비싼 경향이 있다.
③ The older I get, the more impatient I become.
→ 나는 나이가 들수록, 참을성이 더 없어진다.
④ The Danube is the second-longest river in Europe.
→ 다뉴브 강은 유럽에서 두 번째로 긴 강이다.
⑤ Nowadays, Clint Eastwood is not so much an actor as a film director.
→ 현재는 Clint Eastwood는 영화 감독이라기보다는 배우이다.

6 [보기]의 밑줄 친 단어와 쓰임이 같은 것을 고르시오.

> 보기　Democracy is difficult to establish, and <u>even</u> more difficult to maintain.

① Park there so that we don't have to walk <u>far</u>.
② I like pizza so <u>much</u> that I could eat it every day.
③ She has <u>a lot</u> to complain about, but she never does.
④ Our product is <u>far</u> superior to any others.
⑤ The restaurant had good service, but the steak was <u>a little</u> tough.

7 우리말과 일치하도록 밑줄 친 단어가 알맞게 쓰인 것을 고르시오.

① Devin이 좀 더 분별 있는 사람이라면 정장을 입고 면접에 갔을 텐데.
　→ If Devin were more <u>sensitive</u>, he would have worn a suit to the interview.
② 나는 그의 말을 문자 그대로 받아들였다.
　→ I took what he said in a <u>literal</u> sense.
③ 그 형제들은 그들 각자의 전문 분야에서 꽤 인기 있다.
　→ The brothers are quite popular in their <u>respectful</u> areas of expertise.
④ Ally는 우리 반의 어떤 다른 학생보다 더 근면하다.
　→ Ally is more <u>industrial</u> than any other student in my class.
⑤ 이런 모든 이유들로 저는 항상 사려 깊게 행동하기 위해 최선을 다합니다.
　→ All these reasons are exactly why I always try my best to be <u>considerable</u>.

8 주어진 단어를 활용하여 대화를 완성하시오.

> A: What if Jake tell the secret?
> B: I don't think he will. I think _____ _____ that. (know, better, do)

9 대화의 밑줄 친 부분을 우리말로 옮기시오.

(*in a restaurant*)
A: What are you going to have?
B: I'll have the usual—fish and chips.
A: Oh, they don't serve fish anymore. Look at the menu.
B: Oh no. <u>I may as well have the chicken then.</u>

10 밑줄 친 단어를 잘못 읽은 것을 고르시오.

① 80.62 plus 5.91 equals <u>86.53</u>. (eighty-six point five three)
② $\frac{4}{5}$ of the students seem interested in learning Spanish. (four fifth)
③ Here is my phone number: <u>702-8006</u>. (seven oh two, eight double oh six)
④ Korea suffered a foreign-exchange crisis in <u>1997</u>. (nineteen ninety-seven)
⑤ She works full time from <u>6:30</u> in the morning to 8 at night. (half past six)

11 빈칸에 공통으로 들어갈 수 <u>없는</u> 것을 고르시오.

> (A) It's _____ that the student should behave like that.
> (B) It was _____ that the CEO should fire a diligent employee like Kate.

① ridiculous   ② antique
③ strange   ④ shameful
⑤ disappointing

12 밑줄 친 단어의 사용이 적절하지 <u>않은</u> 것을 고르시오.

① He published his best-selling book two years <u>ago</u>.
② Temperatures have dropped below normal <u>lately</u>.
③ <u>Hardly</u> had I brought the food when the children finished it.
④ I don't mind staying outside as <u>long</u> as I can get my jacket from the car.
⑤ Thomas Edison was a <u>high</u> unusual boy in many ways.

13 밑줄 친 부분 중 어법상 옳은 것을 고르시오.

① He was <u>certainly</u> that he saw a green car leave the scene.
② Andrew showed me the basics of sewing <u>very patient</u>.
③ The academy is reasonably good, and the staff is <u>extreme friendly</u>.
④ We were <u>calm feeding</u> the ducks when the boating accident occurred.
⑤ The <u>elderly</u> woman had been knitting a scarf when her grandson stopped by for a visit.

[14-15] 밑줄 친 부분을 우리말로 옮기시오.

14
> A: Hospital bills have recently increased.
> B: Medical expenses may cause many problems for <u>the uninsured</u>.

15
> A: Are you the manager of this hotel?
> B: Well, not yet. I'm still carrying bags, but I'm sure I'll be the manager <u>before long</u>.

16 (A)~(C)의 각 네모 안에서 어법에 맞는 표현을 골라 짝지은 것을 고르시오.

> The term "environmental pollution" encompasses (A) | all the ways / the all ways | in which the natural environment is negatively affected by humans. (B) | Almost / Most | people can see environmental pollution in their daily lives, whether it's litter in the street, exhaust from a car, or something else. Some pollution, though, cannot be seen, smelled, or tasted. These types of pollution do not (C) | actual / actually | dirty the land, air, or water, but make life worse in other ways. For instance, the loud sound from cars and other machines is also a form of pollution.

	(A)	(B)	(C)
①	all the ways	Almost	actually
②	the all ways	Almost	actually
③	all the ways	Most	actual
④	the all ways	Most	actual
⑤	all the ways	Most	actually

Ultraviolet radiation released by the sun is classified by wavelength into three types: UVC, UVB, and UVA. One type, UVC, never reaches the skin because it is almost entirely blocked by ozone in the upper atmosphere. UVB radiation, however, damages the surface of skin and is the main factor behind sunburns. Between 10 a.m. and 2 p.m., sunlight is brightest and UVB exposure is greatest. About 70% of a person's year UVB dose is received during the summer, when UVB is most intense. Glass is capable of stopping UVB rays. People once believed that the third type, UVA, played only a small part in harming the skin. However, research now reveals that UVA has larger role. Waves of UVA reach deeper layers of skin and cause aging. Moreover, glass cannot stop UVA.

17 위 글의 내용과 일치하지 <u>않는</u> 것을 고르시오.

① 태양의 자외선은 파장에 따라 세 가지 유형으로 나누어진다.
② UVC는 오존층에서 흡수되어 피부에 도달하지 않는다.
③ 햇볕으로 인한 피부 화상은 주로 UVB의 작용이다.
④ UVB는 피부 깊숙한 층까지 들어간다.
⑤ UVA는 피부 노화를 야기한다.

18 위 글의 밑줄 친 **a person's year UVB dose**를 어법에 맞게 고치시오.

The most familiar blood type system, a very ① <u>medically important</u> one, is the ABO blood group system. In 1900, Karl Landsteiner of the University of Vienna was trying to determine why donated blood could ② <u>cause sometimes</u> a patient to recover but in other cases kill them. In his studies, he found the ABO blood types, ③ <u>which</u> serve as a way to classify the blood of human beings and some other animals. Two antigens and two antibodies in the blood are ④ <u>mostly responsible</u> for the four main types: A, B, AB, and O. In ⑤ <u>most cases</u>, a person's blood type is based on their own set of these four antigens and antibodies.

*antigen 항원 **antibody 항체

19 위 글에서 ABO식 혈액형에 관해 언급되지 <u>않은</u> 것을 고르시오.

① the person who discovered it
② what the ABO blood type system is used for
③ the blood types that are part of it
④ the relationship between ABO blood types and disease
⑤ what determines a person's ABO blood type

20 위 글의 ①~⑤ 중에서 어법상 틀린 것을 고르시오.

①   ②   ③   ④   ⑤

지은이

NE능률 영어교육연구소

NE능률 영어교육연구소는 혁신적이며 효율적인 영어 교재를 개발하고
영어 학습의 질을 한 단계 높이고자 노력하는 NE능률의 연구조직입니다.

GRAMMAR ZONE WORKBOOK 〈종합편〉

펴 낸 이	주민홍
펴 낸 곳	서울특별시 마포구 월드컵북로 396(상암동) 누리꿈스퀘어 비즈니스타워 10층
	(주)NE능률 (우편번호 03925)
펴 낸 날	2017년 1월 5일 개정판 제1쇄
	2022년 2월 15일 제9쇄
전 화	02 2014 7114
팩 스	02 3142 0356
홈페이지	www.neungyule.com
등록번호	제 1-68호
I S B N	979-11-253-1239-0 53740
정 가	8,000원

NE 능률

고객센터

교재 내용 문의 : contact.nebooks.co.kr (별도의 가입 절차 없이 작성 가능)
제품 구매, 교환, 불량, 반품 문의 : 02-2014-7114
☎ 전화문의는 본사 업무시간 중에만 가능합니다.

혼자 하면 작심 3일,
함께 하면 작심 100일!

공부작당소모임

함께 공부하는 **재미**
학습 점검은 **철두철미**
다 같이 완북하는 찰떡궁합 **케미**
이번 학기 내 시험지는 전부 **동그라미!**

자신감을 키우는 진짜 스터디 그룹,
공작소에서 만나보세요.

공부작당소모임 APP 다운로드

앱스토어   구글 플레이

NE능률 교재 MAP

문법 구문

초1-2

초3
그래머버디 1
초등영어 문법이 된다 Starter 1

초3-4
그래머버디 2
초등영어 문법이 된다 Starter 2

초4-5
그래머버디 3
Grammar Bean 1
Grammar Bean 2
초등영어 문법이 된다 1

초5-6
Grammar Bean 3
Grammar Bean 4
초등영어 문법이 된다 2

초6-예비중
능률중학영어 예비중
Grammar Inside Starter
원리를 더한 영문법 STARTER

중1
능률중학영어 중1
Grammar Zone 입문편
Grammar Zone 워크북 입문편
1316팬클럽 문법 1
문제로 마스터하는 중학영문법 1
Grammar Inside 1
열중 16강 문법 1
쓰기로 마스터하는 중학서술형 1학년

중1-2
능률중학영어 중2
1316팬클럽 문법 2
문제로 마스터하는 중학영문법 2
Grammar Inside 2
열중 16강 문법 2
고득점 독해를 위한 중학 구문 마스터 1
원리를 더한 영문법 1
중학 문법 총정리 모의고사 1학년

중2-3
Grammar Zone 기초편
Grammar Zone 워크북 기초편
고득점 독해를 위한 중학 구문 마스터 2
원리를 더한 영문법 2
중학 문법 총정리 모의고사 2학년
쓰기로 마스터하는 중학서술형 2학년

중3
능률중학영어 중3
1316팬클럽 문법 3
문제로 마스터하는 중학영문법 3
Grammar Inside 3
열중 16강 문법 3
고득점 독해를 위한 중학 구문 마스터 3
중학 문법 총정리 모의고사 3학년
쓰기로 마스터하는 중학서술형 3학년

예비고-고1
문제로 마스터하는 고등영문법
올클 수능 어법 start

고1
Grammar Zone 기본편 1
Grammar Zone 워크북 기본편 1
Grammar Zone 기본편 2
Grammar Zone 워크북 기본편 2
필히 통하는 고등영문법 기본
TEPS BY STEP G+R Basic

고1-2
필히 통하는 고등영문법 실력편

고2-3
Grammar Zone 종합편
Grammar Zone 워크북 종합편
TEPS BY STEP G+R 1
올클 수능 어법 완성

고3

수능 이상/
토플 80-89·
텝스 600-699점

수능 이상/
토플 90-99·
텝스 700-799점

수능 이상/
토플 100·
텝스 800점 이상

TEPS BY STEP G+R 2

TEPS BY STEP G+R 3

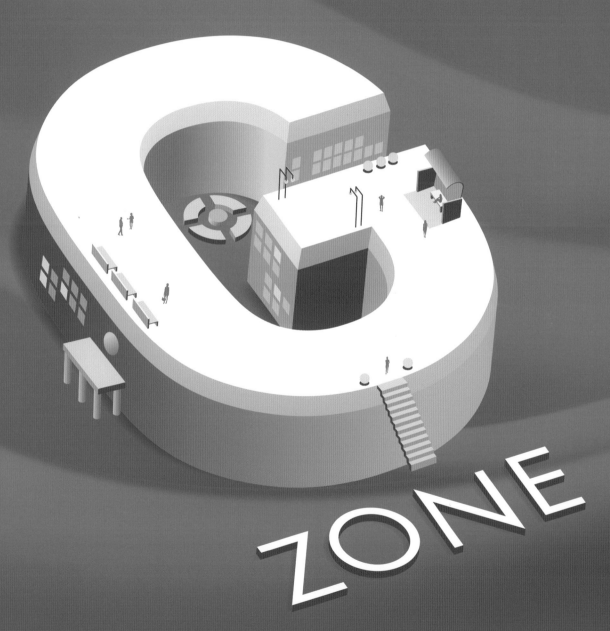

GRAMMAR ZONE
WORKBOOK

ZONE

종합편 | 정답 및 해설

NE능률

The Standard for English Grammar Books

GRAMMAR ZONE
WORKBOOK

종합편 | 정답 및 해설

진단 TEST

1 ②	**2** ①	**3** ③	**4** ④	**5** ①	**6** ③
7 ④	**8** ④	**9** ④	**10** ③	**11** ③	**12** ①
13 ③	**14** ②	**15** ④	**16** ④	**17** ②	**18** ①
19 ②	**20** ③	**21** ②	**22** ④	**23** ④	**24** ③
25 ②	**26** ①	**27** ③	**28** ①	**29** ①	**30** ②

1 차가 수리된 후에, 우리 모두는 안도의 한숨을 내쉬었다.
▶ get의 목적어와 목적격 보어가 수동의 관계이므로 과거분사 repaired

2 내가 내년에 돌아올 때쯤이면 너는 결혼해 있을까?
▶ 〈때〉를 나타내는 부사절에서는 미래를 현재시제로 표현

3 그 회사의 전반적인 판매 기록은 지난 3년간 실망스러운 상태를 유지했다.
▶ 3년 전 과거에서 현재까지 영향을 미치는 일이므로 현재완료형

4 다음 달이면 그녀와 내가 사귄 지 1년이 된다.
▶ 미래의 기준 시점까지 지속되는 일을 나타내므로 미래완료형

5 그들이 왜 안 오지? 교통체증일 리는 없는데. 길에 차가 거의 없잖아.
▶ 가능성 없음을 나타내는 can't

6 노동조합은 정규직을 늘려야 한다고 주장했다.
▶ 〈주장〉의 의향을 나타내는 동사에 이어지는 that절에는 〈(should +) 동사원형〉을 쓴다.
[어휘] union 노동조합

7 내가 네 입장이었다면, 나는 너보다 훨씬 더 못했을 거야.
▶ 과거 사실을 반대로 가정하는 가정법 과거완료는 〈if + 주어 + had v-ed, 주어 + would/could/might + have v-ed〉의 형태이다.

8 내가 너에게 동의할 수 있으면 좋을 테지만, 우린 완벽한 세상에 살고 있는 게 아니야.
▶ 현재의 이룰 수 없는 소망을 나타내는 〈I wish + 가정법 과거〉

9 그는 축구에 뛰어난 스타 선수로 동료들에게 존경을 받는다.
▶ 동사구는 하나의 동사처럼 취급하여 수동태 문장에서도 항상 한 덩어리로 취급한다.
[어휘] excel in ~에 뛰어나다

10 그 주민들은 추락 후에 그 비행기에서 탈출하는 사람이 아무도 보이지 않았다고 말했다.
▶ 능동태 문장에서 지각동사의 목적격 보어로 쓰인 원형부정사는 수동태 문장에서 to부정사로 바꾼다.

11 경찰은 그 습격과 관련하여 어제 그녀를 심문한 것으로 생각된다.
▶ 심문한 시점이 주절의 시제보다 앞서므로 완료부정사

12 TV 제작자들은 새 프로그램의 시청률이 오르는 것을 보았다.
▶ 지각동사(see) + 목적어 + 원형부정사: (목적어)가 ~하는 것을 보다
[어휘] soar (가치·물가 등이) 급등하다, 치솟다

13 만약 위험한 일을 하신다면 보험에 가입하실 가치가 있습니다.
▶ be worth v-ing: ~하는 것은 해볼 만하다, 가치가 있다

14 비행기가 막 착륙할 때 나는 카메라를 가져오는 것을 잊어버렸음을 깨달았다.
▶ forget to-v: (미래에) ~할 것을 잊다
cf. forget v-ing: (과거에) ~한 것을 잊다

15 그녀는 눈물이 얼굴을 타고 흐른 채 상을 받았다.
▶ 〈동시상황〉을 나타내는 일종의 분사구문으로, 명사와 분사의 관계가 능동이므로 현재분사를 쓴다.
with + (대)명사 + 분사: ~한 채로

16 그녀는 최근에 그녀와 말다툼했던 이웃을 용서했다.
▶ 관계대명사가 전치사의 목적어인 경우 '전치사 + 관계대명사'의 형태로 쓴다. 또는 전치사를 관계사절의 끝에 두고 whom 대신 who를 쓰거나 관계대명사를 생략할 수 있다.
[어휘] have a quarrel with: ~와 말다툼하다

17 아틀랜타에 도착하면 너에게 전화할게. 시차 때문에 한국에서는 9시가 될 거야.
▶ 〈이유·원인〉을 나타내는 전치사 with

18 모든 사람들은 5시까지 버스로 돌아와야 한다.
▶ 〈완료의 기한〉을 나타내는 by

19 영화관 하나를 지은 이후로 동네가 많이 변했다.
- ▶ 주절에 현재완료형이 사용된 것으로 보아 영화관을 지은 시점(과거)으로부터 현재까지 쭉 변해 온 것이므로 접속사 since(~이래로)

20 내가 받는 상품이 내가 원한 것이 아니면 어쩌지?
- ▶ 앞에 선행사가 없으므로 선행사를 포함한 관계대명사 what
- 어휘 merchandise 상품

21 A: 나는 당근도 콩도 싫어. B: 나도 그래.
- ▶ ①, ③, ④는 앞 문장이 부정문일 경우, 앞 문장과 같은 의견일 때, ②는 앞 문장이 긍정문일 때 쓴다.

22 하루에 주스 두 잔을 마시면 심장 질환의 위험을 40% 정도 줄일 수 있다.
- ▶ juice는 물질명사로, 셀 수 없고 복수형으로 나타내지 않으므로, glass와 같이 〈용기〉를 사용하여 수량을 표시한다.

23 토요일 밤에, 나는 오랜 친구와 그의 부인, 그리고 그들의 친구 몇 명과 함께 맥주를 마셨다.
- ▶ 〈A's B〉의 B를 한정사로 다시 수식하려면 〈한정사 + B + of + A's〉의 형태를 쓰고, A의 자리에 인칭대명사가 쓰이는 경우 소유대명사를 사용한다.

24 나는 이번에 처음으로 아침 일찍 테니스를 쳤다.
- ▶ 서수는 정관사 the와 함께 쓰며 운동명 앞에는 관사를 생략한다.

25 금성의 내부는 지구의 그것과 매우 비슷할 것이다.
- ▶ 앞서 나온 명사의 반복을 피하기 위한 that (that = the interior)

26 커피가 조금도 남아 있지 않다. 대신에 차를 마시는 건 어때?
- ▶ 문맥상 '남아 있는 커피가 없다'라는 의미이므로 any
- not ~ any: 조금도 ~ 않다 《전체 부정》

27 Hans Arnold는 '몇 개의/많은/몇몇의' 잡지와 책에 삽화를 그려왔다.
- ▶ magazine과 book은 둘 다 셀 수 있는 명사로, 셀 수 없는 명사의 '양'을 나타내는 a little과는 함께 쓰지 않는다.

28 이상적인 지원자는 문제를 효율적으로/빠르게/효과적으로 해결할 수 있는 능력을 갖추고 있을 것이다.

- ▶ 빈칸에 알맞은 말은 동사 solve를 수식하는 부사인데, costly는 부사의 형태를 취하고 있지만 형용사이므로 적절하지 않다.
- 어휘 candidate 후보자; *지원자 / costly 비싼

29 저는 5년 전에 대학 공부를 마쳐서, 곧 최신의 기술과 지식을 익혀야 할지도 모릅니다.
- ▶ 과거시제와 함께 쓰고 '(현재나 말한 시점부터) ~ 전에'를 나타내는 부사 ago가 적절하다.

30 ① 첫 해에는 5명의 학생들 중 오직 한 명만 통과했다.
- ③ ⋯ 한 명만큼이나 적게 통과했다.
- ④ ⋯ 많아야 한 명 정도가 통과했다.
- ▶ ②의 the most는 '가장'이라는 의미로 보통 최상급에서 사용되므로 문맥상 적절하지 않다.

01 문장성분 / 구와 절 / 수식어의 이해

A

> 1 architecture / is 2 commercials / is 3 realize / is
> 4 time, / doesn't 5 council / plans

보기 | 새로운 악기를 익히는 것은 어렵다.

> 어휘 challenging 도전적인; *힘든

1 빅토리아 시대의 건축물을 정말 잘 알게 되는 가장 좋은 방법은 Pacific Heights의 호텔 중 한 곳에 숙박해 보는 것이다.
> ▶ to get ... Victorian architecture가 주어인 The best way를 뒤에서 수식하는 to부정사구로 주어와 함께 주부를 이루며 본동사는 is이다.

2 한 번에 연속적으로 나오는 텔레비전 광고물의 평균 숫자가 증가하고 있다.
> ▶ 주부가 술부에 비해 매우 긴 문장으로 주어인 The average number of television commercials가 전치사구 in a series ... commercials의 수식을 받고 있다.
> 어휘 commercial 방송 광고 / series 연속, 연쇄, 시리즈 / consecutive 연속적인, 계속되는

3 그들이 깨닫지 못하는 것은 순수과학이 경제적, 기술적 이익으로 이어질 수 있다는 것이다.
> ▶ 주부는 관계사 what이 이끄는 What they fail to realize이고 is가 본동사, that 이하의 절이 주격 보어이다.

4 회사 근로자들의 여가를 희생해가면서 그들로 하여금 더 오랜 시간, 더 열심히, 더 빨리 일하게 하는 것이 반드시 장기적으로 더 많은 것이 이루어지리라는 것을 의미하지는 않는다.
> ▶ Having company employees ... faster는 주어인 동명사구이다. while ... leisure time은 주어를 보충설명하는 분사구문으로 주부에 포함된다.
> 어휘 sacrifice 희생하다 / in the long run 길게 보면, 장기적으로

5 플라스틱보다는 종이를 광범위하게 사용하는 것을 장려하여 자연분해되지 않는 쓰레기를 줄이려는 시도로, 시의회는 일회용 플라스틱 제품의 판매를 금지할 계획을 하고 있다.
> ▶ In an attempt ... non-biodegradable waste는 부사구이며, the city council이 주어이다.
> 어휘 biodegradable 자연분해되는 / council 지방 의회 / ban 금지하다 / disposable 처분할 수 있는; *(종이 제품 등이) 사용 후 버릴 수 있는

B

> 1 형용사 2 명사 3 부사 4 부사 5 형용사 6 부사
> 7 명사 8 명사 9 형용사 10 명사 11 명사 12 형용사

보기 | 자외선 차단제만 바른다면 햇볕에 누워 있는 것은 괜찮다.
> ▶ 주어 역할을 하는 동명사구
> 어휘 provided that ~: ~를 조건으로 하여, 만일 ~라면

1 그 사건과 연관된 모든 사람들이 처벌을 받았다.
> ▶ 주어인 Everyone을 뒤에서 수식하는 과거분사구

2 그들의 목적은 학대받는 여성을 돕는 것이다.
> ▶ 동사 is의 보어 역할을 하는 동명사구
> 어휘 cause 원인; *대의, 목적 / abused 학대받는

3 환불을 받을 수 있을지 알아보기 위해 그 소매상인에게 이메일을 보냈다.
> ▶ 목적을 나타내는 부사적 용법의 to부정사구로 if 이하는 see의 목적어 역할을 하는 명사절이다.
> 어휘 retailer 소매상인

4 길을 몰랐기 때문에, 나는 낯선 사람 몇몇에게 길을 물어봤다.
> ▶ 〈이유〉를 나타내는 분사구문으로 절 전체를 수식하는 부사구

5 그녀는 사람들을 감동시키는 목소리를 갖고 있다.
> ▶ a voice를 뒤에서 수식하는 관계사절

6 네가 방문했을 때 나는 몸 상태가 별로 좋지 않았다.
> ▶ 〈때〉를 나타내는 시간의 부사절

7 네가 상상할 수 있다시피, 나는 그녀가 말하는 것을 듣고 싶지 않았다.
> ▶ hear의 목적어 역할을 하는 관계사절

8 문제는 아무도 참가하고 싶어하지 않는다는 것이다.
> ▶ is의 보어 역할을 하는 명사절

9 내가 어제 산 시계는 어디 있니?
> the watch를 뒤에서 수식하는 관계사절

10 나의 아들은 그가 왜 나에게 거짓말을 했는지 말하지 않는다.
> 4형식 문장에서 동사 tell의 직접목적어 역할을 하는 명사절

11 나는 어렸을 때, 집에 혼자 있는 것을 무서워했다.
> 전치사 of의 목적어 역할을 하는 동명사구

12 Kim 씨는 이상한 옷을 입은 한 무리의 사람들을 우연히 마주쳤다.
> a group of people을 수식하는 소유격 관계사절

C

1 (maintained) **2** (something) **3** (interesting)
4 (research) **5** (a fish restaurant) **6** (the money)
7 (came) / (bark) **8** (because … museum)

보기 | 선택의 자유는 국제연합에 의해 보장된 인간의 권리 중 하나이다.
> 과거분사구인 guaranteed by the United Nations는 the human rights를 뒤에서 수식한다.

1 이 건물은 예전에는 아름다웠지만, 지금은 관리가 잘 안 되고 있다.
> 부사인 poorly가 과거분사인 maintained를 수식한다.

2 나는 현재 중요한 어떤 것에 완전히 전념하고 있다.
> 형용사인 important가 부정대명사인 something을 뒤에서 수식한다.
어휘 be occupied with ~에 전념하다

3 나는 내 동료들로부터 상사에 관한 꽤 흥미로운 이야기들을 들었다.
> 부사 quite가 형용사인 interesting을 수식한다.

4 정부는 에이즈 치료에 대한 연구에 더 많은 돈을 쓰고 있다.
> 전치사구인 into a cure for AIDS가 명사인 research를 뒤에서 수식한다.

5 우리는 바다가 내려다보이는 해산물 식당에서 식사를 했다.
> 현재분사구인 overlooking the sea가 명사구인 a fish restaurant를 뒤에서 수식한다.
어휘 overlook 간과하다; *(건물 등이) 내려다보다

6 우리 언니는 예전에 화장품을 많이 샀지만 더 이상 그럴 돈이 없다.
> to부정사구인 to do so가 명사구인 the money를 뒤에서 수식한다.

7 낯선 사람이 개에게 가까이 다가가자, 그 개는 크게 짖기 시작했다.
> 이 문장에서 close는 부사로 동사 came을, loudly는 동사 bark를 뒤에서 수식한다.

8 그녀는 그곳으로 여행을 갔는데 순전히 그 박물관을 방문하고 싶어서였다.
> 부사인 entirely는 부사절 because … museum을 수식한다.

UNIT 04 - 05

02 1형식: S + V / 2형식: S + V + C

CHECK UP

1 There **2** worked **3** calm **4** rich

1 우리가 환경을 파괴하고 있다는 데에 거의 보편적인 동의가 있는 것 같다.
> 〈there is/are〉는 '~가 있다'라는 뜻으로 어떤 불특정한 사물의 존재를 알릴 때 사용되며, there 뒤에는 be동사 외에 seem, appear, happen, tend 등의 동사도 올 수 있다.

2 그 전화번호들 중 어느 것도 연결이 안 됐어. 둘 다 잘못된 번호야.
> 이 문장에서 work는 완전자동사로 '작동하다, 잘 돌아가다'라는 뜻으로 쓰였다.

3 나는 천천히 말했고 침착함을 유지하려 애썼다.
> 이 문장에서 keep은 형용사를 보어로 취하는 불완전자동사로 '(~한 상태로) 있다'의 의미이다.

4 그 구두쇠는 부유하게 죽었다.
> 이 문장에서 die는 완전자동사로 보어가 없어도 되지만 주어(The miser)의 상태를 설명하는 보어(rich)를 부가적으로 취했다.
어휘 miser 구두쇠

A

1 count **2** read **3** do **4** pay

1 (A) 그가 말한 것은 중요하지 않다.
(B) 저 기계 덕분에, 개표자들이 표를 셀 필요가 없었다.
▶ count: (총 수를 알기 위해) 세다, 계산하다; 중요하다

2 (A) 이 대본들은 잘 읽히지만 우리가 원한 것만큼 재미있지는 않다.
(B) 그 신문 3페이지에 있는 내 별점 좀 읽어 줘.
▶ read: 읽다; ~라고 쓰여 있다; ~하게 읽히다
어휘 horoscope 별점

3 (A) 너는 편지를 쓸 필요가 없고, 이메일이면 충분하다.
(B) 나는 일을 좀 하려고 애쓰고 있었다.
▶ do: 하다; 충분하다, 도움이 되다

4 (A) 때로 다른 사람들을 돕는 것은 이익이 되지 못한다.
(B) 이번 달 임대료를 낼 만큼 충분한 돈이 없었다.
▶ pay: (임금·대금 등을) 치르다, 지불하다; 수지가 맞다, 이익이 되다

B

1 내게 중요한 것은 나의 진정한 잠재력을 실현시키는 것이다.
2 주유소를 찾아보자. 기름이 떨어져가고 있어.
3 그는 전쟁 후에 살아서 집에 돌아왔다.
4 내 생각엔 어제 준비한 음식이 상했던 것 같다.

1 ▶ 이 문장에서 matter는 '중요하다'라는 의미의 완전자동사
2 ▶ 이 문장에서 run은 상태의 변화를 나타내는 불완전자동사로 short를 보어로 취하면 '부족하다, 없어지다'라는 의미이다.
3 ▶ 이 문장에서 return은 완전자동사로 보어가 없어도 되지만 주어(He)의 상태를 설명하는 보어(alive)를 부가적으로 취할 수 있다.
4 ▶ 이 문장에서 go는 상태의 변화를 나타내는 불완전자동사로 bad를 보어로 취하면 '(음식 등이) 상하다'라는 의미이다.

C

1 married young **2** to his hometown a rich man
3 very excited

보기 | 그녀는 집에 갈 때 울고 있었다. → 그녀는 울면서 집에 갔다.
▶ 이 문장에서 go는 완전자동사이지만 주어(She)의 상태를 설명하기 위해 보어(crying)를 취했다.

1 나의 부모님은 결혼할 때 어린 나이였다. → 나의 부모님은 어린 나이에 결혼했다.
▶ 이 문장에서 marry는 완전자동사이지만 주어(My parents)의 상태를 설명하기 위해 보어(young)를 취했다.
2 그의 아버지는 고향에 돌아왔을 때 부자였다. → 그의 아버지는 부자가 되어서 고향에 돌아왔다.
▶ 이 문장에서 come은 완전자동사이지만 주어(His father)의 상태를 설명하기 위해 보어(a rich man)를 취했다.
3 학생들은 교실로 들어왔을 때 매우 흥분했다. → 학생들은 매우 흥분하며 교실로 들어왔다.
▶ 이 문장에서 enter는 완전타동사이지만 주어(The students)의 상태를 설명하기 위해 보어(very excited)를 취했다.

D

1 early **2** unclear **3** suddenly **4** rude

1 나는 좋은 자리를 얻기 위해 일찍 도착했다.
▶ 이 문장에서 arrive는 완전자동사로, 나머지 부분이 수식어구가 되려면 부사를 써야 한다.
2 그 공격에 대한 이유는 명확하지 않은 채로 남아 있다.
▶ 이 문장에서 remain은 형용사를 보어로 필요로 하는 불완전자동사로 '~한 상태로 있다'의 의미이다.
3 지진이 이른 아침에 갑자기 일어났다.
▶ 이 문장에서 happen은 완전자동사이므로, 나머지 부분이 수식어구가 되려면 부사를 써야 한다.
4 나는 그 대화에 끼어들어 무례하게 보이고 싶지 않았다.
▶ 이 문장에서 appear는 형용사를 보어로 필요로 하는 불완전자동사로 '~로 보이다'의 의미이다.

WRITING PRACTICE

1 do for cooking spaghetti **2** seemed surprised
3 got more generous **4** There are

1 ▶ do가 완전자동사로 쓰이면 '충분하다, 도움이 되다'의 의미이다.
2 ▶ seem은 불완전자동사로 쓰이면 보어를 취하여 '~로 보이다, ~인 것 같다'의 의미이다.
3 ▶ 이 문장에서 get은 상태의 변화를 나타내는 불완전자동사로 형용사를 보어로 취한다.
4 ▶ 〈there is/are〉는 '~가 있다'의 의미로, 뒤에 나오는 주어의 수에 따른다.

03 3형식(1): S + V + O / 3형식(2): S + V + O

CHECK UP

1 took it away 2 attending 3 subscribe to 4 for

1 내 침실에 TV가 있었지만, 어머니가 그것을 치워버리셨다.
   ▶ '동사 + 부사'로 이루어진 동사구에서 목적어가 대명사인 경우, 동사와 부사 사이에 위치한다.
2 Ruth는 3개월 동안 그 동아리 모임에 참석해오고 있다.
   ▶ 이 문장에서 attend는 타동사이므로 전치사를 필요로 하지 않는다.
3 정기구독하고 있는 잡지가 있니?
   ▶ subscribe가 '(신문·잡지 등을) 정기구독하다'의 의미로 쓰일 때는 전치사 to를 뒤에 쓴다.
4 나는 그가 화를 내는 것에 대해 비난할 수가 없다.
   ▶ for는 〈원인·이유〉를 나타내는 전치사
   어휘 blame A for B B에 대해 A를 나무라다[비난하다]

A

1 lie 2 lay 3 lying 4 raise 5 rose

1 잠깐 누워있기만 해도 훨씬 나아질 것이다.
   ▶ '눕다'라는 의미의 동사 lie가 적절하다.
2 나의 어머니는 아기인 남동생을 유아용 침대에 조심스레 눕히곤 하셨다.
   ▶ '놓다, 눕히다'라는 의미의 동사 lay가 적절하다.
   어휘 crib 유아용 침대
3 그 고양이는 의자 옆에 있는 깔개에 누워있다.
   ▶ '눕다'라는 의미의 동사 lie의 현재분사 형태는 lying이다.
4 그 행사의 목적은 고아원을 위한 기금을 모으는 것이다.
   ▶ '(자금을) 모으다'라는 뜻의 동사 raise가 적절하다.
   어휘 orphanage 고아원
5 작년 대도시 지역에서의 실업률이 많이 상승했다.
   ▶ '오르다'라는 의미의 동사 rise가 적절하며, 그 과거형은 rose이다.

B

1 X 2 X 3 to 4 from 5 for 6 X

1 그 가족은 열 시간을 차로 달려 오두막집에 도착했다.

   ▶ '~에 도착하다'라는 뜻으로 쓰일 때 reach는 전치사 없이 바로 목적어를 취한다.
2 모든 사람들은 안전 규칙을 준수해야만 한다.
   ▶ '~에 복종하다, ~를 준수하다'라는 뜻으로 쓰일 때 obey는 전치사 없이 바로 목적어를 취한다.
3 Jack은 어젯밤 집에 늦게 온 것에 대해 Cindy에게 사과했다.
   ▶ '~에게 사과하다'라는 뜻으로 쓰일 때 apologize는 〈행위·적용의 대상〉을 나타내는 to와 함께 쓴다.
4 이 로션은 자외선으로부터 당신의 피부를 보호해 준다.
   ▶ '~에서, ~하지 않도록'라는 뜻의 〈방해·제지·보호〉을 나타내는 from
   어휘 protect A from B B로부터 A를 보호하다 / ultraviolet rays 자외선
5 나는 요리할 때 버터 대신 올리브 오일을 사용한다.
   ▶ '~와 교환으로'라는 뜻의 〈교환·대상〉을 나타내는 for
   어휘 substitute A for B A를 B 대신 쓰다
6 오늘 아침에 일어난 일에 대해 토론할까요?
   ▶ '~에 대해 논의하다'라는 뜻으로 쓰일 때 discuss는 전치사 없이 바로 목적어를 취한다.

C

1 원하는 무엇이든 마음껏 드세요.
2 우리는 걷는 것보다 자전거 타는 것을 더 좋아한다.
3 주민들은 그 개발 계획을 강력하게 반대했다.
4 그녀는 우리 사회의 몇 가지 문제점들에 대해 언급했다.
5 그 병은 그에게서 행복을 완전히 앗아갔다.

1 ▶ help oneself (to): (~를) 마음껏 먹다
2 ▶ prefer A to B: B보다 A를 더 좋아하다
3 ▶ object to: ~를 반대하다
4 ▶ mention: ~에 대해 언급하다
5 ▶ rob A of B: A에게서 B를 빼앗다

D

1 approaches to 700 → approaches 700
2 ○ 3 complained the delayed → complained about the delayed 4 with → from 5 people their → people of their 6 him → himself

1 그 수는 700에 가깝다.
   ▶ '~에 접근하다'라는 뜻으로 쓰일 때 approach는 전치사 없이 바로 목적어를 취한다.
2 그들은 많은 면에서 서로 닮았다.
   ▶ '~와 닮다'라는 뜻의 resemble은 전치사 없이 바로 목적

3 사람들은 비행편의 지연된 출발을 불평했다.
> complain about: ~를 불평하다

4 옷차림새 덕분에 여행객들과 지역 주민들을 구분하는 것은 쉽다.
> 〈차이·구별〉을 나타내는 from
어휘 tell A from B A와 B를 구분하다 / attire 옷차림새, 복장

5 그 군부 독재 정권은 국민들로부터 자유를 빼앗았다.
> 〈분리·박탈〉을 나타내는 of
어휘 deprive A of B A에게서 B를 박탈하다

6 그는 그가 하던 모든 일을 마치고 나서 즐기기 위해 외출했다.
> enjoy oneself: 즐거운 시간을 갖다

WRITING PRACTICE

1 lives a happy life **2** relies on me **3** hope for
4 prides himself on

1 > live가 자신과 비슷한 뜻의 명사(동족목적어)를 취해서 타동사로 쓰였다.
2 > rely on: ~에게 의지하다
3 > hope for: ~를 바라다
4 > pride는 재귀대명사를 목적어로 취한다.
pride oneself on: ~를 자랑으로 여기다

UNIT 08-10

04 4형식: S + V + O₁ + O₂ / 5형식: S + V + O + C / 보어와 목적어, 수식어의 구별

CHECK UP

1 to **2** him the right to meet his childrene **3** let
4 unlocked

1 그는 나에게 100송이의 장미를 보낼 것이라고 말하고는 그렇게 했다.
> send는 직접목적어 뒤에 간접목적어를 쓸 경우 간접목적어 앞에 to를 쓴다.
2 법원은 그에게 그의 아이들과 만날 수 있는 권리를 거부했다.
> 여기서 refuse는 직접목적어를 두 개 갖는 것으로 간주하여 어순전환을 하지 않는다.

3 교통 정기권은 사람들로 하여금 좀 더 쉽게 돌아다닐 수 있게 해줄 것이다.
> allow는 목적격 보어로 to부정사를 취하고 let은 동사원형을 취한다.

4 나라면 너의 자전거에 자물쇠를 채우지 않은 채로 두지 않을 텐데.
> 목적어 your bicycle이 목적격 보어와 수동의 관계이므로 보어 자리에 과거분사 unlocked를 쓴다.

A

1 (to) prepare **2** tested **3** cheating **4** to travel
5 stolen

1 Lydia는 할머니가 특별한 저녁식사를 준비하시는 것을 돕고 있다.
> help는 to부정사와 원형부정사 둘 다 목적격 보어로 취할 수 있다.
2 오늘 오전, 나는 눈 검사를 할 것이다.
> 목적어 my eyes와 목적격 보어가 수동의 관계이므로 과거분사 tested
3 당신은 학생이 부정 행위를 하는 것을 보면 어떻게 할 것입니까?
> catch + 목적어 + v-ing: ~가 …하고 있는 것을 목격하다
4 비행기는 우리로 하여금 더 먼 거리를 더 짧은 시간 안에 여행할 수 있게 해주었다.
> allow + 목적어 + to-v: ~가 …하는 것을 허락하다
5 나는 공항에서 여권을 도난당했다.
> 목적어와 목적격 보어가 수동 관계이므로 과거분사 stolen

B

1 find **2** make **3** consider

1 (A) 너는 그 영화가 재미있었니?
(B) 나는 새 경영자가 그 문제에 대한 해결책을 쉽게 찾아낼 것이라고 생각한다.
> find는 3형식에서는 '~를 찾다'의 의미로, 5형식에서는 '~가 …하다고 여기다'의 의미로 쓰인다.
2 (A) 그가 자신의 음악 CD를 나에게 만들어 주다니 근사한걸.
(B) 그 음식 공급자들은 행사가 성공적이도록 도움을 주었다.
> make는 4형식에서는 '~에게 …를 만들어주다'의 의미로, 5형식에서는 '~를 …로 만들다'의 의미로 쓰인다.
어휘 caterer 음식 공급자
3 (A) 우리의 상황을 고려해 주세요.
(B) 한국인들은 숫자 4를 불길하게 여긴다.

> consider는 3형식에서는 '~를 고려하다'라는 의미로, 5형식에서는 '~를 …로 여기다'의 의미로 쓰인다.

C

1 said 2 talk 3 told 4 told

Murray 선생님은 오늘 수업에서 핼러윈에 대해 이야기할 것이라고 말씀하셨다. 그는 우리에게 그 휴일에 대한 이야기를 하나 해 주셨다. 그는 매우 빨리 말해서 학생들은 그를 이해하기 힘들었다. 그는 학생들이 그가 말하는 것을 이해하지 못한다는 것을 깨닫고는 그들에게 교과서에 있는 핼러윈에 관한 짧은 이야기를 읽으라고 말씀하셨다.

1 ➤ 바로 뒤에 that절을 목적어로 취하고 있으므로 say의 과거형 said가 적절하다.
2 ➤ 바로 뒤에 'about + 목적어'를 취할 수 있는 동사는 talk
3 ➤ tell + 간접목적어 + 직접목적어: ~에게 …를[라고] 말하다
4 ➤ tell + 목적어 + to-v: ~에게 …하라고 말하다[명령하다]

WRITING PRACTICE

1 1) heard the song played 2) will keep you warm
3) asked us to be quiet 4) introduced her husband to her friends
2 1) his wrongdoing to his boss 2) get them to accept your offer 3) see the roses bloom [blooming] 4) want you to start the project

1 1) ➤ '지각동사 + 목적어 + 과거분사'의 어순으로, 지각동사 heard의 목적어와 목적격 보어의 관계가 수동이므로 과거분사 played가 쓰였다.
   2) ➤ keep은 형용사를 목적격 보어로 취할 수 있다.
   3) ➤ ask + 목적어 + to-v: ~에게 …할 것을 부탁하다
   4) ➤ 여기서 introduce는 완전타동사로 〈introduce + 직접목적어 + to + 간접목적어〉의 어순인 3형식으로 쓴다.
2 1) ➤ 여기서 confess는 완전타동사로 〈confess + 직접목적어 + to + 간접목적어〉의 어순인 3형식으로 쓴다.
   2) ➤ get + 목적어 + to-v: ~가 …하게 하다
   3) ➤ see는 지각동사이고 목적어와 목적격 보어의 관계가 능동이므로 목적격 보어로 원형부정사를 취한다. 진행의 의미가 강조될 경우 현재분사를 쓸 수 있다.
   4) ➤ want + 목적어 + to-v: ~가 …하기를 원하다

05 현재시제의 용법 / 과거시제의 용법

CHECK UP

1 is 2 rings 3 were

1 기조력이 조수의 원인이다.
   ➤ 과학적 진리는 현재시제로 나타낸다.
   어휘 tidal force 기조력[해수면의 높이 차이를 일으키는 힘]
2 전화벨이 울리면 나를 대신해서 전화 좀 받아줘.
   ➤ 조건을 나타내는 부사절에서는 미래를 현재시제로 나타낸다.
3 네가 입원 중인 줄 몰랐어.
   ➤ 주절의 시제가 과거이므로 종속절의 동사도 시제를 일치시켜 과거시제로 쓴다.

A

1 started 2 takes 3 depends 4 began 5 reads
6 shut

1 나는 지난주에 대학에 다니기 시작했을 뿐이다.
   ➤ 확실한 과거를 나타내는 부사구(last week)가 있으므로 과거시제로 나타낸다.
2 노래 부르기 대회는 매년 5월에 열린다.
   ➤ 현재 규칙적으로 반복되는 일은 현재시제로 나타낸다.
3 공기 중 산소 농도는 고도에 따라 다르다.
   ➤ 과학적 진리는 현재시제로 나타낸다.
   어휘 altitude 고도
4 나는 5년 전에 만화책 수집을 시작했다.
   ➤ 확실한 과거를 나타내는 부사구(five years ago)가 있으므로 과거시제로 나타낸다.
5 그녀는 매일 신문을 사곤 했다. 이제 그녀는 인터넷으로 뉴스를 읽는다.
   ➤ 현재의 습관적인 동작은 현재시제로 나타낸다.
6 그녀는 사무실을 나가서 문을 닫았다.
   ➤ 과거의 동작은 과거시제로 나타낸다.

B

1 start 2 left 3 opens 4 goes 5 took

1 기말고사는 다음 주 수요일에 시작된다.

> 부사구(next Wednesday)와 함께 동사 start가 현재시제로 쓰여 가까운 미래의 확실한 예정을 나타낸다.

2 그녀의 가족은 그녀가 다섯 살 때 뉴욕을 떠났다.
> 과거(when she was five)에 있었던 사실을 나타내고 있으므로 과거시제가 적절하다.

3 그 쇼핑몰은 평일에는 오전 10시에 문을 연다.
> 현재 반복되는 일이므로 현재시제로 나타낸다.

4 Sam은 요즘 일요일마다 도서관에 간다.
> 현재 반복되는 일이므로 현재시제로 나타낸다.

5 인터뷰는 3시간이 걸렸는데, 그것은 조금 스트레스가 되었다.
> 과거 특정 시점에 일어나서 끝난 일이므로 과거시제로 쓴다.

C

1 gets **2** is **3** is **4** took **5** was

> **호주 오픈 테니스 선수권 대회 개막**
> 호주 오픈 테니스 선수권 대회가 멜버른 공원에서 시작되는데, 이곳에서 1월 29일 있을 남자부 결승전에 이르기까지 각종 테니스 경기가 열린다. 이 대회는 매년 개최되며 4개의 연례 주요 대회 중 가장 먼저 열린다. 이 대회는 1905년 처음 열렸다. 다른 3개의 주요 대회와 같이, 1968년 오픈 테니스가 출현하기까지는 최상위권 아마추어 선수들이 경쟁하였다.

어휘 Open 프로 선수들에게도 주요 대회의 참가가 허용된 대회 / advent 도래, 출현

1 > get underway(시작하다)로 보아 가까운 미래를 나타내는 현재시제를 쓰는 것이 적절하다.
2-3 > 현재의 반복적인 사실에 대해 진술하고 있으므로 현재시제가 알맞다.
4 > 명확한 과거 시점(1905년)의 사실을 이야기하고 있으므로 과거시제를 쓴다.
5 > 1968년 대회 방식이 바뀌기 전까지의 사실을 이야기하고 있으므로 과거시제가 적절하다.

D

1 was → is **2** ○ **3** will snow → snows **4** announce → will announce **5** ○ **6** traveled → travel

1 목성은 태양계에서 가장 큰 행성이다.
> 과학적 진리 및 통념은 현재시제로 나타낸다.
2 부산행 열차가 십분 후에 출발할 것입니다.
> 부사구(in ten minutes)와 함께 동사 leave가 현재시제로 쓰여 가까운 미래의 확실한 예정을 나타낸다.
3 만약 내일 눈이 내리면, 나는 집에서 체스를 둘 것이다.

> 조건을 나타내는 부사절에서는 미래를 현재시제로 나타낸다.
4 그들은 그 소식을 언제 발표할 것인지에 대해 의논하는 중이다.
> 〈시간〉을 나타내는 접속사 when이 쓰였더라도 명사절일 경우 원칙적으로 미래는 미래시제로 나타낸다.
5 어떤 나라들에서는 우기가 몇 달 동안 지속된다.
> 반복되는 상태는 현재시제로 나타낸다.
6 끔찍한 지진에도 불구하고, 요즘 많은 여행객들이 동남아로 여행을 간다.
> 현재의 상태를 나타내고 있으므로 현재시제로 나타낸다.

WRITING PRACTICE

1 does your brother do **2** wanted to be
3 spends all day **4** meet him / I will get

> A: 네 남동생은 무슨 일을 하니?
> B: 그는 축구 선수야. 아주 잘해. 그 애는 작년에 MVP 상을 받았어.
> A: 와, 대단하다. 나도 축구 선수가 되고 싶었는데.
> B: 쉬워 보이지는 않아. 그는 보통 하루 종일 축구 연습을 하며 보내. 2주 후에 축구 경기가 있어. 나랑 경기에 가지 않을래?
> A: 좋아. 그를 만나면 사인을 받아야지.

1 > 현재의 상태를 묻는 표현은 현재시제로 나타낸다.
2 > 과거의 소망이므로 과거시제로 쓴다.
3 > 현재 반복되는 일은 현재시제로 표현한다.
4 > 조건을 나타내는 부사절에서는 미래를 현재시제로 표현하고, 주절에서는 미래를 미래시제로 표현한다.

UNIT 13-14

06 미래시제의 용법 / 진행형의 용법

CHECK UP

1 will **2** to make **3** exercises **4** taste

1 그 책들은 무거워 보이는구나. 내가 그것들을 옮기는 것을 도와줄게.

> 주어의 의지로 인해 좌우될 수 있는 미래를 나타내고 있으
  므로 will이 적절하다.

2 대통령은 다음 주에 베트남을 공식 방문할 예정이다.

> 미래시제 대신 '~할 예정이다'의 의미인 〈be to-v〉를 사용
  하여 공식적인 일정/계획 등을 나타낼 수 있다.

3 Bill은 매일 운동한다. 그는 몸을 관리하는 것을 좋아한다.

> 오랫동안 계속되는 일상적인 습관은 현재시제로 나타낸다.

4 이 비스킷들은 맛이 매우 훌륭하지만 저 과자들은 좀 맛이
  이상하다.

> taste가 '~한 맛이 나다'라는 뜻의 무의지적인 지각을 나타
  낼 때는 진행형으로 쓸 수 없다.

A

1 I will carry **2** She will be **3** I will chop
4 He will get

1 A: 이 상자 드는 것 좀 도와줄래?
   B: 좋아, 나에게 줘. 내가 옮겨줄게.
   > 주어의 의지로 인해 좌우될 수 있는 미래를 나타내는 will

2 A: 엄마에게 무슨 일이 일어났는지 모르겠어. 매우 늦으시네.
   B: 걱정 마, 곧 집에 오실 거야.
   > 미래에 일어날 일의 예측을 나타내는 will

3 A: 벽난로에 나무가 좀 필요해.
   B: 좋아. 지금 내가 장작을 좀 팰게.
   > 주어의 의지로 인해 좌우될 수 있는 미래를 나타내는 will

4 A: David가 지금 직장에 있나요?
   B: 아뇨, 아직요. 그는 10시경에 사무실에 도착할 거예요.
   > 미래에 일어날 일의 예측을 나타내는 will

B

1 was driving **2** are going **3** is not watching / is
playing **4** are visiting

보기 | 휴대전화가 울렸을 때 그녀는 피아노를 치고 있었다.
   > 과거의 일시적 동작이므로 과거진행형을 썼다.

1 어제 그의 새 차가 고장났을 때 그는 고속도로에서 운전하고
  있었다.
   > 과거의 일시적 동작이므로 과거진행형이 적절하다.

2 조심해! 너무 빨리 가고 있어!
   > 현재의 일시적 동작이므로 현재진행형이 알맞다.

3 Dave는 지금 텔레비전을 보고 있지 않다. 그는 컴퓨터 게임
  을 하고 있는 중이다.
   > 현재의 일시적 행동이므로 현재진행형을 쓴다.

4 이번 주에 우리는 프랑스 시골 지역을 방문할 것이다.

> 미래시제 대신 현재진행형으로 가까운 미래에 확정되어 있
  는 일을 표현할 수 있다.

C

1 초인종이 울렸을 때 우리는 막 저녁 식사를 하려고 했다.
2 오늘 밤 내 생일 파티에 올 거지?
3 저 소음 때문에 머리가 아파.
4 태풍이 곧 이 지역에 이를 것이다.
5 우리 가족은 소풍을 가려고 했는데 비가 내렸다.
6 그 쇼핑 센터는 보수를 위해 2주간 문을 닫을 예정이다.
7 우리 비행편은 약 한 시간 후에 출발할 거야.

1 > be about to-v: 막 ~하려고 하다
2 > 미래시제 대용으로 가까운 미래의 확정적인 일을 표현하는
     현재진행형
3 > 현재 일시적으로 진행 중인 일을 표현하는 현재진행형
4 > 미래에 일어날 일에 대한 예측을 나타내는 will
5 > was/were going to-v: ~하려고 했었다
6 > be due to-v: ~하기로 예정되어 있다
7 > 가까운 미래의 확실한 예정인 경우 주로 미래를 나타내는
     부사구와 함께 현재시제로 표현할 수 있다.

D

1 am going to → will **2** ○ **3** was believing →
believed **4** ○ **5** are containing → contain

1 치킨 샐러드로 주세요.
   > 결심 등과 같이 사람의 의지에 의해 좌우될 수 있는 미래를
     나타내는 will

2 Jesse가 정류장에 도착했을 때, 버스가 막 출발하는 중이었
  다.
   > 과거의 일정 시점에 진행 중인 일을 나타내므로 과거진행형

3 Mark는 그가 무사히 집에 돌아갈 수 있다고 믿었다.
   > 인식이나 사고를 나타내는 동사 believe는 진행형으로 쓰
     지 않는다.

4 화낼 필요 없어. 너를 놀릴 때 Ian은 단순히 장난치고 있었던
  거야.
   > 과거의 일시적 행위를 나타내고 있으므로 과거진행형
   어휘 tease 괴롭히다, 놀리다

5 사과에는 사과나무로 자랄 씨앗이 들어 있다.
   > 소속이나 소유를 나타내는 동사인 contain은 진행형으로
     쓰지 않는다.

WRITING PRACTICE

1 are not going to work **2** you called me, I was sleeping **3** is to introduce **4** will be visiting London

1 ▶ 미리 계획된 일을 말할 때는 주로 be going to-v를 쓴다.

2 ▶ 각각 과거에 발생한 일과 과거의 일정 시점에 진행 중인 일을 나타내므로 과거시제와 과거진행형을 쓴다.

3 ▶ 공식적인 예정이나 계획을 나타내는 미래를 표현할 때는 be to-v를 쓸 수 있다.

4 ▶ 미래의 어떤 시점에 진행 중일 동작을 나타내므로 미래진행형을 쓴다.

UNIT 15-16

07 현재완료형의 용법 / 과거완료형·미래완료형의 용법

CHECK UP

1 visited **2** have lived **3** gone **4** had

1 나는 지난달에 파리에 사는 나의 삼촌을 방문했다.
  ▶ last month라는 과거의 분명한 시점을 나타내는 부사구가 있으므로 과거시제

2 Jerry와 Kate는 학교를 졸업한 이래로 여기서 살아왔다.
  ▶ 시간 표현 since와 함께 쓰여 '(지금까지 계속) ~해왔다, 하고 있다'의 의미인 〈계속〉을 나타내는 현재완료형

3 Field 씨 부부는 파리로 떠났다. 그래서 아이들만 지금 집에 있다.
  ▶ have gone to: ~에 가고 없다 〈결과〉
  cf. have been to: ~에 가본 적이 있다 〈경험〉, ~에 갔다 왔다 〈완료〉

4 어제 나는 내가 만들었던 꽃병을 깼다.
  ▶ 꽃병을 깬 이전의 일이므로 대과거를 나타내는 과거완료형

A

1 have / read **2** had eaten **3** will have closed 또는 will be closed **4** have / worked **5** did / start **6** was finished **7** have never been

1 너는 지금까지 이 소설을 몇 번 읽었니?
  ▶ 경험을 묻고 있는 현재완료형

2 나는 이전에 머핀을 먹어서 배가 고프지 않았다.
  ▶ 배가 고프지 않은 시점(과거)보다 전에 머핀을 먹은 것이므로 과거완료형(대과거)

3 서둘러, 그렇지 않으면 우리가 도착할 때쯤이면 상점이 문을 닫았을 거야.
  ▶ 그곳에 도착하는 시점(미래)까지 완료될 일을 나타내므로 미래완료형. 또는 문맥상 미래시제(will be closed)도 가능.

4 나는 네가 이 부서에서 일하는지 몰랐어. 여기서 일한 지 얼마나 됐어?
  ▶ 과거부터 현재까지 계속된 일을 묻고 있으므로 현재완료형

5 와, 너 정말 빨리 끝냈구나! 언제 이 업무를 시작했어?
  ▶ when은 현재완료형과 함께 쓸 수 없는 분명한 시점을 나타내는 부사이므로 과거시제

6 그 일은 2주 전에 끝났다.
  ▶ two weeks ago라는 분명한 시점을 나타내는 부사구가 있으므로 과거시제

7 나는 그곳에 한 번도 가본 적이 없어서, 그곳이 어떤지 모른다.
  ▶ 과거부터 현재까지의 경험에 대해 묻고 있으므로 현재완료형을 쓰고 never는 have와 been 사이에 위치한다.

B

1 1) had never tried 2) had never tried
2 1) have been waiting 또는 have waited
  2) had been waiting 또는 had waited
3 1) have already seen 2) had already seen

1 1) Matt: 일본 여행에서 무엇이 가장 좋았니?
    Ben: 초밥을 먹은 것이 가장 좋았어. 이번 여행 전에 한 번도 먹어보지 않았어. 이제 초밥이 아주 좋아.
  2) Ben이 일본 여행에서 가장 좋아했던 것은 초밥을 먹은 것이다. 그는 여행 전에 한 번도 그것을 먹어본 적이 없었다. 이제 그는 그것을 매우 좋아한다.
    ▶ 여행 한 시점(과거)보다 그 이전의 일에 대해 말하고 있으므로 과거완료형을 쓴다.

2 1) Sarah: 왜 이렇게 늦었니? 한 시간 넘게 여기서 기다렸단 말야!
    John: 정말 미안해. 길을 잘못 들어서 꽤 오랫동안 헤맸어.
    ▶ John이 도착할 때까지(현재) 한 시간 넘게 기다리고 있으므로 현재완료진행형을 쓴다. wait는 동사 자체로 〈계속〉을 나타내므로, 현재완료형이나 현재완료진행형 둘 다 의미 차이는 거의 없으며, 주로 현재완료진행형을

쓴다.

(2) 어제 Sarah는 John에게 정말 화가 났다. 마침내 그가 도착했을 때 그녀는 한 시간이 넘게 기다리고 있었다.
> John이 도착한 시점(과거)보다 그 이전부터 기다리기 시작한 것이므로 과거완료진행형 또는 과거완료형을 쓴다.

3 1) Kate: 오늘밤 영화 '나의 이야기'를 보러 가는 게 어때? 난 정말 그게 보고 싶어!
   Jason: 난 벌써 봤어. 어쨌든 고마워.
   > 과거에 한 일이 현재에 영향을 미치므로 현재완료형을 쓴다. already는 조동사 have와 과거분사 seen 사이에 위치한다.
2) Jason은 지난 목요일 밤 Kate와 '나의 이야기'를 보러 가지 않았다. 그는 이미 그것을 봤다.
   > Kate가 영화를 보러 가자고 제안한 시점(과거)보다 이전에 Jason은 영화를 봤으므로 과거완료형을 쓴다.

C

1 Did you try → Have you tried **2** has been → was
3 ○ **4** will have finished → have finished **5** ○

1 한국에 온 이래로 한국 음식 먹어본 적 있니?
> 시간 표현 since와 함께 쓰여 한국에 온 후부터 지금까지의 경험을 묻고 있으므로 현재완료형

2 내 생각에 Amanda는 그때 보스턴에 있었던 것 같다.
> 과거 시점(at that time)의 사실을 나타내고 있으므로 현재완료형이 아닌 과거시제

3 그들의 부모는 다음 달이면 결혼한 지 30년이 된다.
> 미래의 어느 시점(next month)에 계속되는 일(30년 동안 결혼 생활 유지)이므로 미래완료형

4 만약 내가 이 책을 내일까지 다 읽는다면 그는 놀랄 것이다.
> 〈조건〉을 나타내는 부사절에서는 현재완료형이 미래완료형을 대신하고, 문맥상 현재시제(finish)도 가능하다.

5 내가 휴대전화를 택시에 두고 내린 것이 이번이 두 번째이다.
> this is the second time (that) + 주어 + 현재완료형: 이번이 두 번째로 ~하는 것이다

WRITING PRACTICE

1 had never seen **2** has never been to / has seen
3 will have finished **4** had already started

1 > 몰디브에 간 시점(과거) 이전의 경험을 나타내고 있으므로 과거완료형

2 > '(지금까지) ~해본 일이 있다'라는 경험을 나타낼 때에는 현재완료형

3 > 미래의 어느 시점(next winter)까지 완료될 일을 표현하는 미래완료형

4 > 야구장에 도착한 시점(과거) 이전에 완료된 일을 나타내므로 과거완료형을 쓰고 already는 조동사 had와 과거분사 started 사이에 위치한다.

실전 TEST 01

1 ⑤ **2** ③ **3** ③ **4** ⑤ **5** ③, ⑤ **6** ① **7** ④ **8** ①, ④ **9** of **10** to **11** ② **12** is to be awarded **13** had his temperature taken **14** ③ **15** will enter → enters **16** breaks → broke **17** ① **18** yourself **19** ② **20** ② **21** ⑤ **22** ⑤ **23** ① **24** ④ **25** ⑤

1 ① 그는 책상 위에 있는 책을 집어 들었다.
   > the book을 수식하는 형용사적 수식어(전치사구)
   ② 저기 서 있는 소녀는 내 친구이다.
   > The girl을 수식하는 형용사적 수식어(현재분사구)
   ③ 나는 너를 처음 만났던 날을 아직도 기억한다.
   > the day를 수식하는 형용사적 수식어(관계부사절)
   ④ 그들은 2년 전에 지어진 아파트에 살고 있다.
   > an apartment building을 수식하는 형용사적 수식어(과거분사구)
   ⑤ 우리는 먹을 것을 사려고 제과점에 들렀다.
   > stopped by the bakery를 수식하는 부사적 수식어(to부정사구)

2 네가 그렇게 말했을 때 너는 _____ 들렸다.
   ① 자신 있는   ② 어리둥절한
   ③ 이상하게   ④ 너의 엄마 같은
   ⑤ 마치 네가 정말로 그를 좋아하는 것처럼
   > 2형식 문장에서 동사 sound의 보어 자리에 ③번의 부사 strangely는 올 수 없다.

3 나는 같은 자전거를 _____ 가지고 있다. 나는 새것이 필요하다.
   ① 수년간 ② 5년간 ③ 10년 전에 ④ 11살 이후로 ⑤ 어린 시절 이후로
   > ③의 ten years ago는 명확한 과거를 나타내는 어구로 현재완료형과 함께 사용할 수 없다.

4 몇 년 동안 도시에서 보이지 않던 독수리들이 1990년에 다시 발견되었다.

▶ 독수리가 1990년에 다시 발견된 것보다 몇 년 동안 도시에서 보이지 않았던 것이 시간의 흐름상 앞서 있으므로 과거보다 더 이전을 나타내는 과거완료형을 써야 한다.

5 ① 그 표지판에는 '위험'이라고 쓰여 있다.

▶ 여기서 read는 완전자동사로 '~라고 쓰여 있다'라는 뜻이다.

② 너의 건강이 가장 중요하다.

▶ 여기서 matter는 완전자동사로 '중요하다'라는 뜻이다.

③ 그들은 시민들에게 그 계획을 발표했다.

▶ announce가 'S가 O₁에게 O₂를 발표하다'라고 해석되는 경우 4형식이 아니라 3형식으로 써야 한다. (the citizens the plan → the plan to the citizens)

④ 나는 네가 그와 함께 거기에 갈 것이라고 생각했다.

▶ 주절의 시제가 과거이므로 종속절의 동사도 시제 일치의 원칙에 따라 will의 과거형 would를 사용했다.

⑤ 그는 당근과 시금치를 싫어한다.

▶ '싫어하다'라는 뜻의 hate와 같이 〈감정·심리〉를 나타내는 동사는 보통 진행형으로 쓸 수 없다. (is hating → hates)

6 ① 그들은 회의에 참석할 수 없었다.

▶ attend는 '~에 참석하다'의 의미인 경우 타동사이므로 전치사 없이 목적어를 바로 취한다. 따라서 attend the meeting이 옳은 표현이다.

② 그들은 웅변대회를 개최하자는 생각에 반대했다.

▶ object는 자동사로서 '~를 반대하다'의 의미로 쓰일 때 전치사 to를 필요로 한다.

③ 그는 그녀의 이상형은 아니지만 그녀는 그와 결혼할 것이다.

▶ marry는 타동사로 '~와 결혼하다'의 의미를 나타낼 때 전치사 with를 쓰지 않는다.

④ 저 여자는 상품의 열등한 품질에 불평했다.

▶ complain은 자동사로서 '~를 불평하다'의 의미를 나타낼 때 전치사 about을 쓴다.

⑤ 우리는 먹으면서 다양한 주제에 대해 토론했다.

▶ discuss는 '~에 대해 토론하다'의 의미로 타동사이므로 전치사 없이 바로 목적어를 취한다.

7 A: 너는 육체노동을 해본 적이 있니?
B: 응. 2학년 때 시간제 일을 했어.
A: 어떤 종류의 일을 했어?
B: 건설 업체에서 벽돌을 쌓았어.

A: 정말 힘들었겠다.

▶ 문맥상 '~를 놓다'라는 의미의 타동사 lay가 적절한데, 과거의 일에 대해 말하고 있으므로 과거형인 laid가 되어야 한다.

cf. lie-lay-lain 눕다; 놓여 있다 (자동사)
　　lie-lied-lied 거짓말하다 (자동사)

어휘 manual labor 육체 노동 / sophomore (대학) 2학년생

8 ① 그녀가 나를 거짓말한다고 비난했을 때 그녀는 나를 화나게 했다.

▶ 〈make + 목적어 + 목적격 보어〉로 구성된 5형식 문장으로 목적격 보어 자리에 부사는 올 수 없으므로 angrily를 angry로 바꾸어야 한다.

② 나는 마침내 강아지를 입양했고, 그 강아지에게 Laila라는 이름을 지어줬다.

▶ 동사 name이 5형식에서 사용될 경우 '~를 …라고 이름 짓다'의 의미이며, 목적격 보어 자리에는 명사가 온다.

③ 나는 택시기사 아저씨께 모퉁이에서 내려달라고 부탁했다.

▶ 동사 ask는 목적격 보어로 to부정사를 취한다.

④ 그녀는 아이들이 만화책을 읽도록 하지 않을 것이다.

▶ let은 목적격 보어로 동사원형을 취하는 동사이므로 to read가 아니라 read가 적절하다.

⑤ 내 친구는 내가 소파에서 입을 벌리고 자고 있는 것을 보았다.

▶ 지각동사 see는 목적격 보어로 현재분사를 취할 수 있다.

9 (A) 이 영화를 보니 어린 시절 생각이 난다.

▶ remind A of B: A에게 B를 생각나게[떠오르게] 하다

(B) 나는 친구들에게 부탁을 했지만, 그들 모두 핑계만 댔다.

▶ ask가 사용된 4형식의 문장은 직접목적어가 favor인 경우에만 3형식으로 전환될 수 있고 간접목적어 앞에 전치사 of를 사용한다.

10 (A) Ann은 모두에게 새로 산 휴대전화를 보여주면서 어머니가 기다리고 있다는 것을 잊었다.

▶ show가 사용된 4형식을 3형식의 문장으로 전환할 때는 간접목적어 앞에 전치사 to를 사용한다.

(B) 나의 성공은 대부분 교수님들 덕분이다.

▶ owe A to B: A를 B 덕분으로 돌리다

11 ① 그는 탐험 중에 목숨을 잃었다.

▶ cost(대가를 치르게 하다)는 직접목적어를 두 개 취하

는 동사로 간주하여 4형식으로 쓴다.

어휘 expedition 원정, 탐험

② 바코드는 우리에게서 많은 일을 덜어준다.

▶ save(수고 등을 들어주다)는 직접목적어를 두 개 취하는 동사로 간주하여 4형식으로 쓴다. 따라서 Bar codes save us a lot of work.로 고치는 것이 적절하다.

③ 나는 아들에게 줄 옷을 몇 벌 샀다.

▶ buy는 4형식에서 3형식으로 전환할 때 간접목적어 앞에 전치사 for를 사용한다.

④ 내가 당신에게 개인적인 질문을 해도 될까요?

▶ 여기서 ask는 4형식 동사로 쓰였다.

⑤ Sarah는 내가 인터넷 채팅을 하고 있는 동안 나에게 메시지를 보냈다.

▶ send는 4형식에서 3형식으로 전환할 때 간접목적어 앞에 전치사 to를 사용한다.

12 ▶ 미래를 나타내는 표현 중에 '~할 예정이다'라는 뜻의 be to-v를 사용하여 표현한다.

13 ▶ 사역동사 have는 목적격 보어로 과거분사를 취할 수 있다.

14 ① ▶ 미래의 확정되어 있는 개인적인 일정이나 계획을 현재진행형으로 표현할 수 있다.

② ▶ be about to-v: 막 ~하려고 하다

③ ▶ have been to: ~에 가본 적이 있다; ~에 갔다 왔다
문맥상 '그녀는 아프리카에도 가본 적이 있다.'로 해석하는 것이 옳다.

④ ▶ will have v-ed: 미래완료형

⑤ ▶ have been v-ing: 현재완료진행형

15 Brian은 운동을 그만뒀다. 그가 군대에 갈 즈음에는 그는 거의 1년 동안 운동을 하지 않은 셈이 된다!

▶ 시간을 나타내는 부사절에서는 미래를 현재시제로 나타낸다.

16 나는 내 노트북 컴퓨터를 2년 전에 샀다. 지난달부터 나는 세 번이나 그것을 수리했다. 그리고 오늘 오후에 또 고장이 났다. 나는 곧 새것을 살 예정이다.

▶ 문맥상 this afternoon은 과거 시점을 나타낸다.

17 ① A: 너의 부인은 무엇을 하고 있니?

B: 간호사인데, 지금은 임신 중이라서 일하고 있지 않아.

▶ B의 대답으로 보아 A의 질문이 일시적인 동작이나 상태가 아닌 계속된 동작이나 상태인 직업을 묻는 것이므

로 What does your wife do?가 되어야 한다.

② A: 어제 저녁에 네가 걷고 있는 것을 봤을 때 너는 어디 가고 있었던 거야?

B: 헬스클럽.

▶ was/were v-ing: 과거진행형

③ A: Sam의 선물로 좋은 생각 있니?

B: 아직 그것에 대해 많이 생각해보지는 못했는데, 알려줄게.

▶ have v-ed: 현재완료형

④ A: Pat은 부모님이 돌아오실 즈음에 청소를 다 해 놓을까?

B: 그럴 것 같지 않은데.

▶ will have v-ed: 미래완료형

⑤ A: 아버지는 내가 학교 연극에서 공연하는 걸 보고 싶어 하셨지만, 회사에서 휴가를 낼 수 없었어.

B: 안타까워라!

▶ had v-ed: 과거완료형

18 ▶ 재귀대명사를 목적어로 취하는 3형식 동사인 경우이다.
help oneself to: ~를 마음껏 먹다

19 그는 내가 한 시간 내로 보고서 작성을 끝내게 _____.

① 시키다 ② 만들다 ③ 요청하다 ④ 돕다 ⑤ 허락하다

▶ 사역동사 make는 목적격 보어로 to부정사를 취할 수 없으므로 부적절하다. help는 to부정사나 원형부정사를 목적격 보어로 취할 수 있다.

20 일요일 공연에 자리가 있는지 말씀해 주시겠습니까?

▶ 〈tell + 사람 + 명사절〉의 형태로 tell은 바로 뒤에 간접목적어를 취할 수 있다.

21 ① 나는 누가 차기 대통령이 될지 모르겠다.

▶ 여기서 will은 미래를 나타내는 조동사이다.

② 다음 영화는 두 시간 후에 시작한다.

▶ 가까운 미래의 확실한 예정인 영화 등의 시간표에 대해 말할 때는 현재시제를 써서 미래를 표현하는 것이 일반적이다.

③ 혹시 그녀가 쇼핑을 가면 양말 좀 사달라고 해주세요.

▶ 조건을 나타내는 부사절에서 현재시제가 미래를 나타내는 경우이다.

④ 우리 학교는 이번 주말 농구 경기에 참가할 예정이다.

▶ be scheduled to-v: ~하기로 예정되어 있다

⑤ 축구 경기는 보통 주중에는 저녁 7시에 시작한다.

▶ 주로 빈도부사(usually)와 함께 현재의 습관이나 반복적인 일을 나타내는 현재시제이다.

[22-23]

고등학교에서 여러분은 선생님들이 가르쳐 준 것을 여러분이 얼마나 잘 알고 있는지 알아내려는 목적으로 많은 시험을 봐야 할 것입니다. 여러분은 이미 많은 시험을 봤지만, 고등학교에서 성공하려면 수업 시간에 배울 것들을 끊임없이 복습해야 할 것입니다. 여러분이 시간표를 마련하고, 그것을 잘 따른다면, 시험 당일에 아무런 문제가 없을 것입니다. 그러므로 시험 치기 바로 전 마지막 순간에 벼락치기를 하지 마십시오. 왜냐하면 헷갈리게 될 것이기 때문입니다. 그렇게 하는 것은 낭패를 보는 지름길입니다!

어휘 aim 목표로 삼다 / cram 벼락치기 공부를 하다 / recipe 요리법; *비결

22 ▶ 전반적으로 고등학교에서 시험을 잘 보기 위해 시험 전 해야 하는 일들을 열거하고 있다.
① 시험의 목적
② 수업 준비를 하는 방법
③ 벼락치기를 하기 가장 좋은 시기
④ 고등학교 시험이 중요한 이유
⑤ 고등학교에서 시험을 잘 보는 방법

23 ▶ ① 주절의 동사가 현재시제(know)이므로 과거완료형(had taught)이 아닌 현재완료형(have taught) 또는 과거시제(taught)가 알맞다.

[24-25]

요즘 신문 판매대에는 거의 모든 표지에 매력적인 모델이 있는 잡지들이 전시되어 있다. 대부분의 이 슈퍼 모델들은 비정상적으로 말랐다. 대부분의 사람들이 깨닫지 못하고 있는 것은 패션 잡지에서 볼 수 있는 모델의 모든 이미지가 여드름과 같은 '결점'을 제거하기 위해 최신 컴퓨터 기술을 사용해서 수정된 것이라는 점이다. 게다가, 사진작가들은 잡지에 실리는 이미지 한 장을 위해 약 100에서 300장 정도의 사진을 찍는다. 사진 작업은 완전한 최상의 구도에서 완벽한 조명 아래 이루어진다. 그리고 그것만으로 충분하지 않은 듯이, 모델의 머리와 화장은 옆에 붙어 서 있는 메이크업 아티스트와 헤어 스타일리스트에 의해 완벽하지 않은 것이 없도록 항상 전문적으로 만져지고 지속적으로 수정된다.

어휘 newsstand 신문[잡지] 판매점 / gorgeous 멋진 / touch up 수정하다 / flaw 결점 / absolute 완전한 / lighting 조명

24 ▶ 이 글은 패션 잡지에 실리는 모델들의 비현실적인 모습이

어떠한 과정을 거쳐서 완성되는지 상세하게 설명하고 있다.

25 ▶ (A) 형용사 thin을 수식하려면 부사가 필요하므로 unnaturally가 옳다.
(B) 이미 수정된 사진을 보는 것이므로 현재완료형이 와야 한다.
(C) 부정대명사 nothing은 단수 취급하므로 동사는 looks를 쓰는 것이 적절하다. 〈make sure + that절〉에서 that은 생략 가능하다.

08 be·have·do의 용법 / can·could의 용법

CHECK UP

1 do **2** could **3** suspect **4** too

1 나의 부모님은 나에게 동의하신다. 그리고 나의 친구들도 그렇다.
▶ 앞서 나온 동사를 대신하는 대동사 역할을 하는 조동사 do

2 날씨가 매우 추워서 오늘밤에 비가 올지도 모른다.
▶ 현재나 미래에 대한 불확실한 가능성을 나타내는 could로 이 경우에 can은 쓸 수 없다.

3 마을 사람들은 그를 의심하지 않을 수 없다.
▶ cannot but + 동사원형: ~하지 않을 수 없다

4 인터넷에서 신용카드를 쓸 때는 아무리 조심해도 지나치지 않다.
▶ cannot … too ~: 아무리 ~해도 지나치지 않다

A

1 have **2** did **3** was **4** do

1 나는 일 때문에 뉴욕을 여러 번 방문한 적이 있다.
▶ 조동사 have는 과거분사와 결합하여 완료형을 만든다.

2 나는 그가 유명한 가수가 되리라고 결코 상상하지 못했다.
▶ 조동사 do는 부정어(Never)가 문장 첫머리에 오고 일반동사가 쓰인 문장의 도치구문에서 주어 앞에 사용되고 문장의 시제가 과거이므로 did

3 한 이상한 남자가 어제 학교 도서관에서 보였다.
▶ 조동사 be는 과거분사와 결합하여 수동태를 만든다.

4 고전 음악을 제일 좋아하기는 하지만, 나는 모든 종류의 음악

을 정말 좋아한다.

> 조동사 do는 일반동사 앞에 쓰여 강조의 의미를 나타낼 수 있다.

B

1 ① 2 ⓔ 3 ⓓ 4 ⓐ 5 ⓒ 6 ⓑ

1 내가 이 옷들을 다림질하는 동안 진공청소기 좀 돌려 줄래?

> 진공청소기를 돌려 달라는 〈요청〉

2 Tom은 아플 리가 없다. 그는 오늘 아침에 괜찮았다.

> cannot: 가능성 없음

3 (과연) 그 소문이 사실일까? 난 도저히 믿을 수가 없어.

> 〈합리적 추측·확신〉에 대한 의문을 나타내는 can

4 침팬지는 상처를 치료하기 위해 식물을 사용할 수 있다.

> 침팬지가 식물을 사용할 수 있다는 〈능력〉

5 사고는 언제든 일어날 수 있어.

> 일반적으로 발생하는 일의 〈가능성〉

6 이제 히터를 꺼도 된다. 충분히 따뜻하니까.

> 히터를 꺼도 된다는 〈허가〉

C

1 can 또는 could **2** can 또는 is able to **3** was able to **4** could **5** cannot **6** cannot

1 그는 오늘 당신의 머리를 자를 수 없지만, 당신은 내일로 예약을 할 수 있습니다.

> 〈허가〉를 나타내는 can이나 could

2 Clara는 학교에서 배우고 있기 때문에 일본어를 읽을 수 있다.

> 현재의 〈능력〉을 나타내므로 can과 is able to-v 둘 다 가능

3 그는 지난주 슈퍼볼 표를 구할 수 있었다. 그는 실제로 그 경기를 맘껏 즐겼다.

> '과거에 실제로 ~할 수 있었다'의 의미로 was able to-v

4 나는 너를 몇 시간 동안이나 기다렸어. 너 나한테 전화해줄 수도 있었잖아.

> 과거 사실에 대한 반대로 '~했을 수도 있었다'의 의미의 비난을 나타내는 could have v-ed

5 내 딸은 정말 귀엽고 사랑스럽다. 나는 그녀를 사랑하지 않을 수 없다.

> cannot help but + 동사원형: ~하지 않을 수 없다

6 Jeff를 믿을 수가 없다. 그는 항상 친구들에게 거짓말을 한다.

> '~일 리가 없다'라는 〈가능성 없음〉을 나타내는 cannot

D

1 do → am **2** ○ **3** ○ **4** ○ **5** write → have written

1 Jerry는 나보다 더 패션에 관심 있다.

> 앞서 나온 is interested in fashion을 받아야 하므로 than 다음에는 am이 와야 한다.

2 너는 약속을 어기고 변명을 했지, 그랬지 않니?

> 일반동사가 쓰인 문장의 부가의문문에는 조동사 do가 쓰이는데, 앞서 나온 문장이 긍정문이고 과거 시제이므로, didn't you?를 쓴다.

3 경찰은 현장에서 범인을 잡아서 체포할 수 있었다.

> 과거에 실제로 할 수 있었던 일을 나타내는 was/were able to-v

어휘 on the spot 즉각; *현장에서

4 간접 흡연은 당신의 전반적인 건강에 위험할 수 있다.

> 일반적으로 발생하는 일의 가능성을 나타내는 can

5 Justin이 그 편지를 썼을 리가 없다. 그런 식으로 말하는 것은 그답지 않다.

> 〈과거 사실에 대한 가능성 없음〉을 나타내는 cannot have v-ed

WRITING PRACTICE

1 was able to walk
2 cannot be too thankful
3 could have thrown / away
4 cannot help wondering 또는 cannot but wonder

1 > 과거에 실제로 할 수 있었던 일을 나타내므로 was able to-v

2 > '아무리 ~해도 지나치지 않다'라는 뜻의 cannot … too ~

3 > '~였을 수도 있다'라는 뜻의 〈과거 사실에 대한 불확실한 추측〉을 나타내는 could have v-ed

4 > '~하지 않을 수 없다'라는 뜻의 cannot help v-ing / cannot (help) but + 동사원형

09 may·might의 용법 / must·have to-v의 용법

CHECK UP

> **1** may **2** might have gone **3** may as well **4** don't have to **5** must

1 네가 자정 전에 돌아오겠다고 약속하면 댄스 파티에 가도 된다.
> ▶ '~해도 좋다'의 의미인 〈허가〉를 나타내는 may

2 그녀는 어제 쇼핑을 갔을지도 몰라. 그녀는 셔츠 몇 장이 필요하다고 말했어.
> ▶ 과거에 대한 불확실한 추측을 나타내는 may[might] have v-ed

3 버스를 타는 것이 좋겠어. 너무 멀어.
> ▶ might[may] as well: ~하는 편이 제일 낫다
> *cf.* may[might] well: ~하는 것도 당연하다; 아마 ~일 것이다

4 너는 저 셔츠를 다림질할 필요가 없다. 그건 괜찮아 보인다.
> ▶ '~할 필요가 없다'의 의미인 〈불필요〉를 나타내는 don't have to-v
> *cf.* must not: ~하면 안 된다 〈금지〉

5 그 집 아이스크림 맛이 좋은 게 틀림없다. 그 가게는 항상 붐빈다.
> ▶ 〈합리적 추측·확신〉을 나타내는 must

A

> **1** must 또는 have to **2** have to **3** must **4** must **5** had to

1 지원자들은 아랍어를 말할 수 있어야 한다.
> ▶ 〈의무〉를 나타내는 must와 have to-v 둘 다 가능하다.

2 너는 그녀를 도와야 할 것이다. 그녀는 그것을 어떻게 하는지 모를 것이다.
> ▶ 법조동사는 두 개를 연달아 사용할 수 없으므로 have to를 쓴다.

3 이모는 하루 종일 정원 손질을 하고 계신다. 그녀는 틀림없이 피곤하실 것이다.
> ▶ 〈합리적 추측·확신〉을 나타내는 must가 적절하다. 일상체에서는 has to-v도 가능하다.

4 누군가가 전시되어 있던 비싼 가방을 샀음에 틀림없다. 나는 몇 주 동안 그 가방을 보지 못했다.
> ▶ 〈과거의 일에 대한 단정적인 추측〉을 나타내는 must have v-ed. 일상체에서는 has to have v-ed도 가능하다.

5 지난 회의에서 부장님의 마이크가 작동을 멈추었다. 부장님이 발표를 끝낼 수 있도록 그들은 새로운 마이크를 가져와야 했다.
> ▶ 〈과거의 의무·필요〉를 나타낼 때 must는 과거형이 없으므로 had to-v로 대신한다.

B

> **1** may[might] have lost **2** may[might] be **3** may[might] as well take

1 A: 표 좀 봐도 되겠습니까?
B: 아, 찾을 수가 없네요. 아마도 잃어버렸나 봐요.
> ▶ 〈과거에 대한 불확실한 추측〉의 의미인 may[might] have v-ed를 쓴다.

2 A: 내가 계속 Kelly에게 전화하고 있는데, 전화를 안 받아.
B: 그녀는 아마 가족과 함께 외출해 있나 봐.
> ▶ 〈현재에 대한 불확실한 추측〉의 의미인 may[might]를 쓴다.

3 A: 지하철 운행이 멈췄어. 어떻게 해야 하지?
B: 택시를 타고 가는 게 좋겠다.
> ▶ may[might] as well: ~하는 편이 제일 낫다

C

> **1** must be **2** don't have to go **3** may[might] offer

1 A: 내 여자친구가 정말 내 청혼을 받아들였어.
B: 와, 축하해. 너 지금 신나 있는 게 틀림없구나.
> ▶ B가 A의 기분 상태에 대해 확신하고 있으므로 must

2 A: 내일은 일요일이야.
B: 오늘 밤 TV로 영화를 한 편 보자. 우리 일찍 잠자리에 들 필요가 없잖아.
> ▶ 〈불필요〉를 나타내는 don't have to-v가 적절하다.

3 A: Sam, 너 구직은 어떻게 되어 가고 있어?
B: 한 회사에 면접을 봤어. 그들이 내게 일자리를 줄지도 모르겠는데 확실하지 않아.
> ▶ 〈미래에 대한 불확실한 추측·가능성〉을 나타내는 may[might]

D

1 must → may[might] **2** live you → you live
3 must → cannot[can't] **4** must not → don't have
to **5** ○

1 확실히는 모르지만, 아마도 그녀는 대통령이 되는 첫 번째 여성일 거야.
   ▶ 〈불확실한 추측〉을 나타내는 may 또는 might가 적절하다.
2 100세까지 사실 수 있기를!
   ▶ May + S + V: 부디 ~하기를 〈기원〉
3 Eric은 지금 배고플 리 없어! 한 시간 전에 그가 엄청난 식사를 먹는 걸 봤거든.
   ▶ '~일 리 없다'의 의미인 cannot[can't]이 적절하다.
4 그 선풍기에는 리모컨이 있어서 그것을 끄기 위해 내가 일어날 필요가 없다.
   ▶ 〈불필요〉를 나타내는 don't have to-v
5 그녀가 어디에 있든지 나는 항상 그녀를 생각한다.
   ▶ 〈양보〉의 부사절에서 사용된 조동사 may

WRITING PRACTICE

1 had to dig our car **2** might[may] not have
checked **3** must have been **4** may[might] well be

1 ▶ 〈의무〉의 must에는 과거형이 없으므로 have to-v의 과거형인 had to-v를 써야 한다.
2 ▶ might[may] have v-ed: 과거 사실에 대한 불확실한 추측
3 ▶ must have v-ed: ~였음에 틀림없다 〈과거의 일에 대한 단정적 추측〉
4 ▶ may[might] well: ~하는 것이 당연하다

UNIT 21-22

10 will·would의 용법 / should·ought to-v의 용법

CHECK UP

1 won't **2** used to **3** compensate **4** should

1 Jessica는 항상 새끼 고양이를 원해 왔지만, 그녀의 부모님은 허락하지 않으려 한다.
   ▶ 〈현재의 고집·강한 의지〉를 나타내는 will의 부정형 won't
2 그는 학교에서 문제를 일으키는 사람이었다.
   ▶ 〈과거의 상태〉를 나타내는 used to-v
3 그들은 회사가 그들에게 그 손해에 대해 보상해야 한다고 요구했다.
   ▶ 〈요구〉를 나타내는 동사(demand)에 이어지는 that절에는 주로 〈(should) + 동사원형〉을 쓴다.
   어휘 compensate A for B A에게 B를 보상하다
4 그들은 다른 사람들이 듣지 못하도록 조용하게 말했다.
   ▶ lest + S (+ should) + 동사원형: ~하지 않도록

A

1 would hire **2** will explain 또는 would explain
3 would practice **4** will never forget

1 그녀의 전공이 영어라면, 그들은 그녀를 고용할 텐데.
   ▶ 현재 사실에 대한 반대를 나타내는 가정법 과거의 주절이므로 would를 써야 한다.
2 훌륭한 교사는 명확하게 설명하게 마련이다[설명할 것이다].
   ▶ 〈현재의 습성·경향〉을 나타낸다고 보면 will을, 〈현재·미래에 대한 확실한 추측〉을 나타낸다고 보면 will[would]이 가능하다.
3 어릴 때 나는 매일 태권도를 연습하곤 했는데, 무릎을 다친 후에는 포기했다.
   ▶ 〈과거의 습성·경향〉을 나타내는 would
4 내가 너를 파티에서 처음 만났던 때를 절대 잊지 않겠다.
   ▶ 〈현재의 강한 의지〉를 나타내는 will

B

1 ⓐ **2** ⓐ **3** ⓑ

1 당신은 늦어도 다음 주 금요일까지는 그 소포를 받을 것이다.
   ⓐ 당신이 늦어도 다음 주 금요일까지는 그 소포를 받을 것이라는 게 개연성이 있다.
   ⓑ 늦어도 다음 주 금요일까지 그 소포를 받는 것은 당신의 의무이다.
   ▶ '당연히 ~일 것이다'라는 의미의 〈합리적 추측·가능성〉을 나타내는 should
2 당신의 잘못이라면 당신은 사과해야 한다.
   ⓐ 당신의 잘못이라면 당신이 사과하기를 나는 권한다.
   ⓑ 당신의 잘못에 대해서 당신이 사과할 것이라고 나는 확신한다.
   ▶ '~해야 한다'라는 의미의 〈윤리적·비강제적 의무〉를 나타내

는 should

3 우리는 교통 체증을 피하기 위해 더 일찍 떠났어야 했다.
- ⓐ 나는 우리가 교통 체증을 피할 만큼 충분히 일찍 떠났다고 생각한다.
- ⓑ 나는 우리가 교통 체증을 피할 만큼 충분히 일찍 떠나지 않은 것에 대해 후회한다.
  ▶ should have v-ed: ~했어야 했는데 (하지 못했다) 〈과거의 일에 대한 후회〉

C

1 would[Would] **2** will **3** should

1 (A) 나는 유학 가고 싶다.
  ▶ would like to-v: ~하고 싶다
  (B) 저를 위해 서류에 기입해주시지 않겠습니까?
  ▶ would you~: ~해주시지 않겠습니까 〈공손한 요청이나 제안〉

2 (A) 나는 올해 운동을 시작할 거야. 그게 내 새해 결심이야.
  ▶ 〈현재의 강한 의지〉를 나타내는 will
  (B) Smith 선생님이 네 새 담임 선생님일 거야. 교장선생님한테서 그렇게 들었어.
  ▶ 〈미래에 대한 확실한 추측〉을 나타내는 will

3 (A) 하루 세 끼의 좋은 식사를 하는 것이 권장된다.
  ▶ 〈제안〉을 나타내는 동사(recommend)에 이어지는 that절에는 주로 〈(should +) 동사원형〉을 쓴다.
  (B) 내가 어떻게 알아? 사람 잘못 찾았어.
  ▶ 의문사와 함께 〈이해 불가·놀람〉 등의 감정을 반어적으로 표현하는 should

D

1 shouldn't → wouldn't **2** ○ **3** be → was **4** ○
5 ○

1 네 형에게 네가 어디에 있는지 물어봤어. 그런데 그는 나에게 말하려 하지 않았어.
  ▶ 〈과거의 고집·강한 의지〉를 나타내는 would의 부정형이 적절하다.

2 등산을 하는 것보다 바닷가에 가고 싶다.
  ▶ would rather A than B: B보다 A하고 싶다
  A, B에는 동사원형을 쓴다.

3 그는 그의 자백이 압박 하에서 이루어졌다고 주장한다.
  ▶ 동사 insist의 목적어인 that절이 현재나 과거의 〈객관적인 사실〉을 나타내는 경우 시제 일치의 원칙에 따른다.

4 그녀가 그런 식으로 재능을 낭비하다니 너무 안타깝다.

▶ 〈유감〉을 나타내는 명사에 이어지는 that절에서 〈should + 동사원형〉을 사용해 주관적 판단/감정임을 드러낼 수 있다.

5 그들은 일찍 출발했기 때문에 곧 여기에 도착할 것이다.
  ▶ should는 '당연히 ~일 것이다'의 의미의 〈합리적 추측·가능성〉을 나타낼 수 있다.

WRITING PRACTICE

1 Would you mind keeping
2 ought to have stayed
3 should suggest that place
4 lest you should damage

1 ▶ would you mind v-ing?: ~해도 될까요?, ~해주시겠어요?
2 ▶ ought to have v-ed: ~했어야 했는데 (하지 못했다)
3 ▶ 〈놀람·의외〉 등의 감정을 나타내는 형용사에 이어지는 that절에서 〈should + 동사원형〉을 사용해 주관적 판단/감정임을 드러낼 수 있다.
4 ▶ lest + S (+ should) + 동사원형: ~하지 않도록

UNIT 23-24

11 could·might·would·should 의 용법 정리 / need·dare의 용법

CHECK UP

1 wouldn't **2** would have won **3** needn't **4** call

1 그녀는 그를 화나게 할 어떤 말도 하지 않을 거라고 약속했다.
  ▶ 주절의 시제와 일치시켜 종속절의 조동사도 과거형을 쓴다.

2 네가 나한테 부딪치지 않았다면 내가 경주에서 우승했을 텐데.
  ▶ would have v-ed: ~했을 텐데 (안 했다) 〈과거에 발생하지 않은 일에 대한 화자의 비난〉 《가정법 과거완료》

3 우리는 걱정할 필요가 없다. 모든 것이 다 괜찮아질 것이다.
  ▶ 조동사 need의 부정형은 〈need not + 동사원형〉이다.

4 그녀는 감히 나에게 다시는 전화하지 못한다.
  ▶ 조동사로 쓰인 dare의 부정형은 〈dare not + 동사원형〉이다.

A

> 1 본동사, 나는 낮잠 좀 자야겠다.
> 2 조동사, 내가 그의 이름을 감히 말해도 될까?
> 3 조동사, 내가 이 침실을 페인트칠 할 필요가 있을까?
> 4 본동사, 네가 내 잘못을 지적할 필요는 없다.
> 5 조동사, 나는 기차에 책을 가져갈 필요가 없었는데. 나는 그것을 읽지도 않았다.
> 6 조동사, 그 옷에 그런 신발을 신을 엄두가 안 나.

1 ▶ need to-v: 평서문에서 본동사로 쓰인 need
2 ▶ dare + 주어 + 동사원형?: 의문문에서 조동사로 쓰인 dare
3 ▶ need + 주어 + 동사원형?: 의문문에서 조동사로 쓰인 need
4 ▶ don't need + 목적어 + to-v: 부정문에서 본동사로 쓰인 need
5 ▶ needn't have v-ed: 부정문에서 조동사로 쓰인 need
6 ▶ dare not + 동사원형: 부정문에서 조동사로 쓰인 dare

B

> 1 1) could be 2) could have been
> 2 1) should have called 2) should call
> 3 1) might come 2) might have come
> 4 1) would have received 2) would receive

1 1) 내가 틀릴 수도 있지만 난 그 일이 잘 되리라고는 생각하지 않는다.
   ▶ could: ~할 수도 있다 〈불확실한 가능성·추측〉
   2) 우리는 운이 좋았어. 그 사고로 다칠 수도 있었는데.
   ▶ could have v-ed: ~할 수도 있었는데 (그러지 않았다) 〈과거에 발생하지 않은 일에 대한 다행〉

2 1) 널 걱정 끼쳐서 미안해. 네게 더 일찍 전화했어야 했는데.
   ▶ should have v-ed: ~했더라면 좋았을텐데 (안 했다) 〈과거에 발생하지 않은 일에 대한 후회〉
   2) 너는 지금 전화해서 항공편 예약을 확인해야 해.
   ▶ should: ~해야 한다 〈윤리적·비강제적 의무〉

3 1) 확실하진 않지만 Jonathan이 나중에 파티에 올지도 몰라.
   ▶ might: ~할지도 모른다 〈불확실한 가능성·추측〉
   2) 전문가들은 그 바이러스가 사람에게 퍼지기 전에 야생동물로부터 왔을지도 모른다고 말한다.
   ▶ might have v-ed: ~했을지도 모른다 〈과거에 대한 불확실한 추측〉

4 1) 나는 한달 전에 그녀에게 소포를 보냈었고, 그녀가 한 주 뒤에 그것을 받았을 것을 알았다.
   ▶ would have v-ed: ~했을 것이다 〈과거에 대한 추측·가능성〉
   2) 어렸을 때 나는 할머니로부터 용돈을 받곤 했다.
   ▶ would: 곧잘 ~하곤 했다 〈과거의 습성·경향〉

C

> 1 would 2 don't need 3 could have been

A: 잠깐 얘기해도 될까요? 사과하고 싶어요. 제가 당신 허락 없이 친구들에게 우리 여행에 낄지 물어봤잖아요.
B: 사과할 필요 없어요. 좋은 의도였다는 거 알아요.
A: 그래도, 너무 많은 사람이 있었으면 문제가 있었을 수도 있다는 걸 알아요.
B: 걱정 말아요. 말할 필요도 없었어요.

1 ▶ 주절의 시제(과거)와 일치시켜 will의 과거형인 would를 쓴다.
2 ▶ don't need to-v: ~할 필요가 없다
3 ▶ could have v-ed: ~했을 수도 있다 〈과거에 대한 추측·가능성〉

WRITING PRACTICE

> 1 could describe 2 should have left 3 How dare you speak 4 might have finished 5 I dare say

1 ▶ 시제 일치에 따라 종속절의 조동사도 과거형으로 쓴다.
2 ▶ should have v-ed: ~했더라면 좋았을 텐데 (안 했다)
3 ▶ how dare ~?: 어떻게 감히 ~할 수 있는가?
4 ▶ might have v-ed: ~했을지도 몰랐는데 (안 했다)
5 ▶ I dare say: 아마도요, 감히 말하건대

12 가정법 과거 / 가정법 과거완료, 혼합가정법, if의 생략

CHECK UP

> 1 lost 2 would 3 had won 4 had done
> 5 Had it not

1 그가 그 시합에서 진다면 나는 실망할 거야.

> 현재나 미래에 실현 가능성이 희박한 가정을 나타내는 가정법 과거

2 당신이 교육부 장관이라면 뭘 하시겠습니까?
> 현재 사실에 반대되는 가정을 나타내는 가정법 과거

3 우리 팀이 전국 대회에서 우승했다면 우리가 모두에게 저녁을 샀을 텐데.
> 과거 사실을 반대로 가정/상상하는 가정법 과거완료

4 네가 설거지를 했더라면 부엌이 지금 좀 더 깨끗해 보일 텐데.
> '(과거에) ~했더라면 (지금) …할 텐데'의 의미의 혼합가정법으로, if절에는 가정법 과거완료의 형식을, 주절에는 가정법 과거의 형식을 사용한다.

5 그렇게 덥지 않았더라면 나는 어제 하이킹을 갔을 텐데.
> if가 생략되고 주어와 동사가 도치된 가정법 과거완료
= If it had not been so hot …

A

> 1 If you sold your house, you would make a profit.
> 2 What would he do if he were in my shoes?
> 3 If the team did not practice basketball so often, they would not play very well.

보기 | 내가 건축가라면 내 집을 직접 설계할 텐데.
1 당신이 집을 판다면 이익을 낼 텐데.
> 현재나 미래에 실현 가능성이 희박한 가정을 나타내는 가정법 과거

2 그가 내 입장이라면 어떻게 할까?
3 만약 그 팀이 그렇게 자주 농구 연습을 하지 않는다면 그들은 별로 잘 하지 못할 텐데.

2~3 > 현재 사실에 반대되는 가정을 나타내는 가정법 과거
가정법 과거에서 be동사는 인칭과 수에 관계없이 were를 쓰는 것이 원칙이나 was를 쓰기도 한다.

B

> 1 Were I 2 Had you met 3 Had she not broken

1 내가 대통령이라면, 나는 가난하고 궁핍한 사람들을 도울 텐데.
어휘 needy 어려운, 궁핍한
2 네가 Jessica를 만났었다면, 너는 그녀와 사랑에 빠졌을 텐데.
3 그녀가 다리를 부러뜨리지 않았더라면, 그녀는 그 경주에 참여할 수 있었을 텐데.

1~3 > if를 생략하고 주어와 동사를 도치시켜 표현하기도 하는데, 부정문을 도치시킬 경우 not은 축약하지 않는다.

C

> 1 had studied 2 did not visit 3 had 4 have been

1 내 학생들이 공부를 열심히 했다면, 시험에 통과했었을 텐데.
> 과거 사실을 반대로 가정/상상하는 가정법 과거완료

2 네가 우리를 다시 방문하지 않는다면 우리는 매우 슬플 거야.
> 현재나 미래에 실현 가능성이 희박한 가정을 나타내는 가정법 과거

3 네가 살 날이 6개월밖에 없다면, 무엇을 하겠니?
> 현재나 미래에 실현 가능성이 희박한 가정을 나타내는 가정법 과거

4 만약 그가 좀더 일찍 집에서 나섰다면, 그는 정시에 그곳에 있었을 텐데.
> 과거 사실을 반대로 가정/상상하는 가정법 과거완료

D

> 1 If the pilot had not landed on a road, the plane would have crashed.
> 2 If the weather had been nice, the picnic would not have been canceled.
> 3 If he had purchased a ticket last week, he would be at the festival now.
> 4 If I had planned things at the start, I would not be in this mess now.

보기 | 버스가 늦게 도착해서 우리는 버스를 놓치지 않았다.
→ 버스가 늦게 도착하지 않았다면 우리는 버스를 놓쳤을 텐데.

1 조종사가 길에 착륙했기 때문에 비행기가 추락하지 않았다.
→ 조종사가 길에 착륙하지 않았다면 비행기가 추락했을 텐데.

2 날씨가 좋지 않아서 소풍은 취소되었다.
→ 날씨가 좋았다면 소풍은 취소되지 않았을 텐데.

1~2 > 과거 사실을 반대로 가정/상상하는 가정법 과거완료

3 그가 지난 주에 표를 구입하지 않았기 때문에 그는 오늘 그 축제에 없다.
→ 만약 그가 지난주에 표를 구입했다면, 그는 지금 그 축제에 있을 텐데.

4 나는 처음부터 계획하지 않았기 때문에 지금 이렇게 엉망이다.
→ 내가 처음부터 계획했더라면 지금 이렇게 엉망이지는 않을 텐데.
어휘 mess 엉망진창, 엉망인 상태

3~4 ▶ 과거 사실에 반대되는 가정의 결과가 현재에 영향을 미치고 있음을 나타내는 혼합가정법

WRITING PRACTICE

1 were to **2** Were I **3** would be poor[bad]

1 ▶ 미래에 실현 가능성이 전혀 없는 가정/상상에 대해서는 if 절에 were to-v를 사용한다.
2 ▶ if가 생략되고 주어와 be동사가 도치된 가정법 과거
3 ▶ 혼합가정법이다.

---

13 I wish + 가정법, as if [though] + 가정법 / 가정법을 포함하는 구문 / 가정법 현재

CHECK UP

1 knew **2** as if **3** did **4** Had it not been **5** find

1 이 수학 문제에 대한 답을 안다면 좋을 텐데.
   ▶ 〈I wish + 가정법 과거〉로 현재 실현 가능성이 거의 없는 소망을 표현
2 그는 마치 그의 여자친구가 천사인 것처럼 말한다.
   ▶ 〈as if + 가정법 과거〉로 현재 사실의 반대를 가정/상상
3 그들이 이 악랄한 소문들에 대해 무언가를 해야 할 때다.
   ▶ it is (high) time + 가정법 과거: ~해야 할 때다, 이제 ~해야지 〈화자의 소망·재촉 등의 주관적인 감정〉
   어휘 vicious 악의 있는
4 너의 도움이 없었다면, 나는 프로젝트를 절대로 끝내지 못했을 것이다.
   ▶ 'if it had not been for(~이 없었다면)'에서 if가 생략되고 주어와 동사가 도치된 가정법 과거완료
5 우리는 그 직원에게 다른 호텔 방을 알아봐줘야 한다고 주장했고, 그래서 결국 하나를 얻었다.
   ▶ 〈주장〉을 나타내는 동사에 이어지는 that절에는 주로 〈(should +) 동사원형〉을 쓴다.

A

1 had called **2** could say **3** were **4** had not lost
5 had happened **6** were **7** had not wasted

1 A: 오늘 날씨가 너무 좋아서 우리가 등산하러 갈 수도 있을까 했어.
   B: 나한테 좀 더 일찍 전화했다면 좋을 텐데. 방금 테니스 치기로 약속을 잡았거든.
   ▶ 과거 사실에 반대되는 소망을 나타내는 〈I wish + 가정법 과거완료〉
2 A: 나는 내 일을 많이 좋아하고, 월급도 괜찮아.
   B: 나도 똑같이 말할 수 있다면 좋을 텐데.
   ▶ 현재 이룰 수 없는 소망을 나타내는 〈I wish + 가정법 과거〉
3 A: 그는 마치 카레이서처럼 운전해.
   B: 맞아. 나는 그와 함께 차 타는 걸 좋아하지 않아. 너무 위험해.
   ▶ 현재 사실의 반대되는 가정/상상을 나타내는 〈as if + 가정법 과거〉. 일상체에서는 were 대신 was를 쓰는 일이 많다.
4 A: 우리가 그 경기에서 지지 않았다면 좋을 텐데. 우리가 평상시에는 훨씬 더 잘하잖아.
   B: 너무 상심하지 마. 다음번에는 더 잘할 거야.
   ▶ 과거 사실에 반대되는 소망을 나타내는 〈I wish + 가정법 과거완료〉
5 A: 너 그 사고 이후에 Denise를 보았니?
   B: 응. 그녀는 마치 아무 일도 일어나지 않았던 것처럼 행동했어.
   ▶ 과거 사실의 반대되는 가정/상상을 나타내는 〈as if + 가정법 과거완료〉
6 A: 내가 멍청하다는 듯이 말하지 마.
   B: 내가 그랬다면 미안해.
   ▶ 현재 사실의 반대되는 가정/상상을 나타내는 〈as if + 가정법 과거〉. 일상체에서는 were 대신 was를 쓰는 일이 많다.
7 A: 너 숙제 다 끝냈어?
   B: 아니, 아직. 어제 시간을 그렇게 많이 낭비하지 말았어야 했는데.
   ▶ 과거 사실에 반대되는 소망을 나타내는 〈I wish + 가정법 과거완료〉

B

1 It's time **2** as it were **3** With **4** would rather
5 Without

1 밤 11시야. Paul, 네가 잘 시간이야.
   ▶ it's (high) time + 가정법 과거: ~해야 할 때다, 이제 ~해야지
2 말하자면, 내 생각엔 줄거리가 전혀 일관성이 없다.

> as it were: 말하자면

어휘 hold together 일관되다, 논리적이다

3 네 경력이면 그 일자리를 쉽게 얻을 것이다.
> 전치사구에 〈조건·가정〉의 뜻이 함축되어 if절을 대신한다.

4 네가 그렇게 시끄럽게 하지 않으면 좋을 텐데.
> would rather + 가정법 과거: ~가 …하면 좋을 텐데 〈선호〉

5 그 방탄조끼가 없었다면 그 경찰관은 죽었을 거야.
> = If it had not been for the bulletproof vest …

어휘 bulletproof 방탄의

C

> **1** he paid **2** But for **3** I wish

1 그가 자신의 빚을 갚아야 할 때이다.
> it's (high) time + 가정법 과거: ~해야 할 때다, 이제 ~해야지

2 음악이 없다면, 세상은 지루할 것이다.
> 'if it were not for ~'는 '~이 없다면'을 의미하는 가정법 과거 표현으로 but for나 without으로 바꿔 쓸 수 있다.

3 나는 너를 돕고 싶지만 그럴 수 없어.
→ 내가 너를 도울 수 있으면 좋을 텐데.
> I wish + 가정법 과거: ~하면 좋을 텐데

WRITING PRACTICE

> **1** To see it / would think **2** not be absent **3** could have thought **4** lest you fall

1 > to부정사구에 〈조건·가정〉의 뜻이 함축되어 if절을 대신한다.
= If you saw it, you would think it was a castle.

2 > 〈중요〉를 나타내는 형용사에 이어지는 that절에는 주로 〈(should +) 동사원형〉을 쓴다.

3 > if절이 생략되고 주절만 있는 가정법 과거완료

4 > lest + S (+ should) + 동사원형: ~하지 않도록, ~할까 봐

14 수동태의 형태와 개념 / 3형식 문장의 수동태

CHECK UP

> **1** is used **2** are spoken **3** be lost **4** to improve **5** up for by increased sales

1 면접 과정에는 형식상의 절차가 있다.
> 〈by + 행위자〉가 생략된 수동태
← We use formality during the interview process.

어휘 formality 형식상의 절차

2 코리아타운에서는 한국어와 영어가 사용된다.
> Korean and English가 '말해지는' 것이므로 수동태

3 제발 그걸 영원히 잃어버리지 말아 줘.
> 명령문의 수동태
← Please don't lose it forever.

4 인삼은 혈액 순환을 개선시킨다고 여겨진다.
> 능동태 문장에서 believe의 목적어가 that절일 때 that절의 주어를 수동태 문장의 주어로, 동사를 to부정사로 바꾸어 수동태 문장을 만들 수 있다.
= It is believed that Ginseng improves circulation.
← People believe that Ginseng improves circulation.

어휘 circulation (혈액) 순환

5 저렴한 가격은 증가한 매출로 보상되었다.
> 동사구는 수동태 문장에서도 항상 한 덩어리로 취급한다.

A

> **1** *The Old Man and the Sea* was written by Hemingway.
> **2** Seaweed is exported to Japan (by them).
> **3** The land is irrigated efficiently (by them).
> **4** He was breastfed by his mother until he was three.
> **5** It is said that rubbing the statue's foot brings luck. 또는 Rubbing the statue's foot is said to bring luck.

1~5 > 능동태의 목적어를 주어로 하고 동사를 be v-ed로 바꾸어 수동태를 만든다.

1 「노인과 바다」는 헤밍웨이에 의해 집필되었다.

2 미역은 일본으로 수출된다.

3 그 땅은 효율적으로 관개가 이루어진다.

> 어휘 irrigate 물을 대다

2~3 ▶ 행위자가 불명확한 경우 〈by + 행위자〉를 생략할 수 있
다.

4 그는 세 살 때까지 어머니의 젖을 먹었다.

> 어휘 breastfeed 모유를 먹이다 (-breastfed-breastfed)

5 그 동상의 발을 문지르는 것이 행운을 가져온다고 한다.

> ▶ 가주어 it을 주어로 하는 수동태와 능동태 문장의 목적어인
that절의 주어를 수동태의 주어로 하는 수동태 둘 다 가능
하다.

> 어휘 rub 문지르다

B

1 was destroyed **2** be looked at **3** was painted
4 to be

1 그 배는 지난 일요일의 폭풍우로 파손되었다.

> ▶ 주어(The ship)는 동사(destroy)의 대상이고 부사구(in
last Sunday's rainstorm)로 보아 과거시제 수동태

2 그 계획은 정부에 의해 정기적으로 검토될 것이다.

> ▶ 조동사가 있는 문장의 수동태는 〈조동사 + be v-ed〉의 형
태이고, 동사구 look at은 수동태 문장에서도 한 덩어리로
취급된다는 것에 유의한다.

3 이 그림은 빈센트 반 고흐에 의해 그려졌다.

> ▶ 주어(This painting)은 동사(paint)의 대상이고 과거의
사실이므로 과거시제 수동태

> ← Vincent van Gogh painted this painting.

4 그 도난 당한 반지의 가격은 천오백만 달러인 것으로 전해진
다.

> ▶ 능동태 문장의 목적어인 that절의 주어 the stolen ring
을 주어로 하고 that절의 동사 is를 to부정사로 바꾼 수동
태

> = It is reported that the stolen ring is worth $15
million.

> ← They report that the stolen ring is worth $15
million.

C

1 resembles **2** was offered **3** is thought **4** use

1 그녀는 여동생과 닮았다. 그들은 비슷하게 보인다.

> ▶ 동사 resemble은 수동태로 쓰지 않는다.

2 그들의 부재에 대한 합당한 설명이 제공되지 않았기 때문에
나는 화가 났다.

> ▶ 주어(no reasonable explanation)는 동사(offer)의 대
상이고, 시제 일치 원칙에 따라 과거시제 수동태

3 빈곤은 악순환인 것으로 여겨진다.

> ▶ 능동태 문장에서 think의 목적어가 that절일 때 that절의
주어를 수동태 문장의 주어로, 동사를 to부정사로 바꾸어
수동태 문장을 만들 수 있다.

> = It is thought that poverty is a vicious circle.

> ← They think that poverty is a vicious circle.

4 우리는 집을 따뜻하게 하고 시원하게 하기 위해 에너지를 사
용한다.

> ▶ 주어(We)는 동사(use)의 주체이고, 일반적 사실을 나타내
므로 현재시제 능동태

D

1 sent → was sent **2** ○ **3** ○ **4** is lacked → lacks
[is lacking] **5** injured → were injured

1 그 이메일은 이틀 전에 보내졌고 그녀는 그것을 오늘에서야
읽었다.

> ▶ 주어(The email)는 동사(send)의 대상이고, two days
ago로 보아 과거시제 수동태

2 부산에서는 경상도 사투리가 사용된다.

> ▶ 주어(The Gyeongsang dialect)는 동사(speak) 의 대
상이고, 일반적 사실을 나타내므로 현재시제 수동태

3 누군가의 이름을 빨간색으로 쓰면 그 사람이 곧 죽는다고 생
각된다.

> ▶ 능동태 문장에서 think의 목적어가 that절일 때, 가주어
it을 주어로 하는 수동태가 가능하다.

4 그녀는 자신감이 부족하지만, 나는 그녀가 아주 재능이 있다
는 것을 안다.

> ▶ 동사 lack은 수동태로 쓰지 않는다.

5 어제 15명의 승객들이 사고로 중상을 입었다.

> ▶ 주어(15 passengers)는 동사(injure)의 대상이고,
yesterday로 보아 과거시제 수동태

WRITING PRACTICE

1 was born **2** is said that **3** were not helped
4 was stolen **5** was brought up by

1 ▶ be born: 태어나다

2 ▶ 능동태 문장에서 say의 목적어가 that절일 때, 가주어 it

을 주어로 하는 수동태 가능

= Dreaming of a pig is said to bring good fortune.

3 ▶ ← Nobody helped us.

4 ▶ ← Someone stole a valuable painting from the museum last night.

5 ▶ 동사구는 수동태 문장에서도 항상 한 덩어리로 취급한다.

← His uncle brought him up.

UNIT 32·33

15 4·5형식 문장의 수동태 / 주의해야 할 수동태

CHECK UP

1 for **2** was named **3** to join **4** of

1 내 가장 친한 친구에 의해 이 시계가 나를 위해 구입되었다.

▶ 4형식에서 쓰인 문장의 동사 buy가 3형식으로 전환될 때, 직접목적어를 주어로 하는 수동태만 가능하며 간접목적어 앞에 전치사 for를 붙인다.

← My best friend bought me this watch.

2 그 갓난아이는 할머니의 이름을 따서 Emily라고 이름 지어졌다.

▶ 목적격 보어가 명사인 5형식 문장의 수동태

← They named the newborn baby Emily after her grandmother.

3 내가 동아리에 가입하는 것이 허락되었다.

▶ 목적격 보어가 to부정사인 동사 allow나 사역동사 let의 수동태는 be allowed to-v로 나타낸다.

← They allowed me to join the club.

← They let me join the club.

4 그는 사다리에서 떨어질까 봐 두려워했다.

▶ be scared of: ~할까 봐 두려워하다

A

1 with **2** to **3** at **4** in **5** with[in]

1 손님들은 식사에 아주 흡족해 했다. 그들은 후한 팁을 남겼다.

▶ be satisfied with: ~에 만족하다

2 그는 그가 작곡한 노래들로 우리에게 잘 알려져 있다.

▶ be known to: ~에게 알려져 있다

어휘 compose: 작곡하다

3 나는 요즘 기술이 할 수 있는 것에 놀랍다.

▶ be surprised at[by]: ~에 놀라다

4 Mary는 어린 시절부터 동물에 관심 있었다.

▶ be interested in: ~에 관심이 있다

5 바닥 전체가 먼지로 뒤덮여 있었다.

▶ be covered with[in]: ~로 덮여 있다

B

1 was shown to **2** was passed to **3** send **4** was cooked for

1 그 영화는 어제 기자들과 비평가들에게 상영되었다.

▶ 4형식에서 쓰인 동사 show가 3형식으로 전환될 때 직접목적어를 주어로 하는 수동태인 경우 간접목적어 앞에 전치사 to를 쓴다.

← They showed reporters and critics the movie yesterday.

2 공이 골키퍼에게 전달되었고, 그는 중앙선까지 그것을 찼다.

▶ 4형식에서 쓰인 동사 pass가 3형식으로 전환될 때 직접목적어를 주어로 하는 수동태인 경우 간접목적어 앞에 전치사 to를 쓴다.

← Someone passed the goalkeeper the ball, and he …

3 우리는 가능한 한 빨리 당신에게 이메일을 보낼 것입니다.

▶ 주어(We)는 동사(send)의 주체이므로 능동태

4 아빠에 의해 이 음식이 오늘 아침에 엄마를 위해 요리되었다.

▶ 4형식에서 쓰인 동사 cook이 3형식으로 전환될 때 직접목적어를 주어로 하는 수동태만 가능하고 간접목적어 앞에 전치사 for를 쓴다.

← My father cooked my mother this dish this morning.

C

1 We were saved time and money by this machine.

2 We were told not to swim in the ocean today (by them).

3 The woman was seen leaving[to leave] her house without her children (by us).

4 I was made to wait for hours before the examination (by them).

5 I was given some good advice once by Mr. Smith. 또는 Some good advice was given to me once by Mr. Smith.

1 우리는 이 기계에 의해 시간과 돈을 아끼게 되었다.
   ▶ save는 간접목적어를 주어로 하는 수동태만 가능
2 우리는 오늘 바다에서 수영하지 말라고 들었다.
   ▶ 5형식 문장의 수동태로, 목적격 보어가 to부정사인 경우이다.
3 그 여자가 아이들 없이 집을 떠나는 것이 목격되었다.
   ▶ 지각동사(see)의 목적격 보어로 쓰인 원형부정사는 수동태 문장에서 현재분사나 to부정사로 바꾼다.
4 나는 검사 전에 몇 시간 동안 기다리게 되었다.
   ▶ 사역동사(make)의 목적격 보어로 쓰인 원형부정사는 수동태 문장에서 to부정사로 바꾼다.
5 Smith 씨에 의해 나는 언젠가 좋은 충고를 받았다. / 좋은 충고가 Smith 씨에 의해 언젠가 나에게 주어졌다.
   ▶ give는 간접목적어, 직접목적어를 각각 주어로 하는 두 형태의 수동태를 만들 수 있다. 직접목적어가 주어일 때 간접목적어 앞에 전치사 to를 붙이는데, 간접목적어가 인칭대명사인 경우 드물게 to를 생략하기도 한다.

D

1 ○ **2** given → was given **3** told → were told
4 remained → got 또는 was **5** ○

1 그 제품은 인터넷에서 빨리 팔린다.
   ▶ sell(팔리다) 자체에 수동의 의미가 포함되어 능동형으로 수동의 의미를 나타낼 수 있다.
2 그 승객은 심한 두통이 있어 승무원으로부터 약간의 아스피린을 받았다.
   ▶ given은 과거분사로 술어동사를 필요로 하며 주어(The passenger)가 동사(give)의 영향을 받는 대상으로 수동태가 되어야 하므로, 문장의 시제와 주어의 수에 맞춰 was가 given 앞에 들어가야 한다.
   ← ... and a flight attendant gave the passenger some aspirin.
3 직원들은 어제 이사로부터 그 소식을 들었다.
   ▶ ⟨by + 행위자⟩가 있는 것으로 보아, 주어(The staff members)는 동사(tell)의 대상이므로 수동태
4 그는 벽에 못을 박다가 다쳤다.
   ▶ 문맥상 수동의 상태를 나타내는 ⟨remain v-ed⟩가 아니라 수동의 동작을 나타내는 ⟨get v-ed⟩가 알맞다. ⟨be v-ed⟩도 가능하다.

5 나는 할리우드가 고정관념을 만든 것에 대해 비난 받아야 한다고 생각한다.
   ▶ to부정사 to blame은 수동의 의미를 포함하므로 능동형으로 수동의 의미를 나타낼 수 있다.
   = I think Hollywood is to be blamed for creating stereotypes.
   어휘 stereotype 고정관념

WRITING PRACTICE

1 was elected **2** to leave **3** sharpening **4** reads

1 ▶ 주어(Brian)는 동사(elect)의 대상이므로 수동태
2 ▶ 사역동사의 목적격 보어로 쓰인 원형부정사는 수동태 문장에서 to부정사로 바꾼다.
3 ▶ 동명사에 수동의 의미가 포함되어 있는 경우 형태는 능동이지만 그 의미는 수동을 나타낸다.
   need v-ing: ~(당)할 필요가 있다
   = The scissors need to be sharpened.
   어휘 sharpen 날카롭게 하다
4 ▶ read는 자체에 수동의 의미(~라고 쓰여 있다, 읽히다)가 포함되어 능동형으로 수동의 의미를 나타낼 수 있다.

실전 TEST 02

1 ② **2** ④ **3** ② **4** ⑤ **5** ① **6** would rather stay home than go out **7** ④ **8** ④ **9** ④ **10** ⑤ **11** ③ **12** had been honest **13** 마치 내가 복권에 당첨됐던 것 같은 기분이었어! **14** ④ **15** ② **16** at[with] **17** lest she be heard **18** ④ **19** is said, every journey begins with / is said to begin with **20** ③ **21** (A) were rarely given (B) should (C) have paid **22** ④ **23** ③

1 (A) 피곤하다면 너는 오늘 집에 있어도 된다.
   (B) 모자를 쓴 여인은 아마 John의 부인일 것이다.
   (C) 그가 그걸 다시는 먹고 싶어하지 않는 것도 당연하다. 그건 끔찍했다!
   ▶ (A)는 허가(~해도 된다), (B)는 불확실한 추측(아마 ~일 것이다), (C)의 may well은 '~하는 것도 당연하다'의 의미를 나타낸다.

2 자녀들로 하여금 많은 것을 경험하게 하는 것은 중요하다. 그것은 아무리 강하게 강조해도 지나치지 않다.
> cannot … too ~: 아무리 ~해도 지나치지 않다

3 나한테 너의 비밀을 이야기해도 된다. 나는 아무에게도 이야기하지 않겠다. (강한 의지)
① 부지런한 학생은 좋은 점수를 받게 마련이다. (습성·경향)
② 난 너의 도움을 필요로 하지 않는다. 내가 직접 그것을 하겠다. (강한 의지)
③ 지금 여기로 오는 사람은 Sarah일 거야. (확실한 추측)
④ 이 종이는 불에 쉽게 타버린다. (습성·경향)
⑤ 이것 좀 도와주실래요? (요청)

4 ① > ⟨cannot have v-ed⟩는 '~했을 리가 없다'라는 ⟨불가능⟩을 나타낸다. 따라서 '그는 거기에 있었을 리가 없다.'라고 해석해야 한다.
② > ⟨must have v-ed⟩는 '~했음에 틀림없다'라는 ⟨과거의 일에 대한 단정적 추측⟩을 나타낸다. 따라서 '밤에 히터가 꺼졌음에 틀림없다.'가 맞는 해석이다.
③ > 여기서 ⟨should have v-ed⟩는 '~했어야 했다'라는 ⟨과거의 하지 않은 행위에 대한 비난 또는 후회⟩를 나타낸다. 따라서 '그녀는 그의 충고를 받아들였어야 했다.'가 맞다.
④ > 여기서 ⟨might have v-ed⟩는 '~했을지도 모른다'라는 ⟨과거 사실에 대한 불확실한 추측⟩을 나타낸다. 따라서 'Jackson 가족은 지난주에 마을 밖에 있었을지도 모른다.'가 적절하다.
⑤ > 여기서 ⟨would have v-ed⟩는 '~했을 텐데 (안 했다)'라는 과거에 발생하지 않은 일에 대한 화자의 안타까움을 나타낸다. 《가정법 과거완료》

5 그 실내 장식가는 벽을 하늘색으로 칠할 것을 제안했다.
> ⟨요구·주장·제안⟩ 등의 의향을 나타내는 동사 다음에 쓰이는 that절에는 ⟨should + 동사원형⟩을 쓴다. 이때, 미국식 영어에서는 should를 생략하고 동사원형만을 쓰기도 한다.

6 > would rather A than B: B보다 A하고 싶다
A, B는 동사원형을 쓴다.

7 ① A: 나 피곤하고 어지러워. 최근 난 건강 상태가 안 좋아.
B: 아, 너 아파 보여. 너 의사의 진찰을 받아봐야겠어.
> 충고나 조언을 나타내는 should
② A: 오늘 저녁에 Sean을 쇼핑몰까지 차로 데려다 줄 수 있니?

B: 물론이지. 많이 늦지만 않는다면 데려다 줄게.
> 강한 의지를 나타내는 will
③ A: 내 열쇠하고 지갑 봤니?
B: 식탁 위에 있을 수 있을 것 같은데. 넌 항상 그것들을 거기에 놓잖아.
> 현재나 미래에 대한 불확실한 가능성이나 추측을 나타내는 could
④ A: 난 산 근처에 사는데 산 앞에는 큰 호수가 있어.
B: 진짜 멋지겠다. 네가 정말 부러워.
> cannot은 '~일리가 없다'의 의미로 문맥상 ⟨합리적 추측·확신⟩을 나타내는 '~임에 틀림없다'의 의미인 must를 써야 자연스럽다.
⑤ A: 차가운 차와 뜨거운 차 중에 어떤 것을 원하십니까?
B: 아무거나 괜찮을 거 같네요. 감사합니다.
> would like to-v: ~하고 싶다

8 ① 그가 우리 말을 들었다면 많은 돈을 잃지 않았을 텐데.
> 과거 사실을 반대로 가정하는 가정법 과거완료
② Judy가 여기 있다면 훨씬 더 재미있을 텐데.
> if절의 if가 생략되었으므로 주어와 동사를 도치해야 한다.
③ 나는 너무 바빠서 쇼핑하러 갈 수가 없다. 여유 시간이 좀 더 많으면 좋을 텐데.
> '~하면 좋을 텐데'의 의미인 ⟨I wish + 가정법 과거⟩형태로 이룰 수 없는 소망이나 실현 가능성이 거의 없는 소망을 나타낸다.
④ 네가 나이에 맞게 행동하기 시작할 때이다.
> ⟨it's (high) time + 가정법 과거⟩ 구문이므로 start를 started로 고쳐야 한다.
⑤ 내가 법학을 전공했더라면 지금쯤 변호사가 됐을 수도 있는데.
> 혼합가정법으로 과거 사실에 대한 가정의 결과가 현재에까지 그 영향을 미치고 있음을 나타낸다.

9 내 생일 파티에 올 손님 명단을 확인해서 Cynthia가 명단에 있는지 확실히 하자. 우리가 그녀를 파티에 초대하지 않는다면 그녀는 상처 받을 테니.
> Cynthia를 초대하지 않는 상황을 가정하는 내용으로 현재나 미래에 실현 가능성이 거의 없는 가정을 하고 있으므로 가정법 과거를 써야 한다.

10 어제, 우리 팀이 축구 경기에서 이겼다. 모든 선수들이 잘했지만, 특히 Jason이 잘했다. 만약 그가 득점하지 못했다면 우리는 경기에서 졌을지도 모른다.

▶ 내용상 일어나지 않은 과거의 일을 가정하는 가정법 과거완료를 써야 한다.

11 ① 너는 소리칠 필요 없어. 네 소리는 잘 들려.
　　▶ need not(= needn't): ~할 필요가 없다 (조동사) / 능력을 나타내는 can: ~할 수 있다
　② 그 책이 그렇게 끝나다니 이상하다.
　　▶ 주관적 판단이나 감정을 나타내는 형용사에 이어지는 that절에서 〈should + 동사원형〉을 사용하며 주관적 판단이나 감정임을 드러낼 수 있다.
　③ 나는 회의 도중에 자리를 떠야 해서 양해를 구했다.
　　▶ must는 과거형이 없으므로 과거를 나타내려면 과거형 had to-v를 쓴다.
　④ 그는 신용카드 쓰는 것에 매우 주의할 필요가 있다.
　　▶ need to-v: ~할 필요가 있다 (본동사)
　⑤ 나에게도 꿈이 있다고 나는 감히 말한다.
　　▶ I dare say: 감히 말하건대

12 처음부터 그들이 정직하지 않았던 것은 유감이다.
　= 처음부터 그들이 정직했더라면 좋을 텐데.
　▶ 과거 사실에 반대되는 소망을 나타내는 〈I wish + 가정법 과거완료〉 구문이다.

13 A: 네가 잃어버렸던 시계를 찾았다고 들었어.
　　B: 응. 마치 내가 복권에 당첨됐던 것 같은 기분이었어!
　▶ 〈as if + 가정법 과거완료〉 구문으로 '마치 ~였던 것처럼'의 의미이다.

14 그가 떠나있을 때에도, 그는 가족들이 잘 보살펴질 수 있도록 했다. 그는 가족들이 생계를 꾸릴 수 있게 집에 돈을 부쳤다.
　▶ '가족이 돌봐지도록 한다'는 의미이므로 수동태가 적절하며, take care of와 같은 동사구를 수동태로 바꿀 때에는 한 덩어리로 취급한다.

15 ① 그는 방과후에 (학교에) 남겨졌다.
　　▶ 사역동사 make가 본동사인 문장을 수동태로 전환할 때 목적격 보어인 원형부정사를 to부정사로 쓴다.
　② 형에 의해 카메라가 나를 위해 내 생일 선물로 구입되었다.
　　▶ buy가 수여동사로 사용된 문장을 수동태로 전환할 때, 간접목적어 앞에 전치사 for을 쓴다. 따라서, to me를 for me로 바꿔야 한다.
　③ 그 도둑이 파란 밴을 타고 도망치는 것이 목격되었다.
　　▶ 지각동사 see가 본동사인 문장을 수동태로 전환할 때 목적격 보어인 원형부정사를 현재분사나 to부정사로 쓴다.
　④ 그 말들은 경주용 말로 키워졌다.

▶ 여기서 to부정사구는 목적을 나타내는 부사 역할을 한다.
　⑤ 200개의 번호가 이 휴대전화에 저장될 수 있다.
　　▶ 조동사 + be v-ed

16 나는 이웃 나라의 일부를 여행할 기회가 생겨 기뻤다.
　▶ be delighted at[with]: ~에 기뻐하다

17 ▶ lest + S (+ should) + 동사원형: ~하지 않도록

18 ① ▶ peel은 자체로 '벗겨지다'라는 수동의 의미를 가지는 동사이다.
　② 〈need v-ing〉는 '~(당)할 필요가 있다'라는 뜻으로 동명사에 수동의 의미가 포함된 것으로 볼 수 있다.
　③ ▶ 〈get v-ed〉는 일상체에서 흔히 수동태 대신 쓰인다.
　④ ▶ to부정사의 능동태에 수동의 의미가 포함된 경우로 to blame을 수동의 의미로 해석해야 한다. 따라서 '연기된 것에 대해 누가 비난 받아야 하는가?'가 적절한 해석이다.
　⑤ ▶ 동사구는 하나의 동사처럼 취급하여 수동태 문장에서도 항상 한 덩어리로 취급한다.

19 모든 여행은 한 걸음에서 시작한다고들 한다.
　▶ say는 수동태 문장에서 사용될 때, 가주어 it을 주어로 하는 문장과 that절의 주어를 수동태 문장의 주어로 하는 경우 둘 다 가능하다.

[20-21]

다이아몬드 반지는 1930년대 이전에는 약혼반지로 거의 주어지지 않았다. 오히려 사람들은 오팔, 루비, 사파이어와 터키옥이 사랑의 더 좋은 징표라고 여겼다. 다이아몬드에 대한 수요는 다이아몬드가 가장 낭만적인 보석이라고 소개한 1940년의 한 기발한 광고 캠페인 이후에 증가했다. '다이아몬드는 영원하다'라는 구절을 누가 들어보지 못했을까? 이 어구와 함께, 그 광고는 약혼자는 그의 미래 부인에게 그의 영원한 사랑을 보여주기 위해 다이아몬드를 주어야 한다고 제안했다. 그때 이후 수많은 남자들은 이 보석이 그들의 사랑의 가치를 보여준다고 믿으며 다이아몬드 반지에 '3개월 치 월급'을 지불했다.

어휘 token 표시, 상징 / gem 보석 / ingenious 기발한 / undying 불멸의, 영원한 / fiancé (남자) 약혼자

20 ▶ 다른 보석에 비해 사랑의 징표로는 인기 없던 다이아몬드가 성공적인 광고 마케팅을 통해 사랑의 징표로 부상했다는 내용이다.

① 성공적인 광고 캠페인을 만드는 방법
② 약혼 반지에 사용된 다이아몬드의 영원성
③ 사랑의 징표로서의 성공적인 다이아몬드 마케팅
④ 선물용 보석의 다양한 종류
⑤ 다이아몬드 반지가 그렇게 비싼 이유

21 ▶ (A) 주어인 diamond rings가 동사 give의 대상이므로 수동태가 적절하다.
(B) 〈제안〉 등의 의향을 나타내는 동사 propose에 이어지는 that절의 동사는 〈(should +) 동사원형〉의 형태로 쓴다.
(C) 과거에 일어난 일이 현재까지 영향을 미치고 있으므로 현재완료형을 쓴다.

[22-23]

기원전 480년, Leonidas(레오니다스) 왕이 이끄는 300명의 스파르타 전사들로 이루어진 소규모 부대가 Thermopylae (테르모필레)라 불리는 좁은 해안길에서 Xerxes(크세르크세스) 왕의 지휘 아래 있는 십만 명의 페르시아 침략자들을 물리쳤다. 24세기 후에, 이야기 작가이자 삽화가인 Frank Miller 가 그의 1999년작 만화 소설에서 이 사건을 생생하게 담아냈다. 그러고 나서, Zack Snyder 감독에 의해 영화 〈300〉으로 Miller의 책이 영상으로 실현되었다. Thermopylae 전투의 재창조는 현대의 미술가들, 기술자들, 스턴트맨들과 트레이너들로 이루어진 군단이 없었으면 불가능했을 엄청난 작업이었다. 더욱이, 현대 기술과 헌신적이고 창조적인 스태프들로 인해, 이 영화는 〈트로이〉와 〈알렉산더〉와 같은 다른 서사 영화의 1/3 비용으로 제작되었다.

어휘 warrior 전사 / hold off 미루다; *물리치다 / vividly 생생하게 / graphic novel 만화의 형식으로 쓴 소설 / massive 거대한, 엄청난 / dedicated 헌신적인 / epic 서사의

22 ① ▶ 수식을 받는 명사구 a small ... worriors는 동사 lead의 대상이므로 과거분사 led는 알맞은 표현이며 by를 사용해 행위의 주체인 Leonidas 왕을 나타냈다.
② ▶ 주어 Frank Miller는 동사 capture의 주체이므로 능동태가 알맞다.
③ ▶ 주어 Miller's book이 동사 realize의 대상이므로 수동태가 알맞다.
④ ▶ 과거 사실의 반대를 가정하는 내용이므로 가정법 과거완료가 적절하므로 would have been impossible 이 알맞다. without 이하가 조건절을 대신하고 있다.
⑤ ▶ 주어 this movie가 동사 make의 대상이므로 수동태가 알맞다.

23 ▶ ③ Frank Miller가 원작자이긴 하지만 영화의 감독은 Zack Snyder이다.

UNIT 34 · 35

16 to부정사의 기본 형태 / to부정사의 의미상 주어

CHECK UP

1 not to feed **2** to have seen **3** to have been accepted **4** for

1 우리는 동물원에서 동물들에게 먹이를 주지 말라는 권고를 받았다.
▶ to부정사의 부정형은 to 앞에 not이나 never를 붙인다.
2 Sam은 그 영화를 본 것 같다. 그는 이미 그 영화에 대한 모든 것을 알고 있다.
▶ 술어동사가 가리키는 때보다 이전을 나타내므로 완료부정사(to have v-ed)
3 나는 정말 멋진 대학교에 입학하게 되어 행복하다.
▶ 문장의 주어이자 to부정사의 의미상 주어인 I는 accept의 대상이고 술어동사가 가리키는 때보다 이전에 일어난 일이므로 완료부정사의 수동형(to have been v-ed)
어휘 accept 받아들이다; *(기관 등에서) 받아 주다
4 우리는 모두가 앉을 의자 열 개가 필요하다.
▶ to부정사의 의미상 주어는 대부분의 경우 〈for + 목적격〉으로 표시한다.

A

1 to have doubts about their ability
2 not[never] to be absent from now on
3 to have been repaired

보기 | 개인이 필요로 하는 모든 정보는 인터넷에서 구할 수 있는 것 같다.
▶ 주절과 that절의 시제가 같으므로 단순부정사(to-v)
1 모든 사람이 자신들의 능력에 대해 의심을 가지는 것 같다.
▶ 주절과 that절의 시제가 일치하므로 단순부정사(to-v)
2 나는 이제부터 결석하지 않을 것을 약속한다.
▶ promise와 같이 〈의지〉를 나타내는 동사 뒤에 오는 단순부정사는 주절의 동사가 가리키는 때 〈이후〉를 나타낸다. 부정형은 to 앞에 not이나 never를 붙인다.

3 보도가 수리된 것 같다.
> 주절의 시제는 현재이고 that절의 시제는 과거이므로 술어동사보다 이전을 나타내는 완료부정사(to have v-ed)
어휘 boardwalk 판자를 깔아 만든 길

B

1 of her to share this information with us
2 for him to foul out of the game
3 of you to keep plants in a room that gets a lot of sunshine

보기 | 내 가방을 드는 걸 도와주다니 너는 아주 사려 깊구나.
1 우리와 이 정보를 공유하다니 그녀는 매우 관대하구나.
2 그가 반칙으로 경기에서 퇴장당하는 것은 드문 일이 아니다.
어휘 foul out of 반칙을 하여 ~에서 퇴장하다
3 햇빛이 많이 들어오는 방에 식물을 두다니 너는 현명하구나.
1~3 > 사람에 대한 주관적인 평가를 나타내는 형용사는 to부정사의 의미상 주어로 〈of + 목적격〉을 취하고 나머지 대부분의 경우 〈for + 목적격〉을 취한다.

C

1 ○ **2** for → of **3** make → have made **4** ○
5 to have nominated → to have been nominated
6 for you → you

1 위원회의 회의가 2시간 후에 끝날 것으로 예상된다.
> expect와 같이 〈소망〉을 나타내는 동사 뒤에 오는 단순부정사는 주절의 동사가 가리키는 때〈이후〉를 나타낸다.
2 그녀가 친구에게 그녀의 차를 운전하게 한 것은 무책임했다.
> 사람에 대한 주관적인 평가를 나타내는 irresponsible은 to부정사의 의미상 주어로 〈of + 목적격〉을 취한다.
3 그 기업은 지난해 이익을 냈다고 주장한다.
> 술어동사가 가리키는 때보다 이전을 나타내므로 완료부정사
어휘 make a profit 이익을 내다
4 나는 의사로서의 직업을 추구하지 않기로 결심했다.
> to부정사의 부정형은 to 앞에 not이나 never를 붙인다.
5 주연상 후보에 오르게 된 것은 큰 영광입니다.
> to부정사구 to have nominated의 의미상 주어 me가 동사(nominate)의 영향을 받는 대상이므로 수동태가 되어야 한다.
6 나는 네가 더 가까이 오는 게 필요해.
> to부정사의 의미상 주어가 문장의 목적어와 일치하는 경우 따로 표시하지 않는다.

WRITING PRACTICE

1 to reduce poverty **2** very excited to be chosen
3 appears to be earning **4** stupid of me to leave
5 decided not[never] to study **6** to have been
forgot[forgotten]

1 > 〈소망〉을 나타내는 wish 뒤에 오는 단순부정사는 주절의 동사가 가리키는 때〈이후〉를 나타낸다.
2 > to부정사의 수동형은 to be v-ed로 나타낸다.
3 > 단순부정사의 진행형은 to be v-ing로 나타낸다.
4 > 사람에 대한 주관적인 평가를 나타내는 stupid는 to부정사의 의미상 주어로 〈of + 목적격〉을 취한다.
5 > to부정사의 부정형은 to 앞에 not이나 never를 붙인다.
6 > 수동의 의미이고 술어동사보다 한 시제 앞선 일을 나타낼 때 to have been v-ed를 쓴다.

UNIT 36 - 38

17 to부정사의 명사적 용법 / to부정사의 형용사적 용법 / to부정사의 부사적 용법

CHECK UP

1 to find **2** it dangerous **3** to deal with **4** to hear
5 smart enough

1 일자리를 구하기가 점점 더 어려워지고 있다.
> 명사적 용법으로 쓰인 to find 이하가 진주어이고, It이 가주어이다.
2 나는 네가 그곳에 혼자 가는 것이 위험하다고 생각한다.
> it은 가목적어, 명사적 용법으로 쓰인 to go 이하가 진목적어, for you가 to go의 의미상 주어이다.
3 우리 회사가 처리할 프로젝트가 열 가지 이상이다.
> to deal with는 projects를 수식하는 형용사적 용법의 to부정사구로, to부정사가 수식하는 명사가 전치사의 의미상 목적어인 경우 to부정사 뒤에 반드시 전치사를 쓴다.
4 나는 그가 글쓰기 대회에서 우승했다는 것을 듣고 놀랐다.
> 부사적 용법의 to부정사로 감정을 나타내는 형용사와 함께 쓰여 '~해서, ~하니'의 의미로 감정의 원인을 나타낸다.

5 Carl은 스스로를 돌볼 만큼 충분히 똑똑하다.

　➤ enough to-v: ~할 만큼 충분히

A

1 to visit　**2** are[have/ought] to brush
3 only to miss　**4** to receive

보기 | Laura는 유학하고 싶어서 영어를 매우 열심히 공부했다.
　　→ Laura는 유학하기 위해 영어를 매우 열심히 공부했다.
　　➤ 〈목적〉을 나타내는 부사적 용법의 to부정사

1 우리는 Mary 이모 댁을 방문하고 싶어서 San Jose행 기차를 탔다.
　　→ 우리는 Mary 이모 댁을 방문하기 위해 San Jose행 기차를 탔다.
　　➤ 〈목적〉을 나타내는 부사적 용법의 to부정사

2 너는 잠자리에 들기 전에 양치질을 해야 해.
　　➤ 〈의무·지시·명령〉을 나타내는 be to-v

3 우리는 그것을 마치려고 서둘렀지만 마감시한을 놓쳐버렸다.
　　➤ only to-v: ~하였으나 결국 …하고 말았다
　　　〈결과〉를 나타내는 부사적 용법의 to부정사

4 특별한 날에 카드와 선물을 받는다면 기쁠 텐데.
　　➤ 〈조건〉을 나타내는 부사적 용법의 to부정사

B

1 a piece of paper to write on　**2** too big to pack
3 is due to be complete　**4** proved to be the writer
of the book

1 저에게 적을 수 있는 종이 한 장 주세요.
　　➤ to write on은 a piece of paper을 뒤에서 수식하는 형용사적 용법의 to부정사구

2 이 물품들은 너무 커서 당신의 여행용 가방에 들어갈 수 없다.
　　➤ too ~ to-v: 너무 ~해서 …할 수 없다

3 새 도시는 2022년까지 완공될 예정이다.
　　➤ be due to-v: ~할 예정이다

4 그녀는 그 책의 작가인 것으로 판명되었다.
　　➤ prove to-v: ~로 판명되다

C

1 make it difficult to get accepted　**2** where to buy
3 are to make　**4** likely to last　**5** pleased to see
him

보기 | 나는 어려운 사람들을 돕는 것이 꿈인 어떤 소년을 만났다.
　　➤ to help 이하는 be동사의 보어로 쓰인 to부정사

1 높은 기준은 좋은 대학에 입학하는 것을 어렵게 한다.
　　➤ it은 가목적어, to get 이하가 진목적어이다.

2 많은 사람들이 나에게 서울에서 중고차를 어디서 사는지에 대해 물어봤다.
　　➤ where to-v: 어디서 ~할지

3 좋은 인상을 주려면 단정하고 공손하게 행동해야 한다.
　　➤ 〈be to-v〉로 if절에 쓰여 '~하려면'의 의미

4 뇌에 가해진 손상은 평생 지속되는 것 같다.
　　➤ be likely to-v: ~할 것 같다

5 그의 부모는 그가 집으로 무사히 돌아온 것을 보고 기뻐했다.
　　➤ to see 이하는 감정을 나타내는 pleased의 뒤에 와서 감정의 원인을 나타낸다.

WRITING PRACTICE

1 to say nothing of　**2** what to wear　**3** as to have
4 were never[not] to meet　**5** you to do

1 ➤ to say nothing of: ~는 말할 것도 없고
2 ➤ decide의 목적어 역할을 하는 〈의문사 + to-v〉
3 ➤ so ~ as to-v: 매우 ~하여 …한, …할 만큼 ~한
4 ➤ 〈운명〉을 나타내는 〈be to-v〉
5 ➤ 목적격 보어의 역할을 하는 to부정사의 명사적 용법

UNIT 39

18 원형부정사

CHECK UP

1 talk　**2** admire　**3** better not drink

1 Sally와 나는 그가 그의 여행에 대해 이야기하는 것을 들었다.
　　➤ listen to는 목적격 보어 자리에 원형부정사를 쓴다.

2 나는 그 건축물의 장엄함에 경의를 표하지 않을 수 없다.
　　➤ cannot (help) but + 원형부정사: ~하지 않을 수 없다
　　　(= cannot help v-ing)
　　어휘 architecture 건축물 / magnificence 장엄함

3 그 우유를 먹지 마. 상한 것 같아.

　▸ 〈had better + 원형부정사〉의 부정형은 〈had better
　　not + 원형부정사〉

A

1 move[moving]　**2** to take　**3** go　**4** call in sick
5 (to) press

1 우리는 땅이 움직이는 것을 느꼈다. 마치 지진이 난 것 같았
　다.

　▸ feel은 목적격 보어 자리에 원형부정사를 쓴다. 진행의 의
　　미를 강조하는 경우 현재분사도 가능하다.

2 나는 그가 나를 위해 상자들을 아래층으로 가져가도록 했다.

　▸ get은 〈사역〉의 의미가 있지만 목적격 보어로 to부정사를
　　취한다.

3 나는 집에 있느니 산책하러 나가겠다.

　▸ would rather A than B: B보다 A하고 싶다
　　A와 B 자리에는 원형부정사가 온다.

4 너는 집에서 쉽게 내일 아프다고 전화하는 게 낫겠다.

　▸ had better + 원형부정사: ~하는 것이 낫다 〈강한 조언〉
　　어휘 call in sick 전화로 병가를 알리다

5 네가 해야 하는 것이라곤 여기에 있는 이 버튼을 누르는 것이
　다.

　▸ be동사의 주어 부분에 do가 있는 경우 be동사의 보어로
　　쓰인 to부정사는 to를 생략하고 원형부정사 형태로 쓸 수
　　있다.

B

1 but　**2** had　**3** would　**4** but

1 나는 Ted에게 동의하지 않을 수 없었다. 그가 전적으로 옳았
　다.

　▸ cannot (help) but + 원형부정사: ~하지 않을 수 없다

2 너는 먼저 Mike에게 물어보는 게 좋겠어. 그가 좋은 해결책
　을 가지고 있을 수도 있어.

　▸ had better + 원형부정사: ~하는 것이 낫다

3 나는 오늘 밤에 외출하고 싶지 않다. 나는 혼자서 조용한 밤
　을 보내고 싶다.

　▸ would rather + 원형부정사: ~하고 싶다

4 나는 Sue가 걱정스러워. 그녀는 하루 종일 인터넷 검색만 해.

　▸ do nothing but + 원형부정사: 단지 ~하기만 하다

C

1 Make believe that　**2** cannot[can't] help falling
3 does nothing but complain

1 그녀가 도착하면 너는 나를 모르는 척 해.

　▸ make believe (that) ~: ~인 체하다

2 나는 너와 사랑에 빠지지 않을 수 없어.

3 Gloria는 수업에 대해 불평만 한다.

　▸ do nothing but + 원형부정사: 단지 ~하기만 하다

D

1 provide → to provide　**2** ○　**3** ○　**4** to talk → talk
5 asking → ask　**6** to eat out → eat out 또는 eating
out

1 법은 사업주가 건강 보험을 제공하도록 강제한다.

　▸ 동사 force는 목적격 보어로 to부정사를 취한다.

2 나는 그녀가 가구를 다른 방으로 옮기는 것을 도왔다.

　▸ 동사 help는 목적격 보어로 원형부정사를 취할 수 있다.

3 그 부인은 그녀의 개가 곁을 떠나지 못하도록 했다.

　▸ 사역동사 let은 목적격 보어로 원형부정사를 취한다.

4 그는 대화를 하는 동안 줄곧 일에 관한 이야기만 했다.

5 그는 그녀에게 도움을 청하는 것 말고는 다 할 것이다.

　▸ do anything but + 원형부정사: ~말고는 다 하다

6 외식 대신에, 우리는 집에서 밥을 먹기로 했다.

　▸ to부정사(구)가 접속사 rather than로 병렬연결될 때
　　rather than 뒤의 to부정사에서 to를 생략하고 원형부정
　　사 형태로 쓰거나 v-ing 형태로 쓴다.

WRITING PRACTICE

1 would rather lose　**2** Why not invite
3 had better not squeeze　**4** her stand out
5 let go of

2 ▸ why not + 원형부정사: ~하지 그래? 〈제안〉

3 ▸ had better not + 원형부정사: ~하지 않는 것이 낫다

4 ▸ 사역동사 make는 목적격 보어로 원형부정사를 취한다.

5 ▸ let go of + 명사: ~를 놓아주다

19 동명사의 기본 형태 / 동명사의 용법

CHECK UP

1 having been **2** being seen **3** his **4** Learning
5 cooperating

1 Kate는 더 이상 체조 선수가 아니지만 체조 선수였던 것을 자랑스러워한다.
  ▶ 술어동사보다 이전의 때를 나타내므로 완료동명사(having v-ed)
  어휘 gymnast 체조 선수
2 나는 화장을 하지 않은 채 (얼굴이) 보여지는 것을 꺼리지 않는다.
  ▶ 화장하지 않은 모습이 남에게 보여지는 것이므로 동명사의 수동태
3 네가 그것을 말하니, 그가 그렇게 말한 게 정말 기억 나.
  ▶ 동명사의 의미상 주어는 소유격 또는 목적격
4 다른 언어를 배우는 것은 당신이 새로운 렌즈를 통해 세상을 보는 것을 가능하게 한다.
  ▶ 주어 역할을 하는 동명사
5 저는 당신과 협력하기를 기대합니다.
  ▶ look forward to v-ing: ~하는 것을 고대[기대]하다

A

1 having **2** their[them] finding out **3** having been treated **4** my[me] having

보기 | 그 운전자는 사고 당시에 술에 취해 있음을 부인했다.
  ▶ 주절과 종속절의 시제가 같으므로 단순동명사를 쓴다.
1 그는 도박 문제가 있다는 것을 인정한다.
  ▶ 주절과 종속절의 시제가 같으므로 단순동명사를 쓴다.
2 그녀는 거짓말했다는 것을 그들이 알게 될까 봐 두려워했다.
  ▶ 주절과 종속절의 시제가 같으므로 단순동명사를 쓴다. 또한 주절과 종속절의 주어가 다르므로 동명사의 의미상 주어로 소유격이나 목적격을 쓴다.
3 그 손님은 무례한 대우를 받았다고 불평했다.
  ▶ 주절의 시제는 과거이고 종속절의 시제는 과거완료형으로 주절보다 앞서므로 완료동명사를 쓴다.
4 집주인은 개가 조용하기만 하면 내가 개를 키우는 것에 신경 쓰지 않았다.

  ▶ 주절과 종속절의 시제가 같으므로 단순동명사를 쓴다. 또한 주절의 주어와 종속절의 주어가 다르므로 동명사의 의미상 주어로 소유격이나 목적격을 쓴다.

B

1 is no use trying **2** is worth considering
3 is used to driving **4** object to building

1 표를 사려고 해봤자 소용없다. 이미 다 팔렸다.
  ▶ it is no use[good] v-ing: ~해봐야 소용없다
2 그의 아이디어를 고려하는 것은 가치가 있다. 그것은 매우 신선하고 흥미롭다.
  ▶ it's worth v-ing: ~하는 것은 가치가 있다
3 Tom은 영국 출신이어서, 길의 왼쪽에서 운전하는 것에 익숙하다.
  ▶ be used to v-ing: ~하는 데 익숙하다
4 거주자들은 환경 훼손 때문에 새로운 댐을 건설하는 것을 반대한다.
  ▶ object to v-ing: ~하는 것을 반대하다

C

1 avoids talking **2** her having been promoted
3 becoming a great actor

1 Paul은 누군가를 몰래 험담하지 않는다. 그는 그것을 피한다.
  → Paul은 누군가를 몰래 험담하는 것을 피한다.
  ▶ 동사(avoid)의 목적어 역할을 하는 동명사
2 나는 몰랐다. 그녀는 이사로 승진했었다.
  → 나는 그녀가 이사로 승진했던 것을 몰랐다.
  ▶ 전치사(about)의 목적어 역할을 하는 동명사가 와야 한다. 술어동사보다 이전의 일을 나타내므로 완료동명사를 쓰고, 문맥상 동명사의 의미상 주어가 필요하므로 her를 쓴다.
3 나는 삶에 목표가 있다. 나는 멋진 배우가 될 것이다.
  → 내 삶의 목표는 멋진 배우가 되는 것이다.
  ▶ 보어 역할을 하는 동명사가 와야 한다. 술어동사보다 나중의 때를 나타내므로 단순동명사를 쓴다.

D

1 ○ **2** giving → being given **3** ○
4 he saying → his[him] saying

1 그 소녀는 그녀의 친구가 숙제를 도와준 것에 고마워하지 않았다.

> 동명사의 의미상 주어로 소유격이 쓰였으므로 적절하다.

2 그녀는 그래도 된다는 허락을 받지 않고 집을 떠났다.
> 그녀가 허락을 '받는' 것이므로 동명사의 수동태를 써야 한다.

3 그는 어렸을 때 가수로 훈련 받지 못했던 것을 후회한다.
> 동명사를 부정할 때는 not이나 never를 바로 앞에 둔다. 수동의 의미와 한 시제 앞선 때를 표현하는 having been v-ed가 적절히 쓰였다.

4 그녀는 그가 말 한 마디 하지 않았지만 그가 의도한 것을 이해했다.
> 동명사 saying의 의미상 주어로 소유격이나 목적격을 써야 한다.

WRITING PRACTICE

1 opposed to changing 또는 objecting to changing
2 having been seen
3 fun reading
4 this being resolved

1 > be opposed to v-ing: ~하는 데 반대하다
object to v-ing: ~하는 것에 대한 반대[반감]을 드러내다[느끼다]

2 > 우는 모습을 보인 것이 부끄러움을 느낀 시점보다 더 이전이고, 내가 보는 것이 아니라 남에게 보인 것이므로 완료동명사의 수동형을 쓴다.

3 > it's no fun v-ing: ~하는 것은 재미없다

4 > this는 동명사의 의미상 주어이며, '해결되는 것'이므로 동명사의 수동형을 써야 자연스럽다.

UNIT 42-43

20 동사의 목적어로서의 동명사와 to부정사 / 명사·형용사 뒤에 오는 동명사

CHECK UP

1 sitting **2** to be **3** to take **4** of falling

1 그녀는 통로 쪽 좌석에 앉는 것을 꺼리지 않았다.
> mind는 동명사를 목적어로 취하는 동사

2 Green 씨는 그런 체하는 것만큼 부자가 아니다.
> pretend는 to부정사를 목적어로 취하는 동사

3 펜을 가져오는 것을 잊지 마.
> 동사 forget은 동명사와 to부정사 둘 다 목적어로 취할 수 있지만, 동명사는 과거의 일을, to부정사는 미래의 일을 나타내므로 이 문장에서는 내용상 to take가 적절하다.

4 이 주위는 추락의 위험이 높다.
> 명사 danger 뒤에는 to부정사가 올 수 없고, 〈전치사 + 동명사〉가 온다.

A

1 to pay **2** spending **3** to go **4** to save **5** going
6 to go **7** walking

A: 가스, 전기 그리고 전화, 지불해야 할 공과금 고지서가 한 묶음이에요.
B: 하지만 우리가 당장은 지불할 여유가 없어요.
A: 우리는 필수적이지 않은 것에 우리 돈을 쓰는 것을 그만해야 해요.
B: 당신 말이 맞아요.
A: 우리가 휴가 갈 여유가 있을 거라고 생각해요?
B: 열심히 노력하면, 충분한 돈을 간신히 모으게 될 것 같아요.
A: 우리는 외식을 덜 해야 해요. 그러면 돈을 많이 절약할 수 있을 거예요.
B: 맞아요. 그런데 당신은 어디로 휴가를 가고 싶어요?
A: 그냥 쉴 수 있는 아무데나 가고 싶어요.
B: 7월에 가는 걸 제안해요. 그때면 시간을 낼 수 있을 거예요.
A: 좋아요. 여름에 가는 걸로 계획해 봐요. 어딘가 아름다운 도시의 화창한 거리를 돌아다니는 게 상상이 되네요.

1~7 > afford, manage, plan은 to부정사를, stop, suggest, imagine은 동명사를 목적어로 취한다.

어휘 bunch 다발, 묶음 / utility bill 공과금 고지서

B

1 to bump into someone **2** rearranging the furniture **3** climbing Mt. Everest **4** making so much noise

보기 | 이런 말씀 드리고 싶지 않지만, 아드님이 시험을 못 봤습니다. 유감이네요.
→ 아드님이 시험을 못 봤다는 말씀을 드리게 되어 유감입니다.
> regret to-v: ~하게 되어 유감이다

1 Jill은 길에서 누군가와 부딪쳤다. 그녀는 그럴 의도는 아니었다.
→ Jill은 길에서 누군가와 부딪칠 의도는 아니었다.

> 동사 mean이 '의도하다'의 의미일 때 to부정사를 목적어로 취한다.

2 나는 내 방의 가구를 재배치하는 것이 더 어려울 것이라고 생각했다. 나는 그것을 미뤘다.
   → 나는 내 방의 가구를 재배치하는 것을 미뤘다.
   ➤ 동사구 put off는 동명사를 목적어로 취한다.

3 Joey는 1999년에 에베레스트 산을 등반했다. 그는 그것을 절대 못 잊을 것이다.
   → Joey는 1999년 에베레스트 산에 오른 것을 절대 못 잊을 것이다.
   ➤ forget v-ing: (과거에) ~한 것을 잊다

4 내 이웃은 밤늦게 그런 큰 소음을 내서는 안 된다. 그는 그만해야 한다.
   → 내 이웃은 밤늦게 그렇게 큰 소음을 내는 것을 멈춰야 한다.
   ➤ 동사 stop은 목적어로 동명사를 취한다.

C

1 to do → of doing 2 ○ 3 ○ 4 to get married → getting married 5 conveying → to convey

1 그녀는 매일 같을 일을 하는 것이 지겹다.
   ➤ 형용사 sick 뒤에는 〈전치사 + 동명사〉가 와야 한다.

2 나는 내 첫 소설을 쓰는 것을 마쳤다. 나는 이어서 영화 대본을 쓰기 시작했다.
   ➤ go on to-v: 이어서 (새로운 것을) ~하기 시작하다

3 그녀는 혐의를 부인했지만, 그에게 여러 번 전화한 것을 인정했다.
   ➤ 동사 admit은 동명사를 목적어로 취한다.
   어휘 allegation (증거 없이 누가 부정한 일을 했다는) 혐의 [주장]

4 그들은 10년 동안 사귄 후에 결국 결혼하게 되었다.
   ➤ 동사 end up은 동명사를 목적어로 취한다.

5 때때로, 말은 내 감정을 전달하지 못한다.
   ➤ 동사 fail은 to부정사를 목적어로 취한다.

WRITING PRACTICE

1 enjoy learning 2 decided to finish 3 regretted losing his temper 4 excited about going 또는 excited to go 5 attempted to interview 6 allow running

1 ➤ 동사 enjoy는 동명사를 목적어로 취한다.

2 ➤ 동사 decide는 to부정사를 목적어로 취한다.
3 ➤ regret + v-ing: (과거에) ~한 것을 후회하다
4 ➤ 형용사 excited 뒤에 〈전치사 + 명사〉와 to부정사 모두 올 수 있다.
5 ➤ 동사 attempt는 to부정사를 목적어로 취한다.
6 ➤ 동사 allow는 목적어가 있을 때는 〈allow + O + to-v〉 형태를, 목적어가 없을 때는 〈allow + v-ing〉 형태를 쓴다.

21 자주 쓰이는 동명사 표현

CHECK UP

1 knowing 2 make a point 3 buying 4 drinking
5 preparing

1 미래에 무슨 일이 생길지는 알 수 없다.
   ➤ there is no v-ing: ~할 수 없다
2 나는 가능한 한 내 잘못을 꼭 인정한다.
   ➤ make a point of v-ing: 반드시[꼭] ~하다
3 나는 책 읽는 것을 정말 좋아한다. 나는 새 책들을 사지 않을 수 없다.
   ➤ cannot help v-ing: ~하지 않을 수 없다
4 나는 이 스테이크에 적포도주를 곁들여 마시고 싶다.
   ➤ feel like v-ing: ~하고 싶다
5 Hans 선생님은 수업 준비를 하느라 바쁘다.
   ➤ be busy v-ing: ~하느라 바쁘다

A

1 can't help eating 2 am busy finishing
3 make a point of jogging 4 go skiing
5 are on the point of bursting

1 A: 모퉁이에 있는 피자 전문점에 가는 게 어때?
   B: 좋은 생각이야. 난 거기 페퍼로니 피자가 좋더라.
   A: 나도! 근데 문제가 있어. 거기선 너무 많이 먹을 수밖에 없다니까!
   ➤ can't help v-ing: ~하지 않을 수 없다
   어휘 what do you say to v-ing? ~하는 게 어때?
2 A: 안녕, Ashley. 어떻게 지내?

B: 안녕, Stephen. 나는 미국 역사에 대한 보고서를 끝내느라 바빠. 시간이 너무 많이 걸려.

> be busy v-ing: ~하느라 바쁘다

3 A: 당신이 건강을 유지하는 비결이 있나요?
   B: 음, 저는 매일 아침 한 시간 동안 꼭 조깅을 해요.

   > make a point of v-ing: 반드시[꼭] ~하다

4 A: 주말에 우리가 갈 만한 데 없을까?
   B: 스키 타러 가자. 스키장이 이번 주에 개장한대.

   > go v-ing: ~하러 가다

5 A: 넌 울음을 막 터뜨릴 것처럼 보이는구나. 무슨 일 있니?
   B: Jane이 어젯밤 자동차에 치였어. 병원에 입원했어.

   > be on the point of v-ing: 막 ~하려고 하다

B

1 no predicting what the crazy guy will do next
2 On hearing the bell ring
3 without saying that the Internet is a good source of information
4 like going for a walk with you
5 use regretting what you did or did not do in the past
6 the point of closing the gate when I arrived home

1 그 미친 사람이 다음에 무슨 짓을 할지 예측할 수 없다.

   > there is no v-ing: ~할 수 없다, ~하는 것은 불가능하다

2 그는 벨이 울리는 것을 듣자마자, 서둘러 밖으로 나갔다.

   > as soon as + S + V = on v-ing: ~하자마자

3 인터넷이 좋은 정보원이라는 것은 말할 필요도 없다.

   > it is needless to say that ~ = it goes without saying that ~: ~는 말할 필요도 없다

4 나는 너와 함께 산책하고 싶다.

   > feel[be] inclined to-v = feel like v-ing: ~하고 싶다

5 과거에 한 일이나 하지 않은 일에 대해 후회해도 소용없다.

   > it is useless[of no use] to-v = it is no use v-ing: ~해도 소용없다

6 Sean은 내가 집에 도착했을 때 대문을 막 닫으려고 했다.

   > be about to-v = be on the point of v-ing: 막 ~ 하려고 하다

WRITING PRACTICE

1 On hearing 2 make a point of locking 3 was on the point of giving up 4 It goes without saying that 5 feel like going shopping

1 > on v-ing: ~하자마자
2 > make a point of v-ing: 반드시[꼭] ~하다
3 > be on the point of v-ing: 막 ~하려고 하다
4 > it goes without saying that ~: ~는 말할 필요도 없다
5 > feel like v-ing: ~하고 싶다
   go v-ing: ~하러 가다

UNIT 45 · 46

22 분사의 형용사 기능: (1) 한정적 용법 / 분사의 형용사 기능: (2) 서술적 용법

CHECK UP

1 exciting 2 mentioned 3 closed 4 coming
5 finished

1 누가 이 신나는 음악을 작곡했니?

   > 수식을 받는 music이 기분/감정을 유발하므로 능동의 의미인 현재분사 exciting이 알맞다.

2 계약서에 언급된 이자는 계약이 만기될 때까지 지급되지 않을 것이다.

   > '언급된'이라는 뜻의 수동의 의미가 와야 하므로 mentioned가 맞다. 이때 mentioned는 부사구 in the contract와 함께 The interest를 뒤에서 수식한다.

   어휘 interest 흥미; *이자 / expire 만기가 되다

3 그 식당은 계속 문이 닫혀 있다.

   > 주어 The restaurant가 동사 close의 영향을 받는 대상이므로 주격 보어로 수동을 나타내는 과거분사 closed가 알맞다.

4 그는 그의 삼촌 집에서 연기가 나오고 있는 것을 보았다.

   > 목적어인 smoke와 목적격 보어는 능동의 관계이므로 현재분사인 coming가 알맞다.

5 Edward는 금요일까지 보고서를 끝마쳐야 한다.

   > have의 목적어인 the report가 목적격 보어와 수동의 관계이므로 과거분사인 finished가 알맞다.

A

1 1) boring 2) bored
2 1) surprised 2) surprising
3 1) annoying 2) annoyed

1 1) A: 그녀가 말하길 네가 지루한 사람이라고 생각했대.
   B: 그랬어? 그건 아마도 파티에서 내가 매우 조용했기 때문일 거야.
   2) A: 뭔가 달라졌는데. 머리 잘랐니?
   B: 응. 오래된 스타일이 지겨워져서 어제 머리를 잘랐어.

2 1) A: 오 이런, Mary! 정말 너니? 여기서 널 보게 되다니 놀랍구나!
   B: 안녕, Jim! 오랜만이야. 무슨 일로 여기에 왔니?
   2) A: 네가 복권에 당첨되다니 믿을 수가 없어!
   B: 그래, 정말 놀라워! 어젯밤에는 한숨도 못 잤다니까.
   어휘 sleep a wink 한잠 자다

3 1) A: 내 컴퓨터에 이 팝업 광고들을 어떻게 할 수 없을까? 그것들은 너무 성가셔.
   B: 넌 무료로 팝업 차단 프로그램을 다운로드할 수 있어. 그것들은 매우 도움이 되지.
   2) A: 오늘 어땠니?
   B: 끔찍했어! 매일 내 상사한테 점점 더 짜증이 나. 그녀는 내 담당이 아닌 업무를 시킨다니까.

1~3 ▶ 수식을 받는 말이나 주어가 기분/감정을 느끼면 주격 보어로 과거분사가 적절하고, 기분/감정을 유발하면 현재분사가 적절하다.

B

1 whistling **2** waiting **3** surprised **4** frozen
5 unlocked **6** leaving

1 그는 휘파람으로 노래를 불며 벤치에 앉아 있었다.
   ▶ 주격 보어가 주어인 He와 능동의 관계이므로 whistling이 적절하다.
   어휘 whistle a tune 휘파람으로 노래를 부르다
2 내 친구는 의사를 만나는 동안 나를 기다리게 했다.
   ▶ 목적어인 me와 목적격 보어가 능동의 관계이므로 waiting이 적절하다.
3 그 가수는 상을 탄 것에 놀란 것 같았다.
   ▶ 주어 The singer가 기분/감정을 느끼므로 주격 보어로 과거분사 surprised가 적절하다.
4 그들은 그의 부상을 보고 얼어붙은 듯 서 있었다.
   ▶ 주어인 They가 '얼어붙게 만든' 것이 아니라 '얼어붙은' 것이므로 주격 보어로 과거분사 frozen을 써야 한다.

5 어머니가 들르실 경우를 대비해서 나는 문을 잠그지 않은 상태로 뒀다.
   ▶ 목적어인 the door와 목적격 보어의 관계가 수동의 관계이므로 과거분사 unlocked를 써야 한다.
6 사람들이 극장 뒷문으로 나가고 있다.
   ▶ 주어 people이 능동적으로 '자리를 뜨는' 것이므로 주격 보어로 현재분사인 leaving을 써야 한다.

C

1 advertising **2** abused **3** solved **4** touched

1 배달부들은 식당을 광고하는 전단지를 남긴다.
   ▶ 식당을 '광고하는' 전단지라는 의미이므로 능동의 advertising이 맞다. 이때 advertising restaurants가 목적어인 fliers를 뒤에서 수식한다.
   어휘 flyer 전단지
2 그들은 학대받는 동물들을 도와오고 있다. 그 동물들은 좋은 보금자리가 필요하다.
   ▶ 수식을 받는 animals가 '학대받는'이라는 의미이므로 수동의 abused가 적절하다.
3 나는 그 문제가 빨리 해결되기를 바라서 도움을 요청했다.
   ▶ 동사 want의 목적어인 the problem이 '해결되는' 것이므로 목적격 보어로 과거분사 solved가 적절하다.
4 나는 그 배우의 연기에 감동받았다. 그것은 매우 감동적인 장면이었다.
   ▶ 주어 I는 기분/감정을 느끼므로 주격 보어로 touched가 적절하다.
   어휘 emotional 감정적인; *감동적인

WRITING PRACTICE

1 bought / damaged **2** getting your homework done **3** heard my dog barking **4** invited to the wedding

1 ▶ 수식을 받는 Some items는 동사 buy의 대상이므로 수동의 의미인 bought가 맞다. 또한 물건이 '파손된' 것이므로 주격 보어로 과거분사인 damaged가 알맞다.
2 ▶ 동사 get의 목적어인 your homework가 '끝마쳐지는' 것이므로 목적격 보어로 done이 알맞다.
3 ▶ 목적어 my dog와 목적격 보어가 능동의 관계이고 '짖고 있는'이라는 진행의 의미가 강조되었으므로 현재분사인 barking이 알맞다.

4 ▶ 주어 guests가 '초대를 받은' 것이므로 과거분사인 invited가 주격 보어로 알맞다.

23 분사구문의 기본 형태와 의미 / 분사구문의 시제와 태, 부정 / 주의해야 할 분사구문

CHECK UP

> **1** answering **2** Having stood **3** The train moving away **4** with **5** Considering

1 그는 면접관의 질문에 모두 답하면서 자신만만하게 앉아 있었다.
> ▶ 주어가 두 개 이상의 동작을 동시에 하는 〈동시동작〉을 나타내는 분사구문이다. 분사구문은 부사절의 접속사와 주어를 생략하고 동사를 분사로 바꾼다.

2 John은 직장에서 오래 서 있었기 때문에 집에 와서 쉬었다.
> ▶ 〈이유〉를 나타내는 분사구문으로 주절의 시제보다 분사구문의 시제가 앞서 있기 때문에 완료형 분사구문(having v-ed)을 쓴다.

3 기차가 움직이고 있어서 그는 잡아타기 위해 달려야만 했다.
> ▶ 분사의 의미상 주어(The train)가 주절의 주어(he)와 일치하지 않기 때문에 분사의 의미상 주어를 밝혀주어야 한다.

4 그는 배 위에 책을 놓은 채 잠이 들었다.
> ▶ 〈동시상황〉을 나타내는 독립 분사구문으로 '~가 …한 채로'의 의미의 〈with + (대)명사 + 분사〉이다.

5 그녀의 상황을 고려하면, 그녀는 최대한 잘 하고 있는 것이다.
> ▶ 문맥상 '~를 고려하면'의 의미인 considering ~

A

> **1** ⓑ **2** ⓓ **3** ⓒ **4** ⓐ **5** ⓔ

1 버스 운전사들의 파업이 9월 5일에 시작되어 6일 후에 끝났다.
> ▶ '~하고, 그리고'의 의미인 〈연속동작〉을 나타내는 분사구문
> **어휘** strike 파업

2 자신이 옳다고 믿었기 때문에 그는 우리가 그의 방식대로 해야 한다고 계속 주장했다.
> ▶ '~하므로, ~이므로'의 의미인 〈이유〉를 나타내는 분사구문

3 그를 보고 난 후 [봤을 때], 나는 그가 말한 만큼 그가 젊지는 않다는 것을 알아차렸다.

> ▶ '~한 후, 할 때'의 의미인 〈때〉를 나타내는 분사구문

4 손톱을 다듬으면서 그녀는 전화로 친구와 수다를 떨었다.
> ▶ '~하면서'의 의미인 〈동시동작〉을 나타내는 분사구문

5 오른쪽으로 돌면 기념비가 보일 것이다.
> ▶ '~하면'의 의미인 〈조건〉을 나타내는 분사구문

B

> **1** Having finished washing the dishes
> **2** arriving in Orlando at 1:30
> **3** Not wanting to be misunderstood
> **4** (Being) Introduced to customers

1 우리는 설거지를 끝낸 후에, 커피를 마시려고 앉았다.
> ▶ 접속사 After를 생략하고, 부사절의 주어(we)와 주절의 주어(we)가 일치하므로 주어도 생략한다. 설거지를 끝낸 시점이 앉은 시점보다 앞서므로 완료형 분사구문을 쓴다.

2 비행기가 열 시 반에 JFK 공항에서 출발하여 Orlando에 한 시 반에 도착했다.
> ▶ 접속사 and를 생략하고 arrived를 arriving으로 바꾸어 〈연속동작〉을 나타내는 분사구문으로 쓴다.

3 오해받고 싶지 않았기 때문에 나는 내가 한 말을 반복했다.
> ▶ 분사구문의 부정은 not을 분사 바로 앞에 쓴다.

4 새 스마트폰이 고객들에게 소개되었을 때, 그것은 언론의 주목을 받았다.
> ▶ 수동형 분사구문으로, 동사 was를 Being으로 고치는데 이때 Being은 생략할 수 있다.
> **어휘** draw attention 주목을 받다

C

> **1** (Being) Hidden **2** being **3** turned **4** driving
> **5** Opening

1 수풀에 가려져서, 그 정지 표지판은 지나치기 쉬웠다.
> ▶ 분사구문의 의미상 주어인 the stop sign이 수풀에 의해 '가려진' 것이므로 수동형 분사구문을 써야 한다. Being은 생략 가능하다.

2 크림 치즈가 없어서 우리는 치즈케이크를 만들 수 없었다.
> ▶ 분사구문의 문법상 주어(There)와 주절의 주어(we)가 일치하지 않으므로 분사구문에 주어(There)를 그대로 써서 나타낸다.

3 그녀는 라디오를 크게 켜 놓은 채로 집을 청소했다.
> ▶ 〈with + (대)명사 + 분사〉에서 명사와 분사의 관계가 수동이므로 과거분사 turned를 써야 한다.

4 차를 운전하는 동안 나는 내 전화를 보지 않으려고 애썼다.

> 접속사가 있는 분사구문으로 분사의 의미상 주어(I)가 '운전하는' 것이므로 능동형 분사구문 driving을 써야 한다.

5 냉장고를 연 후 그녀는 먹을 것을 찾았다.
> 분사의 의미상 주어(she)가 냉장고를 '여는' 것이므로 능동형 분사구문 Opening을 써야 한다.

D

1 walked → walking 2 ○ 3 Hurting → Having hurt
4 ○ 5 closing → closed

1 나는 걷다가 다가오는 자전거에 화들짝 놀랐다.
> 분사구문의 의미상 주어(I)가 '걷는' 것이므로 능동형 분사구문 walking이 알맞다.
어휘 startle 깜짝 놀라게 하다

2 기회가 주어진다면, 여성들은 사회를 진보시키는 것을 도울 것이다.
> 분사구문의 의미상 주어(women)에게 기회가 '주어지는' 것이므로 수동형인 Being given을 쓴다. 이때 Being은 생략될 수 있다.

3 다리를 다쳤기 때문에 그는 우리와 같이 하이킹을 갈 수 없었다.
> 다리를 다친 것이 하이킹을 갈 수 없는 것보다 앞선 때이므로 완료형 Having hurt가 알맞다.

4 그 언어를 이해하지 못해서 그녀는 혼란스럽고 당황스러웠다.
> 분사구문을 부정형으로 쓸 때에는 분사 앞에 not이나 never를 쓴다.
어휘 bewildered 당황한, 어리둥절한

5 그냥 편히 앉아서 눈을 감고 쉬어라.
> 〈with + (대)명사 + 분사〉는 주로 〈동시상황〉을 나타내는 분사구문으로, 명사와 분사의 관계가 수동이므로 과거분사 closed를 써야 한다.

WRITING PRACTICE

1 Having been told 2 Having skipped
3 It being Sunday 4 Judging from 5 Speaking of

1 > '듣다'라는 의미의 동사를 써야 하는데 tell을 이용해야 하고 대답을 들은 것이 가버린 시점보다 앞선 때이므로 수동 완료형 분사구문
어휘 sulk 샐쭉해지다, 토라지다

2 > 현재 배가 고픈 시점보다 두 끼를 굶은 시점이 앞서므로 완료형 분사구문

3 > 분사구문의 주어는 요일을 나타내는 비인칭 주어 It이고,

주절의 주어는 I로 일치하지 않으므로 분사구문의 주어를 써 줘야 한다.

4 > judging from ~: ~로 판단하면
5 > speaking of ~: ~의 얘기가 나왔으니 말인데

실전 TEST 03

1 ② 2 of 3 ④ 4 ① 5 It[it] 6 ④ 7 ④, find yourself biting 8 ③, ④ 9 ⑤ 10 ② 11 ③
12 amusing / amused 13 with his hands in his pockets 14 ② 15 Never having been 16 It being 17 ⑤ 18 ① 19 ④ 20 reducing calories and increasing exercise 21 ④ 22 ①

1 그 아버지는 그의 딸이 노래자랑에 참여하는 것을
_____ 기회를 가졌다.
① 만들다 ② 시키다 ③ 돕다 ④ 듣다 ⑤ 보다
> 사역동사 make와 지각동사 hear와 see, 그리고 help는 목적격 보어로 원형부정사를 취할 수 있으나, get은 목적격 보어로 to부정사를 취한다.
어휘 conductor 지휘자

2 (A) 전화를 걸지 않다니 그는 무례하다.
> 사람에 대한 주관적 평가를 나타내는 형용사 rude가 보어로 쓰였으므로 〈of + 목적격〉으로 to부정사의 의미상 주어를 나타낸다.
(B) 너는 과거를 놓아야 한다.
> let go of + 명사: ~를 놓아주다
(C) 나는 주말마다 집에 머무르는 게 지겹다.
> be sick of: ~를 지겨워하다

3 ① A: 오늘 밤 그녀를 어디로 데려갈 거야?
B: 우리는 저녁을 먹고 나서 볼링 치러 갈 거야.
> go v-ing: ~하러 가다
② A: 네 미래에 관해 생각해 오고 있니?
B: 아니, 노느라고 너무 바빠서.
> be busy v-ing: ~하느라 바쁘다
③ A: 비가 오기 전에 내가 오늘 정원의 잡초를 뽑을까?
B: 그래. 내일은 너무 질퍽거려서 할 수 없을 거야.
> too ~ to-v: 너무 ~해서 …할 수 없는, …하기에 너무 ~한
어휘 weed 잡초를 뽑다 / muddy 질퍽한
④ A: 은행 갈 것을 잊지 마.

B: 거기 벌써 갔다 왔어요.

> 〈forget v-ing〉는 과거에 했던 것을 '잊는' 것이고, 〈forget to-v〉는 앞으로 할 것을 '잊는' 것이다. 문맥상 앞으로 해야 할 일을 '잊지 말라'는 의미이므로 going 이 아니라 to go가 맞다.

⑤ A: 너 내 안경 봤니? 내가 어딘가 둔 것 같은데.

B: 아니, 하지만 보게 되면 알려줄게.

> 사역동사 let은 목적격 보어로 동사원형을 취한다.

4 ① 내 상사는 내가 초과근무를 할 의향이 있는지 물었다.

> be willing to-v: 기꺼이 ~하다 (to working → to work)

② 나는 가족과 즐거운 시간을 보내길 기대하고 있다.

> look forward to v-ing: ~하기를 기대하다

③ 우리는 해결책에 도달할 목적으로 토의를 계속했다.

> with a view to v-ing: ~할 목적으로, ~하기를 바라며

어휘 resolution 결심; *해결

④ 전화로 연락되는 것에 반대한다면 이 네모에 표시하시오.

> object to v-ing: ~하는 것에 대한 반대[반감]를 드러내다[느끼다]

⑤ Harold는 혼자 살 때 스스로 요리하는 것에 익숙해졌다.

> get used to v-ing: ~하는 데 익숙해지다

5 (A) 너의 가족과 친구들을 남겨두고 떠난 것이 쉬운 일이었을 리가 없다.

> 진주어 to부정사구를 대신하는 가주어 It이 필요하다.

(B) 개인적으로 나는 아침에 공부하는 것이 더 도움이 된다.

> 진목적어 to부정사구를 대신하는 가목적어 it이 필요하다.

6 ① > it's no use v-ing: ~해봐야 소용없다

② > can't help v-ing: ~하지 않을 수 없다

③ > on v-ing: ~하자마자

④ > make a point of v-ing는 '반드시 ~하다'라는 의미이므로 바른 해석은 '나는 반드시 그 히터를 꺼 두었다.'가 된다.

cf. be on the point of v-ing: 막 ~하려고 하다

⑤ > there is no v-ing: ~하는 것은 불가능하다

7 여러 치료책이 당신이 손톱을 물어뜯는 것을 멈추도록 도울 수 있다.

• 손톱을 다듬어져 있도록 해라. 손톱을 관리하는 것은 손톱을 물어뜯는 습관을 줄이도록 도울 수 있고, 당신이 손톱을 매력적으로 보이도록 유지하게끔 할 것이다.

• 손톱을 물어뜯고 있는 자신을 발견할 때 그림 그리기나 글 쓰기 혹은 공 쥐기와 같은 또 다른 활동으로 대신해 보도록 해라.

• 당신이 스트레스를 받는다고 느껴서 손톱을 물어뜯는다면 스트레스 관리 기술을 시도해 봐라.

① > help는 목적격 보어로 원형부정사와 to부정사 모두 취할 수 있고, stop은 동명사를 목적어로 취한다.

② > 목적어 your nails와 목적격 보어가 수동의 관계이므로 과거분사가 알맞다.

③ > encourage는 목적격 보어로 to부정사를 취한다.

④ > 목적어 yourself와 목적격 보어가 능동 관계이므로, 현재분사 biting을 써야 한다.

⑤ > feel stressed: 스트레스를 받았[는]다고 느끼다

어휘 measure 조치, 대책 / trim 손질하다 / substitute 대신하다 / squeeze 짜다, 쥐다

8 ① 내 생일을 기억하다니 너는 정말 자상했어.

> 사람에 대한 주관적 평가를 나타내는 형용사(sweet)가 보어로 쓰일 때는 to부정사의 의미상 주어를 〈of + 목적격〉으로 표시한다.

② 세 시간은 내가 쇼핑하기에 충분한 시간이다.

> 일반적으로 to부정사의 의미상 주어는 〈for + 목적격〉으로 나타낸다.

③ 문을 열어보니 나는 방이 물에 잠긴 것을 발견했다.

> 목적어 the room과 목적격 보어가 수동의 관계이므로 과거분사가 알맞다.

④ 나는 Tom이 징징거리는 것에 놀랐다.

> 동명사 whining의 의미상 주어로 소유격인 Tom's가 쓰였다.

어휘 whine 징징거리다

⑤ 리포터들은 이것이 이슈가 된다고 확신한다.

> this는 소유격을 만들 수 없는 대명사이므로 동명사 being의 의미상 주어로 목적격 형태인 this로 나타낸다.

9 그 집은 청소된 것처럼 보인다.

> 주어 The house와 주격 보어는 수동 관계이고, 주절보다 한 시제 앞서므로 완료부정사의 수동형인 〈to have been v-ed〉로 쓴다.

10 나의 부모님은 내가 채소를 먹을 것을 주장했다.

> 부모님이 주장한 것보다 내가 채소를 먹어야 하는 것이 나중의 때를 나타내므로 단순 동명사로 쓴다.

11 ① ▶ 과거분사는 〈동작이 완료된 결과·상태〉를 나타내 '~한'의 의미로 해석될 수 있다.
fallen leaves: 낙엽

② ▶ developed: 발달한, 선진의 / developing 개발 도상의

③ ▶ As he was born disabled ...를 분사구문으로 바꾼 문장으로 (Being) Born disabled ...가 맞다.
어휘 disabled 장애를 가진

④ ▶ 분사구문의 부정은 분사 바로 앞에 not이나 never를 붙인다.

⑤ ▶ 일종의 독립 분사구문으로 주로 〈동시상황〉을 나타내는 〈with + (대)명사 + 분사〉 구문으로 명사와 분사와의 관계가 수동이면 과거분사를 써야 한다.

12 ▶ 〈기분·감정〉을 나타내는 현재분사(v-ing)는 기분/감정을 유발하는 사람/사물을, 과거분사(v-ed)는 기분/감정을 느끼는 사람을 나타낸다.

13 ▶ 〈with + (대)명사 + 분사〉 구문에서 분사로 being이 오는 경우 보통 생략되어, 〈with + (대)명사 + 형용사/부사/전치사구〉도 가능하다.

14 ① 이 방법을 쓰면, 당신은 살을 빨리 뺄 것이다.
② 날씨가 건조했기 때문에, 우리는 야외에서 불을 피울 수 없었다.
③ 비명소리를 듣고, 우리는 창문으로 달려갔다.
④ Mary는 우리를 기다리면서 지루해지고 있을 것 같아.
⑤ 계단을 뛰어내려 가다가 그녀는 걸려 넘어졌다.
▶ ②는 〈이유〉를 나타내는 분사구문이고, ①은 〈조건〉, ③은 〈때〉, ④와 ⑤는 〈동시상황〉을 나타내는 분사구문이다.

15 전에 외국에 나가본 적이 없기 때문에, 나는 여행을 위해 많은 조사를 했다.
▶ 분사구문의 부정은 분사 바로 앞에 not이나 never를 붙인다. 주절보다 앞선 때를 나타내고 있으므로 완료형 분사구문을 쓴다.

16 뉴질랜드는 겨울이었기 때문에, 우리는 코트를 챙겼다.
▶ 종속절의 주어(it)와 주절의 주어(we)가 일치하지 않을 때는 분사구문으로 전환 시 분사의 의미상 주어를 밝혀주어야 한다.

17 (A) 그녀는 계속 치과에 가는 것을 미룬다.
▶ put off는 동명사를 목적어로 취한다.
(B) 그는 문제가 있다는 것을 받아들이기를 거절했다.

▶ refuse는 to부정사를 목적어로 취한다.
(C) 저희는 당신이 하버드에 입학 허가를 받지 못했음을 알려드리게 되어 유감입니다.
▶ regret to-v: ~하게 되어 유감이다

18 ① ▶ roughly speaking은 '대략적으로 말하자면'이라는 뜻이다. '엄격히 말하자면'이라는 뜻의 관용표현은 strictly speaking이다.

② ▶ considering ~: ~를 고려하면
③ ▶ speaking of ~: ~의 얘기가 나왔으니 말인데
④ ▶ granted that ~: 설사 ~라 할지라도
⑤ ▶ judging from ~: ~로 판단하면

[19-20]

여름이 다가오면서, 우리들의 생각은 분명해진다. 수영복 계절이 오기 전에 어떻게 10, 20 혹은 30파운드를 뺄 수 있을까? 공포가 엄습할 때, 체중 감소에 성공했다는 이야기의 이전과 이후 사진들을 주요하게 다룬 광고들이 상상을 사로잡는다. 사람들이 매년 뚱뚱해진다는 많은 연구 결과에도 불구하고, 사람들은 체중 감소에 집착하고 있고, 체중을 줄이는 사업은 급속히 성장했다. 사실, 체중 감소 프로그램에 관해서라면 선택이 부족하지는 않다. 중요한 것은 당신의 생활 방식과 예산에 맞는 프로그램을 찾는 것이다. 물론, 언제나 칼로리를 줄이고 운동을 늘리는 옛날 방식을 택할 수도 있지만, 다이어트를 하는 많은 사람들에게는 책임(감)은 말할 것도 없고, 추가적인 체계와 지원이 필요하다.

어휘 on the horizon 곧 일어날 듯한 / panic 공포 / set in 시작하다[되다] / feature 중요하게 다루다 / be obsessed with ~에 집착하다 / when it comes to ~에 관해서라면 / budget 예산 / not to mention ~는 말할 것도 없고 / accountability 책임

19 ▶ (A) 수식을 받는 명사 ads는 동사 feature의 주체이므로 능동의 의미를 나타내는 현재분사가 적절하다.
(B) studies를 뒤에서 수식하는 현재분사 saying이 와야 한다. saying의 목적어인 명사절의 동사는 are getting이다.
(C) 〈need + v-ing〉는 수동의 의미이므로 주어 many dieters가 동사 add의 대상일 수 없으므로 부적절하고, 수식을 받는 명사구 structure and support가 add의 대상이므로 수동의 의미를 나타내는 과거분사가 되어야 한다.

20 ▶ 콤마로 연결된 동격 관계로 reducing … exercise가 the old-fashioned route의 내용을 설명하고 있다.

[21-22]

가사 일에 대해 미리 계획을 세우면 시간을 절약하고 스트레스를 줄이는 데 도움이 된다. 예를 들어, 식료품점에 가기 전에 자세한 쇼핑 목록을 만들고, 상점의 배치도를 근거로 하여 사야 할 것을 그룹으로 묶어라. 이렇게 한다면, 사는 것을 잊은 양파 때문에 유제품 코너에서 식료품 코너로 다시 갈 필요가 없을 것이다! 더 바쁜 날에 대비하여 주말같이 만들 시간이 있을 때 미리 음식을 만들어 놓는 계획을 고려해 볼 수도 있다. 대량으로 만들어서 냉동 보관될 수 있는 음식을 반드시 미리 만들어 두어라. 그러면, 바쁜 날에는 다시 데우기만 하면 된다! 예를 들어, 주초에 많은 양의 신선한 채소들을 끓는 물에 데쳐서 여닫을 수 있는 봉지에 저장해 둘 수 있다. 빠르게 데워지고 양념되면 이런 음식들은 즉석식품과 다름이 없다.

어휘 detailed 자세한 / layout 설계, 구획 / backtrack 돌아오다 / blanch 뜨거운 물에 데치다 / resealable 다시 밀봉할 수 있는

21 ① ▶ 〈연속동작〉을 나타내는 분사구문
② ▶ 동사 plan은 목적어로 to부정사를 취한다.
③ ▶ 명사 time을 수식하는 형용사적 용법의 to부정사
④ ▶ be동사의 주어 부분에 do가 있는 경우 보어로 쓰인 to부정사에서 to를 생략하고 원형부정사로도 쓸 수 있다. (reheating them → (to) reheat them)
⑤ ▶ 〈때〉를 나타내는 분사구문으로, 주절보다 앞선 일을 나타내므로 완료형 분사구문이지만 보통 having been은 생략되므로 과거분사만 남았다.
　← When they have been quickly reheated and seasoned, these make for almost-instant side dishes.

22 ▶ 빈칸 앞에서 음식을 미리 준비하는 것에 대해 말하고 있고 빈칸 뒤에서 채소를 미리 데쳐 놓는 예시를 제시하고 있으므로 빈칸에는 For example(예를 들어)이 가장 적절하다.

24 전치사의 역할과 목적어 / 전치사의 후치·생략

CHECK UP

1 him　**2** asking　**3** to choose from
4 that potatoes grew well

1 나는 그녀가 그에게 진실해야 한다고 말했다.
▶ 전치사의 목적어 자리이므로 목적격 인칭대명사
어휘 suggest 제안하다; *(간접적으로) 말하다

2 그는 그녀에게 데이트 신청하는 것 때문에 긴장하고 있다.
▶ 전치사 뒤에는 원칙적으로 명사 상당어구가 와야 하므로 동사는 동명사 형태로 사용한다.

3 고를 만한 옷이 거의 없었다.
▶ 형용사적 용법의 to부정사구에 전치사가 포함된 경우 일상적으로 전치사는 후치한다.

4 Mark는 감자가 잘 자라서 기뻤다.
▶ 감정을 나타내는 말 다음에 오는 접속사 that 앞에 전치사를 쓰지 않음

A

1 (having a car accident)　**2** (What)
3 (a quieter table)　**4** (how organized the tour was)
5 (the French Revolution)　**6** (enough)

1 피곤함은 차 사고의 발생 위험을 증가시킨다.
▶ 전치사의 목적어인 동명사구

2 어제 강의는 무엇에 관한 것이었니?
▶ 의문사가 전치사의 목적어로 쓰여 전치사가 후치되었다.

3 앉을 만한 좀 더 조용한 자리를 찾자.
▶ 형용사적 용법의 to부정사구에서 전치사가 후치된 형태로 목적어는 to부정사 앞 명사구

4 우리는 여행 일정이 얼마나 체계적인지에 만족했다.
▶ 전치사의 목적어로 쓰인 명사절

5 그것은 프랑스 혁명에 관한 훌륭한 책이다.
▶ 전치사의 목적어로 쓰인 명사구

6 그들은 가까스로 먹고 산다.
▶ 형용사적 용법의 to부정사구의 전치사가 후치된 형태로, to부정사구 앞 enough (money)가 목적어이다.

B

1 (for) **2** (on) **3** X **4** (at) **5** (in) **6** X

1 우리는 멈추지 않고 다섯 시간 동안 달렸다.
> 동작이 중단 없이 계속되는 동사 drove 뒤에 오는 〈for + 기간〉의 표현에서 for는 생략 가능하다.

2 토요일에 일하지 않아도 된다면, 너와 함께 갈 텐데.
> 요일 앞의 on이 오는 경우 생략 가능하다.

3 나는 올해 공부에 좀 더 많은 시간을 쓰기로 했다.
> spend time on + v-ing: ~하느라 시간을 보내다

4 Jimmy는 그가 약 5시 정도에 돌아올 것이라고 말했다.
> 〈at about + 시간〉에서 at은 생략 가능하다.

5 이런 방식으로 그것을 묶으면 풀지 않을 거야.
> in this/that way에서 in은 생략 가능하다.

6 그것이 그들이 생각해낼 수 있는 유일한 아이디어였다.
> think of: ~를 생각해내다

C

1 우리는 최근에 거기에 가지 않았다.
2 당황스럽게도, 그녀는 그의 이름을 기억할 수 없었다.
3 욕실이 너무 작았기 때문에 샤워기는 쓸모가 없었다.
4 그는 어린 나이에 그가 하고 싶은 일을 알았다는 점에서 운이 좋았다.
5 당신이 해주신 일에 대해 감사드리는 뜻으로 저희가 저녁식사를 대접하고 싶습니다.

1 > of late: 최근에 (= lately)
2 > 절을 수식하는 부사 역할을 하는 전치사구
3 > 주격 보어로 쓰인 형용사 역할을 하는 전치사구 of no use (= useless)
4 > that이 이끄는 명사절이 전치사 in의 목적어이다.
in that: ~라는 점에서
5 > 이유를 나타내는 전치사 for의 목적어로 쓰인 관계대명사 what절

WRITING PRACTICE

1 do Saturday afternoon
2 the glasses on the table
3 a friend to play with
4 afraid of speaking English
5 going on outside my house

---

6 against smoking in public places
7 his shop since then

1 > 시간을 나타내는 명사와 요일이 결합하는 경우 일상체에서 전치사를 생략할 수 있다.
2 > 전치사구 on the table이 명사구 the glasses를 뒤에서 수식하는 형용사 역할을 한다.
3 > 형용사적 용법의 to부정사구에 전치사가 포함된 경우 일상적으로 전치사를 후치한다.
4 > 전치사 뒤에는 명사 상당어구를 써야 하므로 동명사를 쓴다.
5 > 전치사구 outside my house가 동사 go on을 수식하는 부사 역할을 한다.
6 > 전치사 뒤에는 명사 상당어구가 와야 하므로 동명사를 쓴다. 전치사구 against ... places가 주어 New laws를 수식하고 있다.
7 > 전치사는 뒤에 〈시간〉을 나타내는 부사와 함께 쓸 수 있다.

UNIT 52-53

25 〈때〉를 나타내는 전치사 / 〈장소〉를 나타내는 전치사 (1)

CHECK UP

1 on **2** until **3** during **4** since **5** on **6** over

1 저와 화요일 아침에 식사 같이 하시겠어요?
> 요일/날짜를 나타낼 때나 특정한 날의 아침, 오후, 저녁 앞에는 on을 쓴다.

2 나는 오늘 늦잠을 잤다. 나는 역시 정각까지 일어나지 않았다.
> '~까지 (계속)'의 의미로 동작·상태의 지속을 나타내는 until이 알맞다.

3 나는 오후 동안 그 일을 할 것이다.
> 〈언제(when something happens)〉에 대응하여, 〈일이 일어난 시점·시기〉를 나타내는 경우 during을 쓴다.

4 Jeff와 Annie는 8월부터 결혼 생활 중이다.
> since는 '~이래 (현재까지)'라는 의미로 주로 완료형 문장에서 쓰인다.
cf. after: ~의 뒤[이후]에

5 도로에서 끔찍한 교통사고가 났다.
> road는 선에 근접하므로 on이 적절하다.

6 나는 롤러 블레이드를 타고 맨홀뚜껑을 넘다가 넘어졌다.

> '가로질러'의 의미인 over
> *cf.* above: ~보다 높은 곳에

A

> **1** on **2** during **3** on **4** for **5** at **6** during **7** on
> **8** at **9** at

Sarah: 죄송해요, 아빠. 저 주말에 집에 못 갈 것 같아요.
아빠: 저런. 그러면 연휴 기간 동안에는 너를 볼 수 있는 거니?
Sarah: 네. 30일에 갈 수 있어요.
아빠: 30일이라. 금요일이지, 그렇지?
Sarah: 네. 그리고 3일 동안 머물 수 있어요.
아빠: 잘됐구나. 그러면 12월 31일에 우리와 함께 있겠구나. 1년 중 그맘때는 집에서 가족과 함께 보내는 것이 좋아.
Sarah: 맞아요. 함께 즐거운 시간을 보내요.
아빠: 좋아! 하지만 알다시피 중요한 연휴에는 교통이 최악이잖아. 기차를 타도록 해.
Sarah: 그렇게 할게요.
아빠: 그러면 금요일 몇 시에 오니?
Sarah: 아마 점심시간에 시카고에서 출발할 테니, 5시쯤 도착할 거예요.
아빠: 그래. 보고 싶구나.

1 ➤ on the weekend: 주말에
2, 6 ➤ 〈언제(when something happens)〉에 대응하여 일이 일어나는 특정한 기간을 나타내는 during
3 ➤ 날짜를 나타낼 때 on
4 ➤ 〈얼마동안(how long something lasts)〉에 대응하여 지속 기간을 나타낼 때는 for
5, 8 ➤ 특정 시점(비교적 짧은 기간)을 나타내는 at
7 ➤ 요일을 나타낼 때 on
9 ➤ 시각 앞에는 at

B

> **1** off **2** over 또는 onto **3** in **4** out of 또는 off
> **5** onto

1 소녀는 균형을 잃고 자전거에서 떨어졌다.
> ➤ off: 〈장소〉 ~로부터[에서] (떨어져)
2 보름달이 마당 위로 밝은 빛을 비췄다.
> ➤ over: (떨어진) ~의 위에(의) / onto: ~의 위로
3 Michael은 토론토에서 태어나고 자랐다.

> ➤ in: 〈장소〉 ~의 안에서
> 〈대륙·나라·지방 등〉의 비교적 넓은 구역에 대해 주로 사용한다.
4 그 경찰관은 그에게 차량에서 내려 걸어 보라고 요청했다.
> ➤ '~의 (안에서) 밖으로'라는 의미로 〈외부로의 운동·방향〉을 나타내는 out of나 동사 get과 결합하여 '하차하다, 내리다'라는 의미를 가지는 off도 가능하다.
5 나는 사전들을 책상에서 맨 위에 있는 선반 위로 옮겼다.
> ➤ onto: 〈방향〉 ~의 위로

C

> **1** ○ **2** after → since **3** ○ **4** on → above **5** ○

1 그 빵집은 1번가와 Lincoln 가의 모퉁이에 있다.
> ➤ 길에 접해 있으므로 on이 적절하다.
2 우리는 초등학교 시절부터 서로를 알고 있다.
> ➤ 주로 완료형 문장에서 '~이래 (현재까지)'의 의미인 since
3 나는 그들의 최신 CD가 발매되기를 오랫동안 기다려왔다.
> ➤ 얼마 동안(how long something lasts)에 대응하여 〈지속 기간〉을 나타내는 for
> 어휘 for ages 오랫동안
4 이 산은 해발 1,000미터이다.
> ➤ '~보다 높은 곳에 (higher than)'의 의미인 above
5 회의실은 복도 끝에 있다.
> ➤ 비교적 좁은 한 지점을 나타내는 at

WRITING PRACTICE

> **1** have not read a newspaper since Thursday
> **2** in Tokyo by 8 o'clock **3** ready in ten minutes
> **4** hide under the bed

1 ➤ 과거의 어느 시점부터 현재까지 지속되는 동작을 나타내는 〈현재완료형 + since + 과거의 시점〉을 사용한다.
2 ➤ 완료의 기한을 나타내는 by를 쓴다.
3 ➤ '(지금부터) ~후에'의 의미인 in을 쓴다.
4 ➤ '(떨어진) ~의 아래에'의 의미인 under를 쓰는 것이 적절하다.

26 〈장소〉를 나타내는 전치사 (2) / 〈원인·이유·동기〉, 〈제외〉를 나타내는 전치사

CHECK UP

1 among **2** behind **3** due to **4** except

1 나는 수백 명의 사람 중에 그를 거의 찾을 수 없었다.
  ➤ 하나하나가 명확하게 구분되지 않는 셋 이상의 사물/사람의 집합체에는 among을 쓴다.
2 나에게 전기 스탠드를 주면 내가 그것의 플러그를 책상 뒤에 꽂을게.
  ➤ 책상 뒤의 벽을 의미하므로 behind가 적절하다.
3 경기는 비 때문에 연기되었다.
  ➤ due to: 〈이유·원인〉 (~한 이유)로, ~ 때문에
4 비가 내릴 때를 제외하고 나는 매일 해변에 갔다.
  ➤ except와 except for는 둘 다 '~를 제외하고'의 의미이지만 절 앞에는 except를 쓴다.

A

1 across **2** beside 또는 near **3** near 또는 beside 또는 in front of **4** in front of **5** between 또는 near

1 나는 전국을 가로질러 여행하는 계획을 짰다.
  ➤ across: ~를 가로질러; ~의 전역에 걸쳐
2 Mary의 오른쪽 옆에/근처에 서 있는 사람은 누구니?
  ➤ 문맥상 beside(~의 곁[옆]에)와 near(~ 가까이, 근처에) 가능
3 너희 아파트 근처에/옆에/앞에 지하철역이 있니?
  ➤ 문맥상 near(~ 가까이, 근처에), beside(~의 곁[옆]에), in front of(~의 앞[정면]에) 모두 가능
4 오늘밤 집에 돌아가면, TV 앞에서 좀 쉬어야겠다.
  ➤ in front of: ~의 앞에
5 LA와 Anaheim 사이에/근처에 작은 도시들이 여러 개 있다.
  ➤ 문맥상 between((두 장소의) 사이에)과 near(~ 가까이, 근처에) 가능

B

1 behind **2** for **3** along **4** by

1 (A) 밴드는 춤을 추는 사람들 뒤에서 행진했다.

(B) 누군가가 우리를 따라 오고 있어. 뒤 돌아 보지마. 아무일 없는 척 해.
  ➤ behind: 〈장소〉 ~의 뒤에
2 (A) 그들은 우리가 울타리의 잠금장치를 부숴 놨다고 비난했다.
(B) 그들은 우리가 그들을 오랫동안 기다리게 해서 몹시 화가 났다.
  ➤ for: ~(한 이유)로, ~ 때문에
    blame A for B: A를 B 때문에 비난하다
  여휘 furious 몹시 화난, 격노한
3 (A) 나는 보통 운동으로 공원의 길을 따라 자전거를 탄다.
(B) 해안을 따라 있는 집들은 고요하고 평화로워 보였다.
  ➤ along: (길이나 강 등 길고 좁은 형태의) ~를 따라
4 (A) 바다 옆에 살아서, 그들은 신선한 해산물을 먹는 데 익숙하다.
(B) 그 식당은 Main 가 옆에 있어서 찾기 쉽다.
  ➤ by: ~의 (바로) 옆에

C

1 at how easy the final test was **2** from starvation **3** of needles **4** with his current job

1 그 학생은 기말고사가 너무 쉬워서 놀랐다.
  ➤ at: 〈감정의 원인〉 ~를 보고[듣고, 알고]
2 매년 수천 명의 사람들이 기아로 죽는다.
  ➤ from: 〈이유·원인〉 ~(한 이유)로
  여휘 starvation 기아, 굶주림
3 그 어린 소년은 주사가 무서워서 울기 시작했다.
  ➤ of: 〈감정의 원인·동기〉 ~ 때문에
4 그는 현재의 일에 만족하기 때문에 이직을 원하지 않는다.
  ➤ with: 〈원인〉 ~로, ~ 때문에

WRITING PRACTICE

1 1) through 2) before 3) out of 4) next to
2 1) were late due to heavy traffic 2) standing among the students 3) Except for the high rent 4) The kid sitting behind me

1 1) ➤ through: 〈통과〉 ~를 지나서, ~를 꿰뚫어
  2) ➤ before: ~의 앞에, ~의 면전에
    여휘 dispassionate 감정적이 아닌; *공평한
  3) ➤ out of: 〈동기〉 ~에서, ~때문에
    out of necessity: 필요해서

4) ▶ next to: 〈장소·위치〉 ~와 나란히, ~ 옆에

2 1) ▶ due to: 〈이유·원인〉 ~(한 이유)로, ~ 때문에

2) ▶ 명확하게 구분하기 힘든 셋 이상의 사람 집합체에는 among을 쓴다.

3) ▶ except for: ~를 제외하고
except는 문장 첫머리에 쓸 수 없고, 부사구를 이루어 절을 수식하면 except for를 쓴다.

4) ▶ behind: 〈장소〉 ~의 뒤에

UNIT 56-58

27 for의 주요 용법 / to의 주요 용법 / with의 주요 용법

CHECK UP

1 with **2** for **3** to **4** to **5** with **6** for

1 내 신용 카드에 문제가 있었다.
▶ with: 〈관련·관계〉 ~와(의); ~에 있어서(는)

2 그녀는 2년 동안 제대로 된 휴가를 보내지 못했다.
▶ for: 〈지속 기간〉 ~동안

3 원하신다면 입맛에 맞춰 설탕을 넣으세요.
▶ to: 〈호응·적합〉 ~에 맞추어

4 그들은 리조트로 가는 길을 잘 안내받았다.
▶ to: 〈방향·대상〉 ~쪽으로[에]

5 나는 방망이로 공을 치는 것보다 오히려 발로 공을 차는 걸 좋아한다.
▶ with: 〈도구·수단〉 ~로, ~를 사용하여

6 쇼의 마지막에 배우들은 사진을 찍기 위해 포즈를 취했다.
▶ for: 〈목적〉 ~를 위하여

A

1 With **2** for **3** To **4** with **5** for **6** to **7** for **8** with

1 모든 어려움에도 불구하고 그들은 성공했다.
▶ with: 〈양보〉 ~에도 불구하고 (종종 with all의 형태로)

2 오늘 점심거리는 무엇이지?
▶ for: 〈자격·속성〉 ~로(서)

3 기쁘고 신나게도, 그가 나에게 데이트 신청을 했어!
▶ to: 〈감정의 반응〉 ~하게도 / to my joy: 기쁘게도
어휘 ask someone out ~에게 데이트 신청을 하다

4 큰 겨울 코트를 입었는데도 춥게 느껴졌다.
▶ with: 〈동시동작〉 ~한 상태로, ~한 채

5 그들은 나에게 딸의 피아노 강습비를 지불했다.
▶ for: 〈교환·대상〉 ~에 대하여, ~와 교환으로

6 업무상의 변화에 대한 반응은 매우 긍정적이었다.
▶ to: 〈호응·적합〉 ~에 응하여, 맞추어

7 그들은 거래를 성사시킬 방법들을 찾기로 합의했다.
▶ search for: 〈목적·추구〉 ~를 모색하다, 추구하다
어휘 negotiate 교섭[협상]하다; *성사시키다

8 그 아이는 추위에 이를 부딪치며 거기에 서 있었다.
▶ with: 〈동시상황〉 ~한 상태로, ~한 채
어휘 chatter (이 등이) 딱딱 맞부딪치다

B

1 for **2** to **3** with

1 (A) 사람들은 여러 이유로 거짓말을 한다.
▶ for: 〈이유·원인〉 ~(의) 이유로

(B) 새 계획에 찬성하거나 반대하는 투표를 할 기회가 있을 것이다.
▶ for: 〈찬성·지지〉 ~에 찬성하여

2 (A) 비가 오는 저녁이었고 그녀는 흠뻑 젖었다.
▶ to: 〈범위·정도〉 ~(에 이르기)까지
soaked to the skin: 흠뻑 젖은

(B) 나는 이 디자인이 이전 것보다 못하다고 생각한다.
▶ to: 〈비교·대조〉 ~에 비해, ~보다

3 (A) 우리 할머니는 독감으로 침대에 누워 계신다.
▶ with: 〈이유·원인〉 ~로 인해, ~때문에

(B) 아침 혼잡 시간대에 버스는 승객들로 가득 찬다.
▶ with: 〈동반·수반·소유〉 ~와 (함께)
packed with: ~로 가득찬

C

1 traveled to Egypt → traveled to Egypt with
2 in breakfast → for breakfast **3** with school → to school **4** ○ **5** ○

1 너와 함께 이집트로 여행 갔던 사람들은 누구였니?
▶ '~와 (함께)'의 의미로 〈동반·수반·소유〉를 나타내는 with 가 빠져있다.

2 그는 오늘 아침으로 시리얼과 토스트를 먹었다.
▶ for: 〈자격·속성〉 ~로(서)

3 나는 매일 학교 가는 길에 그 건물을 지난다.
▶ to: 〈방향〉 ~쪽으로[에]

4 그 여배우는 작은 마을을 떠나 할리우드로 가서 성공했다.
> for: 〈방향·목적지〉 ~를 향하여, ~행의

5 계산서에 54달러가 나왔다. 그럼 우리는 각각 13달러 50센트로 계산된다.
> to: 〈상태의 도달·변화방향〉 ~로[에, 까지]

WRITING PRACTICE

1 1) to 2) with 또는 at 3) to
2 1) ten minutes to[before/of] nine
　　2) tall for her age
　　3) for him to make
　　4) what is wrong with them

1 1) > to: 〈호응·적합〉 ~에 응하여, 맞추어
　　2) > with: 〈소속·근무〉 ~에 고용되어
　　　　또는 '~에 종사[열중]하여'의 의미의 〈활동·종사〉를 나타내는 at도 가능하다.
　　3) > to: 〈범위·정도〉 ~(에 이르기)까지
　　　　어휘 fertilizer 비료 / soluble 녹는, 용해할 수 있는
2 1) > 시간 관련 표현에서 '~까지 …전'은 to, before, of를 사용하여 나타낼 수 있다.
　　2) > for: 〈비례·대비〉 ~치고는
　　3) > to부정사의 의미상 주어를 나타내는 for
　　4) > with: 〈관련·관계〉 ~와(의)

UNIT 59-61
28 at·by의 주요 용법 / from·of의 주요 용법 / in·on의 주요 용법

CHECK UP

1 at **2** of **3** on **4** in **5** from **6** by

1 나는 직장에서 심한 스트레스를 받고 있다.
> at: 〈상태·상황〉 ~의 상태[입장]에
어휘 under strain 과로하여, 긴장하여
2 그 램프는 종이와 철사로 만들어진다.
> of: 〈재료·구성요소〉 ~로 만든, ~로 된
재료의 원형이 남는 경우에는 be made (out) of를 쓴다.
3 스쿠버 다이빙 클럽은 금요일마다 5시에 만난다.
> on: 〈때·기회〉 ~에, ~때에

4 그것은 지난 수십 년 동안 최악의 자연재해였다.
> in: 지난 ~ 동안 (= for)
5 그들이 처음부터 정직했더라면 좋을 텐데.
> from: 〈기점〉 ~에서, ~(로)부터
from the beginning: 처음부터
6 관광업은 지난 5년 동안 10퍼센트만큼 성장했다.
> by: 〈정도·차이〉 ~만큼

A

1 in **2** of **3** on **4** at **5** of **6** from **7** by **8** at **9** on
10 in **11** of **12** by **13** from

1 나는 하루만에 자전거 타는 것을 배웠다.
> in: 〈기간〉 ~동안[중]에 (= during)
2 남자들 중 두 명이 게시판 앞에 서 있다.
> of: 〈부분〉 ~ 중에서
3 네가 인터넷에서 찾을 수 있는 것은 정말로 놀랍다.
> on: 〈수단〉 ~로
4 오늘 쇼핑몰에서 그렇게 많은 돈을 쓰지 않았다면 좋을 텐데.
> at: 〈장소의 한 지점〉 ~에서, ~에 (있는)
5 그는 자신이 중요한 사람인 줄로 착각했다.
> of: 〈성질·상태〉 ~의, ~한 성질을 지닌
a man of importance = an important man
6 외관상으로는 진짜와 가짜를 구별할 수 없다.
> from: 〈차이·구별〉 ~에서(부터)
tell A from B: A와 B를 구별하다
어휘 outward 표면상의
7 나는 이번 학기말이면 대학의 2년을 마칠 것이다.
> by: 〈동작·상태의 완료 기한〉 ~까지
8 그는 자신의 목숨을 희생해서라도 자신의 아이들을 늑대들로부터 지키기로 했다.
> at: 〈상태·상황〉 ~의 상태[입장]에
at the cost of: ~를 희생하여
9 그는 컴퓨터 보안에 관한 책을 썼다.
> on: 〈주제·관계〉 ~에 관하여[관한]
10 54명이 비행기 추락 사고로 죽었다. 그들이 편히 잠들기를!
> in: 〈상태〉 ~한 상태로
rest in peace: (죽어서) 고이 잠들다
11 그 병은 내게서 직업과 사회 생활을 앗아갔다.
> of: 〈분리·박탈〉 ~를, ~로부터
deprive A of B: A에게서 B를 제거하다, 빼앗다
12 택시로 다니는 것이 더 빠를 것이다.
> by: 〈수단〉 ~에 의하여

13 전쟁의 발발은 내가 꿈을 이루는 것을 방해했다.

> ▸ from: 〈방해·제지·보호〉 ~에서; ~하지 않도록
> prevent A from B: A가 B 하는 것을 막다, 방해하다

B

> **1** ○ **2** ○ **3** in the age → at the age **4** to vacation → on vacation **5** free for → free from

1 우리 차의 상태가 더 좋다면 좋을 텐데.

> ▸ in: 〈상태·환경〉 ~한 상태로, ~한 속에(서)

2 그 주자는 불과 몇 초 차이로 우승했다.

> ▸ by: 〈정도·차이〉 ~의 차(이)로

3 몇몇 젊은 남자들은 18세의 나이에 입대한다.

> ▸ at: 〈때의 한 시점·기간〉 ~(의 때) 에
> at the age of: ~살의 나이에
> **어휘** enlist 입대하다

4 우리 부모님들은 올해 두 분들끼리만 휴가를 갈까 생각 중이 시다.

> ▸ on: 〈목적·용무〉 ~의 용무로

5 의사가 병이 전혀 없다고 말했기 때문에, 나는 퇴원할 수 있 었다.

> ▸ from: 〈분리·제거·해방〉 ~에서, ~로부터
> free from: ~이 없는

WRITING PRACTICE

> **1** 1) from 2) at 3) of
> **2** 1) in a few days 2) was on fire
> 3) distinguishes him from everyone else
> 4) by the kilo

1 1) ▸ from: 〈기점〉 ~에서, ~(로)부터
  2) ▸ at: 〈상태·상황〉 ~의 상태[입장]에
    at your earliest convenience: 형편이 닿는 대로 빨리
  3) ▸ of: 〈동격〉 ~라고 하는, ~인
2 1) ▸ in: 〈시간의 경과〉 (지금부터) ~후에, ~지나서
  2) ▸ on: 〈상태〉 ~상태로[에], ~중에 / on fire: 불타고 있는
  3) ▸ from: 〈차이·구별〉 ~에서(부터), ~와
    distinguish A from B: A와 B를 구별하다
  4) ▸ by: 〈단위〉 ~를 단위로 하여, ~씩 (the와 함께 씀)

29 연결기능을 갖는 어구들 / 등위접속사 / 상관접속사

CHECK UP

> **1** do: **2** and **3** so **4** Not only **5** nor

1 할 일이 많이 있다. 설거지하기, 강아지 목욕시키기, 그리고 진공청소기 돌리기.

> ▸ 항목을 열거할 때 콜론(:)을 사용한다.

2 너 자신을 믿어라, 그러면 성공할 수 있다.

> ▸ 명령문 다음에 and가 오면 조건을 나타내는 '~해라. 그러 면 …'의 의미이다.

3 나는 식사할 시간이 거의 없어서, 샌드위치를 급히 먹었다.

> ▸ 문맥상 원인과 결과가 순서대로 제시되었으므로 〈원인 + so + 결과〉로 쓴다.
> **어휘** grab 붙잡다; *급히[잠깐] ~하다

4 학생들뿐만 아니라 교사들도 그 행사에 만족했다.

> ▸ not only A but (also) B: A뿐만 아니라 B도

5 그는 영어를 쓸 수도 읽을 수도 없지만, 이해할 수는 있다.

> ▸ neither A nor B: A도 아니고 B도 아닌

A

> **1** but **2** not only **3** Both

1 그들은 그 제안을 받아들이는 것 외에 선택의 여지가 없었다.

> ▸ have no choice but to-v: 하는 것 외에 선택의 여지가 없다, ~하는 수밖에 없다

2 나는 수족관에서 바다소뿐만 아니라 고래상어도 봤다.

> ▸ not only A but B too[as well]: A뿐만 아니라 B도
> **어휘** manatee 바다소

3 아이들과 부모님들 모두 그 연극에 감동받았다.

> ▸ both A and B: A와 B 둘 다

B

> **1** but **2** and **3** or

1 (A) 나는 Jack에게 손을 흔들었지만, 그는 나를 보지 못했다.

> ▸ 대조를 나타내는 접속사 but을 쓴다.

(B) 우리는 시간이 지나가기를 기다리기만 했다.

> ▸ do nothing but + 원형부정사: ~하기만 하다

2 (A) 지구가 해마다 점점 더 따뜻해지고 있다.

> 같은 단어를 연결하여 강조하는 and를 쓴다.

(B) 나는 그 상품의 가격과 품질 모두에 실망했다.

> both A and B: A와 B 둘 다

3 (A) 우리는 쉴 수도 있고 또는 하이킹을 계속 할 수도 있다.

> '~ 혹은, ~'라는 의미로 선택을 나타내는 등위접속사 or를 쓴다.

(B) 천문학, 즉 별과 행성에 대한 연구는 인류만큼 오래됐다.

> '즉, 곧'을 나타내는 동격의 or를 쓴다.

C

> **1** I was supposed to take the TOEFL test, but I decided not to.
> **2** Drink some water, and you will feel better.
> **3** Wear your helmet, or you could be seriously hurt.
> **4** I made a mistake with his email address, so he didn't get the message.

1 나는 토플 시험을 보기로 되어 있었다. 나는 시험을 안 보기로 결정했다.

→ 나는 토플 시험을 보기로 되어 있었지만 안 보기로 결정했다.

> 대조를 나타내는 접속사 but을 쓴다.

2 물을 마셔라. 너는 나아질 것이다.

→ 물을 마시면 나아질 것이다.

> 명령문 + and: ~해라, 그러면 〈조건〉

3 헬멧을 써라. 심하게 다칠 수도 있다.

→ 헬멧을 써라, 그렇지 않으면 심하게 다칠 수도 있다.

> 명령문 + or: ~해라. 그러지 않으면 〈조건〉

4 나는 그의 이메일 주소를 잘못 적었다. 그는 메시지를 받지 못했다.

→ 내가 이메일 주소를 잘못 적어서 그가 메시지를 받지 못했다.

> 결과를 나타내는 접속사 so를 쓴다.

D

> **1** ○ **2** and → nor **3** ○ **4** to express but also → but also to express **5** For → Because[As/Since]
> **6** ○

1 올해 최고의 음반 중 하나를 사러 오세요!

> and는 일상체에서 come 뒤에 쓰여 다른 동사와 연결 동작을 나타낼 수 있다.

2 나는 피아니스트가 될 의향도 능력도 없다.

3 그녀는 많은 곳에서 일했는데, 심지어 동물원에서도 일했다.

> 세미콜론(;)은 의미상 밀접하게 관련된 두 개의 독립된 문장을 연결할 때 쓴다.

4 그는 돈을 벌기 위해서뿐만 아니라, 자신의 감정을 표현하기 위해서 그림을 그린다.

> 상관접속사로 연결되는 것은 to부정사구인 to make money와 to express his feelings이므로, but also 는 to express 앞에 위치해야 한다.

5 사람들이 파티에 거의 오지 않았기 때문에 의자가 많이 필요하지 않았다.

> 이유를 나타내는 접속사 for는 문장 첫머리에 올 수 없으므로 Because나 As, Since를 쓴다.

6 그 소년은 침대에서 나와 아래층으로 내려가서 크리스마스 선물을 열어봤다.

> and가 세 개 이상을 연결할 때는 마지막 것만 and로 연결하고 나머지는 콤마로 대신한다.

WRITING PRACTICE

> **1** not you but I[me] **2** and you will **3** as well as my sister **4** for[because] he

1 > not A but B: A가 아니라 B

3 > A as well as B: B뿐만 아니라 A도

4 > 부가적으로 이유를 밝혀주는 접속사 for를 사용한다. 직접적·객관적 이유를 나타내는 because도 가능하다.

UNIT 65-66

30 명사절을 이끄는 종속접속사 / 부사절을 이끄는 종속접속사 (1): 때

CHECK UP

> **1** whether **2** you meant **3** By the time **4** since
> **5** As soon as

1 우리가 다음 주에 회의를 할지 안할지는 알려지지 않았다.

> 명사절을 이끄는 종속접속사로 or not이 바로 이어서 올 경우에는 whether를 쓴다.

2 그게 무슨 뜻이었는지 설명해 주세요.

> 의문사가 간접의문문을 이끌 때 〈의문사 + 주어 + 동사〉의 어순에 주의한다.

3 내가 거기 도착할 때쯤이면 파티는 끝났을 것이다.
  ▶ 완료의 기한을 나타내는 by the time을 써야 한다. until은 특정 시간까지의 계속을 나타낼 때 쓴다.
4 나는 운동하기 시작한 이래로 몸이 훨씬 나아졌다.
  ▶ '~한 이래'라는 의미의 since는 주로 현재완료형과 함께 사용한다.
5 내가 기차역에 도착하자마자 네게 전화를 걸겠다.
  ▶ as soon as: ~하자마자
  cf. no sooner ~ than …: ~하자마자 …하다

A

1 while **2** before **3** once **4** since

1 배를 기다리는 동안 우리는 이야기를 했다.
  ▶ while: ~하는 동안에
2 그 꼬마들은 십분 동안 울고 난 뒤에야 울음을 그쳤다.
  ▶ 울음을 그치기 '전에' 십분 동안 울었다는 내용이므로 before가 적절하다.
3 일단 개가 당신이 원하는 바를 하기 시작하면 꼭 칭찬해주고 보상을 해주어라.
  ▶ once + S + V: 일단 ~하면
4 Millie가 바이올린을 배우기 시작한 이래로 얼마나 많은 진전을 이루었는지 보세요.
  ▶ since: ~한 이래로

B

1 every time **2** Not until **3** As soon as
4 Hardly[Scarcely/Barely] / when[before]

1 그녀가 웃을 때마다 그녀의 눈이 빛난다.
  ▶ whenever: (언제든지) ~할 때 (= every time)
2 내가 좀 더 많은 돈을 모아야 비로소 컴퓨터를 살 수 있을 것이다.
  ▶ '…해서야 비로소 ~하다'의 의미인 〈not ~ until …〉에서 not until이 문장 첫머리에 나와 강조되는 경우 주절의 주어와 동사가 도치된다.
3 런던으로 돌아가자마자 우리가 좋아하는 식당에 가자.
  ▶ as soon as: ~하자마자 (= the moment)
4 그녀가 그것을 맛 보자마자 그녀의 혀에 불이 붙는 듯했다.
  ▶ no sooner ~ than …: ~하자마자 …하다
  (= hardly[scarcely/barely] ~ when[before] …)

C

1 that **2** As **3** whether **4** When

1 나는 우리가 더 많이 대화할 필요가 있다는 너의 의견에 동의한다.
  ▶ 동격절을 이끄는 접속사 that이 와야 한다.
2 그녀는 나이가 들어감에 따라 자신의 할머니를 닮아 간다.
  ▶ '~함에 따라'라는 의미로 함께 발달/변화하는 두 가지 동작/상황을 언급할 때 사용되는 접속사 as가 와야 한다.
3 많은 사람들이 대통령이 그 법안을 지지하는지 아닌지에 헷갈리는 듯했다.
  ▶ 불확실하거나 의문시되는 사실에 대해 말할 때는 접속사 whether나 if 모두 가능하지만, if는 전치사의 목적어인 명사절을 이끌 수 없으므로 whether가 와야 한다.
4 나는 아이였을 때 내게 초능력이 있다고 믿곤 했다.
  ▶ 삶의 기간이나 나이를 소개하는 접속사 when이 와야 한다.

D

1 where are my car keys → where my car keys are
2 ○ **3** till → since **4** ○ **5** ○ **6** whether → that

1 내 자동차 열쇠가 어디 있는지 아니?
  ▶ 의문사가 이끄는 명사절(간접의문문)의 어순은 〈의문사 + 주어 + 동사〉이다.
2 그들은 내가 스페인어를 말할 수 있는지 알고 싶어했다.
  ▶ 불확실하거나 의문시되는 사실에 대해 말할 때 '~인지 아닌지'의 의미인 if를 사용할 수 있다.
3 나는 뉴욕에 와서 살게 된 이후로 Henry를 알고 지냈다.
  ▶ 과거 시점부터 현재까지 이어지는 현재완료형이 쓰였으므로 '~한 이래'라는 뜻의 since를 써야 한다.
4 우리가 앉은 후에 메뉴가 우리 앞에 놓였다.
  ▶ after: ~후에
5 내가 다음 주에 돌아오기 전에 네가 이 퍼즐을 다 풀었을까?
  ▶ 때를 나타내는 접속사절에서는 현재시제가 미래를 대신한다.
6 수영장에 들어가기 전에 준비운동을 하는 것이 중요합니다.
  ▶ 확정적인 사실에 대해 이야기하고 있으므로 that이 적절하다.

WRITING PRACTICE

1 Wait here until[till] I return
2 The next time you visit 또는 When you visit next time
3 had he arrived / than he called on me
4 By the time / have gone to the airport

1~2 > 때를 나타내는 부사절에서는 미래를 현재시제로 표현한다.
1 > 돌아올 때까지 '계속' 기다리라는 내용이므로 until[till]이 적절하다.
2 > '다음에 ~할 때'의 의미인 〈the next time S + V〉를 사용하거나 〈때〉를 나타내는 접속사 when을 사용할 수 있다.
3 > '~하자마자 …하다'라는 뜻의 〈no sooner ~ than …〉은 주로 과거완료형과 함께 사용되어 두 가지 일이 바로 잇달아 일어났음을 나타낸다. no sooner가 문장 첫머리로 나가면 주절의 주어와 동사가 도치된다.
4 > 완료의 기한을 나타내는 by the time을 쓴다. 과거나 현재 어느 때부터 미래의 기준 시점까지 완료될 일에는 미래완료형을 쓴다.

UNIT 67-68

31 부사절을 이끄는 종속접속사 (2): 원인·이유·결과·목적 / 부사절을 이끄는 종속접속사 (3): 조건·양보·방법

CHECK UP

1 As 2 such 3 so that 4 even though

1 오늘 아침에 식사를 하지 않았기 때문에, 점심시간 무렵 배가 무척 고팠다.
   > 원인을 나타내는 접속사 as가 적절하다.
2 그것이 너무 좋은 얘기라서 그들은 그것을 영화로 만들었다.
   > such + a/an (+ 형용사) + 명사 + that ~: 너무 …해서 ~한
3 아기를 깨우지 않도록 조용히 얘기해.
   > 종속절에 부정어가 있으므로 so that이 알맞다. 〈for fear ~〉는 그 자체에 부정의 의미를 포함한다.
4 우리는 같은 행사에 있었지만 난 그녀를 보지 못했다.
   > 양보를 나타내는 '(비록) ~이지만'이라는 뜻의 even though가 적절하다.

A

1 beautiful a day 2 so that 3 unless you have
4 No matter how

1 날씨가 매우 좋아서 나는 산책을 갔다.
   > such + a/an + 형용사 + 명사 + that ~ = so + 형용사 + a/an + 명사 + that ~: 너무 …해서 ~한
2 그녀는 시원함을 유지하기 위해 선풍기를 샀다.
   > so that + S + can ~: ~하기 위하여, ~하도록
3 예약을 하지 않으면 이 식당에서 테이블을 배정받는 것이 불가능합니다.
   > if ~ not = unless: 만약 ~가 아니라면
4 당신의 집이 아무리 깨끗하더라도, 아기는 세균에 노출될 수 있다.
   > '아무리[어떻게] ~하더라도'의 의미인 〈however + 형용사 + S + V〉는 〈no matter how + 형용사 + S + V〉로 바꿔 쓸 수 있다.
   어휘 germ (*pl.*) 세균, 미생물

B

1 if 2 as[As]

1 (A) Steve는 내가 좋아하는지 보려고 이 책을 나에게 빌려줬다.
   > '~인지 아닌지'의 의미인 명사절을 이끄는 접속사 if나 whether
   (B) 내게 연락할 필요가 있으면 내 휴대전화로 연락하면 된다.
   > '~라면'의 의미인 조건절을 이끄는 접속사 if
   (C) 비록 내가 너에게 이메일을 보내는 걸 잊더라도, 나는 너를 생각하고 있을 것이다.
   > even if + 가상의 일: 혹시[설령] ~일지라도
2 (A) 내가 너에게 보여준 그대로 해라.
   > '~대로'의 의미인 접속사 as
   (B) 나는 배가 고프지만, 먹을 시간이 없다.
   > 형용사 + as + S + V: 비록 ~이지만
   (C) 계절이 변하는 것과 마찬가지로, 사람도 변한다.
   > just as ~ so …: ~인 것과 (꼭) 마찬가지로
   어휘 rust 녹

C

> **1** businesses are going to close down
> **2** because my headache is so bad
> **3** that he was exhausted
> **4** for fear that the music would be annoying
> **5** even if the weather is bad tomorrow

1 경기가 안 좋아서 기업들이 문을 닫을 것이다.
> ▸ now that ~: ~인 이상은, ~이니까

2 나는 두통이 너무 심해서 눈을 거의 뜰 수가 없다.
> ▸ 이유를 나타내는 because절과 이어지는 게 적절하다.

3 그는 너무 열심히 일해서 기진맥진했다.
> ▸ so + 부사 + that ⋯: 너무 ~해서 ⋯한

4 그 음악이 짜증스럽지 않도록 Sarah는 귀마개를 꼈다.
> ▸ for fear (that) + S + would[will/might/may] + 동사
> 원형: S가 ~하지 않도록

5 비록 내일 날씨가 안 좋더라도 우리는 여행을 떠날 것이다.
> ▸ even if 뒤에는 가상의 일이 이어져서 '비록(설령) ~일지라
> 도'의 의미를 나타낸다.

D

> **1** although → though **2** ○ **3** since → (al)though
> [even though] **4** if → whether **5** ○

1 나는 그 영화가 마음에 들지 않았다. 하지만, 특수 효과는 즐
겼다.
> ▸ although는 문장 끝에서 부사로 쓰일 수 없으므로
> though를 써야 한다.

2 온종일 그가 아픈 걸 보니, 그는 오지 않을 것 같다.
> ▸ seeing that는 원인을 나타내는 접속사 역할을 한다.

3 밖에는 계속 비가 오고 있었지만, 우리는 해변가에 야영하러
갔다.
> ▸ 문맥상 양보를 나타내는 (al)though[even though]가
> 적절하다.

4 네가 동의하든 아니든 너는 이 규칙을 따라야 한다.
> ▸ whether ~ or ⋯: ~이든 ⋯이든

5 나는 쇼핑하러 가는 것을 좋아하는 반면에 남편은 집에서
TV 보는 것을 더 좋아한다.
> ▸ while이 대조를 나타내는 '반면에'의 의미로 쓰였다.

WRITING PRACTICE

> **1** in case it gets cold
> **2** was so windy that
> **3** As[So] long as you are careful
> **4** No matter what you do

1 ▸ in case: ~의 경우에 대비하여 〈예방〉
2 ▸ so + 형용사 + that ⋯: 너무 ~해서 ⋯한
3 ▸ as[so] long as: ~하는 한
4 ▸ no matter what: 무엇을 ~하더라도 (= whatever)

UNIT 69-70

32 관계대명사 who / 관계대명사 which

CHECK UP

> **1** whom **2** who **3** whose **4** which

1 그녀가 가르쳤던 많은 학생들은 영어에 능숙해졌다.
> ▸ 선행사 Many students가 사람이고 의미상 taught의
> 목적어이므로 목적격 관계대명사 whom이 적절하다.

2 내가 보기에 상류층에 속한다고 여겨지는 사람들이 많이 있
다.
> ▸ I suppose는 삽입절이고 관계사절이 동사(can)로 시작하
> 므로 주격 관계대명사가 필요하다.

3 그것은 주안점이 학생들의 자원 활동인 프로그램이다.
> ▸ a program을 선행사로 하는 소유격 관계대명사 whose
> 가 와야 한다.

4 이곳은 내가 전에 비행기로 와본 적이 없는 공항이다.
> ▸ 선행사 an airport가 사물이고 전치사(to)의 목적어 역할
> 을 하는 목적격 관계대명사 which가 적절하다.

A

> **1** whose **2** whom[who] **3** which **4** whom
> **5** whose **6** which **7** which **8** who **9** who
> **10** which **11** which **12** who

1 나는 삼촌이 TV에 나오는 유명한 요리사인 친구가 있다.
> ▸ 선행사 a friend가 관계사절 안에서 소유격 역할을 하므
> 로 소유격 관계대명사 whose를 쓴다.

2 Joan이 데이트하고 있는 남자는 어떻게 생겼었니?

> 선행사 the man이 사람이고 관계사절 안에서 목적어 역할을 하므로 목적격 관계대명사 whom을 쓰고, 일상체에서는 who를 쓸 수 있다.

3 나는 인터넷으로 주문할 수 있는 선물을 찾고 있다.

> 선행사 a gift가 사물이고 관계사절 안에서 목적어 역할을 하므로 목적격 관계대명사 which를 쓴다.

4 Jack은 그가 사랑에 빠진 소녀에 대해 내게 말해 주었다.

> 선행사 the girl이 사람이고 관계사절 안에서 전치사 with의 목적어 역할을 하므로 목적격 관계대명사 whom을 쓴다. 전치사가 관계대명사 바로 앞에 있으므로 who는 쓸 수 없다.

5 아이들은 다리가 부러진 강아지를 돌봐 주었다.

> 선행사 the puppy가 관계사절 안에서 소유격 역할을 하므로 소유격 관계대명사 whose를 쓴다.

6 마침내, 우체부가 내가 기다리던 편지를 배달해 주었다.

> 선행사 the letter가 사물이고 관계사절 안에서 전치사 for의 목적어 역할을 하므로 목적격 관계대명사 which를 쓴다.

7 나에게는 어린 아이들 주변에서 항상 훌륭하게 행동하는 새가 있다.

> 선행사 a bird가 동물이고 관계사절 안에서 주어 역할을 하므로 주격 관계대명사 which를 쓴다.

8 이 사람들이 초대에 아직 응답하지 않은 사람들이다.

> 선행사 the people이 사람이고 관계사절 안에서 주어 역할을 하므로 주격 관계대명사 who를 쓴다.

9 우리는 궁전을 구경시켜 주는 안내원(의 설명)에 귀를 기울였다.

> 선행사 the guide가 사람이고 관계사절 안에서 주어 역할을 하므로 주격 관계대명사 who를 쓴다.

10 네게 우리 할머니가 내게 사주신 보석을 보여줄게.

> 선행사 the jewelry가 사물이고 관계사절 안에서 목적어 역할을 하므로 목적격 관계대명사 which를 쓴다.

11 이것이 대통령이 중국을 방문할 때 사용되었던 비행기이다.

> 선행사 the plane이 사물이고 관계사절 안에서 주어 역할을 하므로 주격 관계대명사 which를 쓴다.

12 자동차 회사에서 일하는 내 친구가 우리 동네로 이사왔다.

> 선행사 My friend가 사람이고 관계사절 안에서 주어 역할을 하므로 주격 관계대명사 who를 쓴다.

B

1 I met a person last night whose family comes from my hometown.

2 I ate lunch with a friend whom[who] I hadn't seen in months.

3 You could tell your friends who you are sure will be supportive.

4 She said some things which I didn't agree with. 또는 She said some things with which I didn't agree.

5 This is a 30-minute TV program whose content is generated solely by Filipino youths. 또는 … TV program of which the content is generated … 또는 … TV program the content of which is generated …

6 The novel which I read last week was about mother-daughter relationships.

1 나는 어젯밤에 한 사람을 만났다. 그의 가족은 내 고향 출신이다. → 나는 어젯밤에 그의 가족이 내 고향 출신인 한 사람을 만났다.

> a person을 선행사로 하는 소유격 관계대명사 whose

2 나는 한 친구와 함께 점심을 먹었다. 나는 그녀를 몇 달 동안 보지 못했다. → 나는 몇 달 동안 보지 못했던 친구와 점심을 먹었다.

> a friend를 선행사로 하는 목적격 관계대명사 whom[who]

3 당신은 친구들에게 말할 수 있다. 당신은 그들이 도움이 될 것이라고 확신한다. → 당신은 도움이 될 거라 확신하는 친구들에게 말할 수 있다.

> your friends를 선행사로 하는 주격 관계대명사 who이며 you are sure는 삽입절이다.

4 그녀는 몇 가지를 말했다. 나는 그것에 동의하지 않았다. → 그녀는 내가 동의하지 않은 몇 가지를 말했다.

> some things가 선행사인 전치사 with의 목적어 역할을 하는 목적격 관계대명사 which

5 이것은 30분짜리 TV 프로그램이다. 그것의 내용은 전부 필리핀 젊은이에 의해 만들어진다. → 이것은 내용이 전부 필리핀 젊은이에 의해 만들어지는 30분짜리 TV 프로그램이다.

> a 30-minute TV program이 선행사인 소유격 관계대명사 whose. 문법적인 표현인 of which도 가능하다.

6 그 소설은 엄마와 딸의 관계에 관한 것이었다. 나는 그것을 지난주에 읽었다. → 내가 지난주에 읽은 그 소설은 엄마와 딸의 관계에 관한 것이었다.

> the novel을 선행사로 하는 목적격 관계대명사 which

WRITING PRACTICE

1 who called me this morning
2 which I wanted to attend
3 which happened yesterday
4 an artist whose paintings sell
5 whom[who] we were looking for
6 which I thought would be helpful

1 ▶ The person을 선행사로 하는 주격 관계대명사 who를 쓴다.
2 ▶ The lecture를 선행사로 하는 목적격 관계대명사 which를 쓴다.
3 ▶ The accident를 선행사로 하는 주격 관계대명사 which를 쓴다.
4 ▶ an artist를 선행사로 하는 소유격 관계대명사 whose를 쓴다.
5 ▶ the child를 선행사로 하는 목적격 관계대명사 whom을 쓰거나, 일상체에서는 who를 쓴다.
6 ▶ I thought는 삽입절이고 some comments를 선행사로 하는 주격 관계대명사 which를 쓴다.

UNIT 71-72

33 관계대명사 that / 관계대명사 what

CHECK UP

1 that 2 that 3 what 4 what

1 너는 그녀가 말하고 있는 책을 아니?
  ▶ 선행사가 있으므로 what은 쓸 수 없고, that이 와야 한다.
2 저지방 음식을 주문하고 싶은데요.
  ▶ 선행사가 -thing으로 끝나는 부정대명사일 때 관계대명사 that을 쓴다.
3 이것이 우리 아버지께서 내년 은퇴 후에 계획하고 계신 것이다.
  ▶ 선행사가 없으므로 선행사를 포함하는 관계대명사 what이 적절하다.
4 그의 콜레스테롤 수치는 그의 나이의 정상 수준의 두 배이고, 설상가상으로 그에게는 간암의 위험이 있을 수 있다.
  ▶ what is worse: 설상가상으로

A

1 that 2 What 3 that 4 what 5 that 6 what

1 방금 지나간 그 남자와 개는 낯이 익었다.
  ▶ 선행사가 사람과 사물 둘 다를 포함하는 경우에는 관계대명사 that을 쓴다.
2 일어난 일은 내 왼쪽 팔이 마비된 것이다.
  ▶ 선행사를 포함하는 관계대명사 what이 적절하다.
  어휘 go numb 마비되다
3 네가 좋아하는 컴퓨터 게임의 이름이 뭐였지?
  ▶ what 등의 의문사가 선행사 앞쪽에 있는 경우에 that을 쓴다.
4 그 홍수는 처음에 뉴스에 보도되었던 것보다 훨씬 더 심각했다.
  ▶ 앞에 선행사가 없는 것으로 보아 선행사를 포함한 관계대명사 what을 써야 한다.
5 호주는 하나의 대륙 전체를 차지하고 있는 유일한 나라이다.
  ▶ the only가 선행사 앞에 붙어있는 경우에는 주로 that을 쓴다.
6 물과 물고기의 관계는 공기와 사람의 관계와 같다.
  ▶ A be to B what X be to Y: A의 B에 대한 관계는 X의 Y에 대한 관계와 같다

B

1 접속사, 그 노인은 의사에게 팔을 다쳤다고 말했다.
2 관계사, 골목에 세워져 있던 차가 어디 있니?
3 접속사, 나는 동물원이 유용하다는 의견에 동조하지 않는다.

1 ▶ that 뒤에 완전한 문장이 뒤따르므로 접속사이다. (목적어인 명사절을 이끄는 접속사)
2 ▶ that 뒤에 주어가 빠진 불완전한 문장이 뒤따르므로 관계대명사이다. (the car를 선행사로 하는 주격 관계대명사)
3 ▶ that 뒤에 완전한 문장이 뒤따르므로 접속사이다. (동격의 that)

C

1 that took place 2 what helps 3 what is called 또는 what we[you/they] call

1 그 썰매 경주는 그 축제에서 열린 가장 인기 있는 행사였다.
  ▶ 최상급을 포함한 선행사가 있으므로 목적격 관계대명사 that을 쓴다.
2 원활한 의사 소통은 우리가 문제를 해결하도록 돕는 것이다.
  ▶ '~하는 것'을 의미하는 선행사를 포함한 관계대명사 what

이 적절하다.

3 이것이 미국식 영어에서 소위 비스킷이라고 하는 것이다.

▶ 빈칸을 제외한 부분이 완전한 문장이므로 call을 이용한 삽입절이 적절하다.
what is called / what we[you/they] call: 소위, 이른바

D

> **1** that → what **2** author → author that **3** ○
> **4** what → that **5** said anything → said

1 나는 Dave에게 그가 했던 말에 대해 내 친구에게 사과하라고 요구했다.

▶ 전치사 for의 목적어인 관계사절에서 선행사가 없으므로 that을 선행사를 포함하는 관계대명사 what으로 고쳐야 한다.

2 그 책을 쓴 작가가 누구였지?

▶ the author를 선행사로 하는 관계절을 이끄는 주격 관계대명사가 필요한데, 의문사 who가 선행사 앞에 있으므로 that을 쓴다.

3 저 드레스를 디자인한 여자는 매우 재능이 있다.

▶ 앞에 나온 that은 관계대명사이고 뒤에 나온 that은 지시형용사이다.

4 그것을 막기 위해 취해질 수 있는 일은 거의 없다.

▶ 선행사가 little이므로 선행사를 포함하는 관계사 what을 쓸 수 없고 that을 써야 한다.

5 그가 말한 것을 형사들이 받아 적었다.

▶ 관계대명사절 What he said anything 내에서 관계대명사 what이 목적어 역할을 하므로 목적어 anything은 없어야 한다.

WRITING PRACTICE

> **1** what you need **2** all the money that she had
> **3** what she was **4** What matters to these people
> **5** What most people agree on is that

1 ▶ 선행사를 포함한 관계대명사 what(~하는 것)을 쓴다.
2 ▶ 선행사가 all을 포함하므로 목적격 관계대명사 that을 쓴다.
3 ▶ what + S + be: 주어의 인격
4 ▶ 선행사를 포함한 관계대명사 what(~하는 것)을 쓴다.
What matters to these people …
= The thing which matters to these people …

5 ▶ 관계대명사 what은 '~하는 것'의 의미로 관계대명사절 내에서 agree on의 목적어 역할을 하고, that은 접속사로서 문장의 보어인 명사절을 이끈다.

UNIT 73-74

34 관계대명사의 생략 / 관계부사

CHECK UP

> **1** with whom **2** people who **3** when **4** where

1 내가 편지를 주고 받던 그 여자는 이사를 간 것 같다.

▶ 관계대명사가 전치사의 목적어인 경우, 〈전치사 + 관계대명사〉의 형태일 때 관계대명사는 생략할 수 없다.
어휘 correspond with ~와 일치하다; *~와 서신을 주고받다

2 한국에서는 서비스를 제공하는 사람들에게 팁을 주지 않아도 된다.

▶ 주격 관계대명사로 쓰인 who는 생략하지 않는다.
어휘 be obliged to-v ~해야 하다

3 그 해는 베를린 장벽이 무너진 해였다.

▶ 때를 나타내는 선행사 the year는 관계부사 when으로 수식한다.

4 이곳이 내가 점심을 먹는 곳이다.

▶ 장소를 나타내는 선행사 the place는 관계부사 where로 수식한다.

A

> **1** where **2** how **3** when **4** why **5** where **6** when

1 이곳은 당신이 온 가족과 함께 즐겁게 보낼 수 있는 장소이다.

▶ 장소를 나타내는 선행사 a place를 받는 관계부사 where 이 적절하다.

2 A: 내 동료가 그러는데 자신이 지난 주말에 문자메시지로 해고 통지를 받았다고 하네.
B: 그게 사람을 다루는 방식이라니 믿을 수가 없군.

▶ 방법을 나타내는 관계부사 how가 적절하다.

3 나는 Steve가 Sarah의 말에 이성을 잃었던 때를 잊을 수가 없다.

▶ 시간을 나타내는 선행사 the time을 받는 관계부사 when이 적절하다.

4 네가 내게서 돈을 빌려야 할 만한 타당한 이유라도 있니?

> 이유를 나타내는 선행사 a good reason을 받는 관계부사 why가 적절하다.
5 저곳이 경기의 결승전이 열릴 경기장이다.
> 장소를 나타내는 선행사 the stadium을 받는 관계부사 where이 적절하다.
6 그 해는 John F. Kennedy가 미국의 대통령으로 선출된 해이다.
> 시간을 나타내는 선행사 the year를 받는 관계부사 when이 적절하다.

B

1 (who is) 2 없음 3 (who) 4 (why) 5 (that)

1 버스 정류장에 서 있는 여자는 낯이 익다.
> 〈주격 관계대명사 + be동사〉는 뒤에 현재분사가 있으므로 생략 가능하다.
2 그가 어울리는 사람들은 모두 지성인들이다.
> 전치사가 관계대명사 바로 앞에 온 경우에는 관계대명사를 생략할 수 없다.
어휘 associate with (못마땅한 사람)과 어울리다 / intellectual 지식인
3 내가 듣고 있던 연사는 재미있는 사람이었다.
> 관계대명사 who는 전치사 to의 목적어이지만 전치사가 후치되어 있으므로 생략 가능하다.
4 그는 그를 믿어야 하는 이유를 내게 제시하지 못했다.
> 선행사에 reason과 같이 이유를 나타내는 일반적인 명사가 올 때 선행사나 관계부사 중 하나를 생략할 수 있다.
5 오늘밤에 하는 2차 세계대전에 대한 다큐멘터리를 봐. 모두가 봐야 할 프로그램이야.
> 목적격 관계대명사 that은 생략 가능하다.

C

1 ○ 2 in that → in which 또는 in that I looked → that I looked in 3 ○ 4 ○ 5 which → where[at which] 또는 stayed → stayed at 6 ○ 7 the way how → how[the way] 8 when → where 9 to → on 또는 to which → when

1 네가 떠날 준비가 될 때를 내게 알려줘.
> 선행사에 시간을 나타내는 일반적인 명사 time이 쓰여 관계부사 when이 생략되었다.
2 내가 들여다본 서랍은 약품들로 가득차 있었다.
> 관계대명사 that은 전치사 바로 뒤에 쓰지 못하므로 전치사를 관계사절 뒤에 위치시키거나 that을 which로 바꿔

야 한다.
3 그들은 Elaine이 일을 그만둔 이유를 모른다.
> 관계부사 why의 선행사가 reason일 때 why 대신 that을 쓸 수 있다.
4 내가 정직하다고 믿었던 그 사람은 거짓말쟁이로 밝혀졌다.
> 주격 관계대명사 바로 뒤에 〈S + V〉 형태의 삽입절이 올 경우 관계대명사를 생략할 수 있다.
← The man (who) I believe was honest …
5 우리는 네가 작년 여름에 묵었던 호텔에 예약했다.
> 선행사 the hotel이 관계사절 내에서 부사구 역할을 하므로 관계대명사가 아닌 관계부사 where를 쓰거나 〈전치사 + 관계대명사〉 형태로 쓴다. 전치사는 관계대명사절의 맨 뒤로 후치할 수 있다.
6 내가 전화상으로 통화했던 사람은 매우 친절하고 많은 도움이 되었다.
> 관계대명사가 관계사절의 후치된 전치사 to의 목적어이므로 생략할 수 있다.
← The person (whom/that) I spoke to …
7 이것이 내가 파티를 위해 내 머리(헤어스타일)를 할 방법이다.
> 방법을 나타내는 관계부사 how는 선행사 the way와 함께 쓸 수 없으며, 둘 중 하나가 반드시 생략되어야 한다.
8 나는 내가 통제할 수 없는 상황에 있는 것을 원치 않는다.
> situation과 같이 추상적 의미의 장소를 나타내는 선행사에는 관계부사 where를 쓴다.
← … a situation over which I have no control.
← … a situation which I have no control over.
9 2월 24일은 우리가 졸업식을 하게 될 날이다.
> 때를 나타내는 선행사 the day가 부사구에 쓰여 '그 날에'의 의미를 나타내려면 전치사 to가 아닌 on을 쓰는 것이 적절하다. 또한 on which는 관계부사 when으로 바꿔 쓸 수 있다.

WRITING PRACTICE

1 I wore yesterday 2 why I changed my mind
3 where we can order 4 how you can make
5 when the accident happened

1 > 목적격 관계대명사 which[that]은 생략할 수 있다.
2 > 선행사 the reason이 관계사절 내에서 부사구 역할을 하므로 관계부사 why를 쓴다.
3 > 선행사 a bakery가 관계사절 내에서 부사구 역할을 하므로 관계부사 where을 쓴다.
4 > 방법을 나타내는 관계부사 how를 쓴다.

5 ▶ 선행사 the moment가 관계사절 내에서 부사구 역할을
하므로 관계부사 when을 쓴다.

UNIT 75-77

35 관계사의 계속적 용법 / 복합 관계사 / 유사 관계대명사 as·than

CHECK UP

1 , where **2** whatever **3** However **4** as

1 우리는 콜로세움에 갔는데, 거기서 검투사들이 싸웠다.
  ▶ 선행사 the Colosseum에 대한 추가적인 정보를 제공하
  므로 계속적 용법의 where가 적절하다.
  어휘 gladiator (고대 로마) 검투사

2 우리는 그들을 돕기 위해 필요한 것은 무엇이든지 할 것이다.
  ▶ 동사 do의 목적어 역할을 하는 명사절을 이끄는 복합 관계
  사 whatever
  whatever: ~하는 것은 무엇이든지 (명사절을 이끌 때)

3 그녀가 아무리 언어에 재능이 있었을지라도, 그녀는 언어학자
  가 되지 않았다.
  ▶ however + 형용사[부사] + S + V: 아무리 ~할지라도[하
  든]
  어휘 linguist 언어학자

4 자신과 같은 일을 하는 사람들과 이야기하는 것은 좋다.
  ▶ you의 주격 보어 역할을 하는 유사 관계대명사 as
  the same ~ as …: …와 같은 (종류의) ~

A

1 who is **2** when **3** which **4** where

1 나는 그 일을 변호사인 누나와 상의했다.
  ▶ my sister에 대한 부수적인 정보를 제공하는 관계대명사
  who의 계속적 용법

2 내가 지난번에 남산에 간 건 4월이었는데, 그때 벚꽃이 피어
  있었다.
  ▶ 시간을 나타내는 선행사 April에 대한 부수적인 정보를 제
  공하는 관계부사 when의 계속적 용법

3 소녀들 중 한 명이 계속 웃었고, 이 때문에 Janis는 기분이
  나빴다.
  ▶ 앞 절 전체를 선행사로 받으며 부수적인 정보를 제공하는
  관계대명사 which의 계속적 용법

4 2007년에 우리는 런던으로 이사했는데, 거기에 할아버지가
  사셨다.
  ▶ 장소를 나타내는 선행사 London에 대한 부수적인 정보를
  제공하는 관계부사 where의 계속적 용법

B

1 anyone who **2** No matter who **3** Whichever
4 anything that **5** However

1 누구든 필요로 하는 사람에게 이 책들을 줘라.
  ▶ 여기서 whoever는 전치사의 목적어인 명사절을 이끄는
  복합 관계대명사이므로 anyone who(~하는 사람은 누구
  든지)로 바꿔 쓸 수 있다.

2 누가 그것이 진실이라고 말하든 간에, 나는 여전히 그것을 믿
  을 수 없다.
  ▶ 여기서 Whoever는 〈양보〉를 나타내는 부사절을 이끄는
  복합 관계대명사이므로 No matter who(누가 ~하더라도)
  로 바꿔 쓸 수 있다.

3 네가 무엇을 사든, 여전히 판매세를 내야 한다.
  ▶ no matter which(어느 쪽을 ~하더라도)는 〈양보〉를 나
  타내는 부사절을 이끄는 복합 관계대명사인 whichever로
  바꿔 쓸 수 있다.

4 배고프시면 냉장고에 있는 아무거나 맘껏 드세요.
  ▶ 여기서 whatever는 전치사의 목적어인 명사절을 이끄는
  복합 관계대명사이므로 anything that(~하는 것은 무엇
  이든지)로 바꿔 쓸 수 있다.

5 폭발이 아무리 크더라도, 소리는 진공 상태에서 전달되지 않
  는다.
  ▶ no matter how + 형용사/부사 + S + V = however +
  형용사/부사 + S + V: 아무리 ~할지라도
  어휘 vacuum 진공 상태

C

1 what → whatever **2** ○ **3** however → whenever
4 that → which **5** ○ **6** ○ **7** that → than

1 네가 무엇을 결정하든 내가 지원해 줄게.
  ▶ 관계대명사 what은 부사절을 이끌 수 없으므로, '무엇을
  ~하든지'의 의미인 복합 관계대명사 whatever가 적절하다.

2 너는 가고 싶은 곳 어디든지 가도 돼.
  ▶ 여기서 wherever는 '~하는 곳은 어디든지'의 의미인 복합
  관계부사이다.

3 Jason은 일이 잘못될 때마다 나를 탓한다.
  ▶ '~할 때는 언제나'의 의미인 복합 관계부사 whenever가

적절하다.

4 그의 최신 영화는 지난주에 개봉했으며, DMZ를 소재로 했다.
> 관계대명사 that은 계속적 용법으로 쓸 수 없다.

5 네가 어느 길로 가더라도, 결국 같은 곳에 이를 것이다.
> 여기서 부사절을 이끄는 whichever는 '어느 쪽을 ~하더라도'의 의미인 복합 관계형용사이다.

6 그 사찰은 관광객들에게 인기있는 명소인데, 그들 대부분은 유럽인들이다.
> 계속적 용법으로 쓰인 관계대명사 whom 앞에는 'most of'와 같은 〈한정사 + of〉 표현을 쓸 수 있다.

7 실제로 벌어진 일은 보도되고 있는 것보다 훨씬 더 끔찍하다.
> 비교급이 앞에 있으므로 유사 관계대명사 than이 적절하다. 여기서 than은 동사 is being reported의 주어 역할을 한다.

WRITING PRACTICE

1 whatever she wanted **2** however hot it is
3 wherever he is needed **4** as will work best
5 when the new baby is due

1 > '~하는 것은 무엇이든지'의 의미인 복합 관계대명사 whatever를 써서 표현한다.

2 > '아무리 ~할지라도'의 의미인 복합 관계부사 however는 〈however + 형용사/부사 + S + V〉의 어순으로 쓴다.

3 > 〈부정〉을 나타내는 부사절을 이끄는 복합 관계부사 wherever는 '(~하는 곳은) 어디든지'의 의미를 갖는다.

4 > 선행사 앞에 such가 있으므로 유사 관계대명사 as를 쓴다. 이때 as는 will 이하의 주어 역할을 한다.

5 > April이라는 시간을 나타내는 선행사에 대한 부수적인 정보를 제공하므로 계속적 용법의 when을 쓴다.

실전 TEST 04

1 ③ **2** ⑤ **3** ④ **4** ③ **5** ② **6** ④ **7** not only / but
8 ... the companies to that I sent my resume. →
... the companies (which[that]) I sent my resume to. 또는 ... the companies where[to which] I sent my resume. **9** ③ **10** ⑤ **11** ② **12** ③ **13** ④ **14** ⑤
15 ② **16** ④ **17** ④ **18** (A) what (B) where **19** ③
20 ④

1 (A) 철길 옆에 사는 것은 무척 시끄러울 것이 틀림없다.
(B) 짐이 10kg 초과되었네요.
(C) Tony는 한달 전에 너에게서 돈을 빌렸다. 그는 지금쯤 네게 돈을 갚았어야 한다.
> (A) '~의 곁에'라는 의미의 〈위치〉를 나타내는 by, (B) 〈정도·차이〉를 나타내는 by, (C) '(어느 때)까지'라는 의미의 〈동작·상태의 완료 기한〉을 나타내는 by

2 (A) 언니와 나는 둘 다 태어날 때부터 뺨에 점이 있었다.
(B) 우리 제품은 전세계 고객들에게 인기가 있다.
(C) 거리에 큰 싸움이 났다. 우리는 무서워서 불을 켜놓은 채 잠을 잤다.
> (A) '~를 소지하고'의 의미인 〈소유〉의 with, (B) '~에 대해서'의 의미인 〈감정·태도의 대상〉을 나타내는 with, (C) '~한 상태로'의 의미인 〈동시상황〉을 나타내는 with

3 ① 나는 부엌만 제외하고는 이 아파트가 정말 마음에 든다.
> except for: ~라는 점 외에는, ~를 제외하면
② 나는 방학 동안에 자원 봉사를 했다.
> during: 〈일이 일어난 시점·시기〉 ~동안 줄곧
③ 그는 아침까지 전화기가 없는 걸 알지 못했다.
> until: 〈동작·상태의 지속〉 ~까지 (계속)
④ 섬으로의 여행은 거센 폭풍우 때문에 연기되었다.
> because 뒤에 명사구가 있으므로 전치사 because of를 써야 한다.
⑤ 한 주 내내 재미있는 행사가 열릴 것이다.
> through: 〈기간 전체〉 ~동안 내내

4 A: 부장님이 사무실에 몇 시에 오시지?
B: 세 시에 오셔. 곧 오실거야.
A: 오, 이런! 그 시간까지 이 보고서를 끝낼 수 있을지 모르겠어.
B: 정말? 부장님이 오늘 오후 회의에 그게 필요할 거라고 말씀하셨는데.
A: 알아. 어떻게 해야 하지?
B: 내가 도와주면 마감시한을 맞출 수 있을 거야.
> (A)에는 '~에'를 의미하는 〈때의 한 시점〉을 나타내는 at, (B)에는 '~까지'의 의미인 by, (C)에는 '~에 적합한'의 의미인 〈용도〉를 나타내는 for가 들어가야 한다.

5 어제, 우리는 우리 집 밖을 떠도는 집 없는 고양이를 발견했다. 고양이가 매우 배고파 보여서 우리는 그 작은 고양이가 먹을 수 있도록 보도 위에 음식을 조금 놓아 두었다.
> (A)에는 결과를 나타내는 so가, (B)에는 목적을 나타내는 so that이 적절하다.

so (that) + S + V: S가 ~하기 위하여, ~하도록

어휘 stray 길 잃은 / wonder 돌아다니다, 거닐다

6 우리는 뮤지컬 〈라이언킹〉을 보기 위해 시내로 갔다. 그런데 우리는 충분한 돈이 있었음에도 불구하고 공연을 보지 못했다. 표가 매진됐다.
> 문맥상 〈양보〉를 나타내는 접속사 even though(비록 ~일지라도)가 적절하다.

7 > not only A but B as well: A뿐만 아니라 B도 (= not only A but B too / not only A but (also) B)

8 대학을 졸업한 이후에, 나는 직장을 찾으려고 노력했다. 하지만 경기 불황이 한창이어서 일자리가 거의 없었다. 게다가 나는 이력서를 보낸 대부분의 회사로부터 어떤 응답도 받지 못했다. 결국 나는 내 사업을 시작하기로 결심했다.
> to를 문장 맨 뒤에 위치시키든지 that을 관계대명사 which로 바꿔야 한다. 또한 to which 대신 관계부사 where를 쓸 수 있다.

어휘 ongoing 진행 중의 / recession 경기 후퇴, 불경기

9 나는 그 재킷의 비용을 지불하자마자 재킷에서 작은 구멍을 발견했다.
> no sooner ~ than … = hardly[scarcely/barely] ~ when[before] …: ~하자마자 …하다

10 ① > such a/an + 형용사 + 명사 + that …: 〈결과〉 너무 ~해서 …한 / 〈정도〉 …할 만큼 ~한
② > 여기서 while은 '반면에'의 뜻으로 〈대조〉를 나타내는 접속사이다.
③ > neither A nor B: A도 B도 아닌
⑤ > however는 '아무리 ~하더라도'의 의미로 〈양보〉의 부사절을 이끄는 복합 관계부사이다. 따라서 '영화가 아무리 좋더라도'라고 해석한다.

11 ① 예전엔 텔레비전이 결코 인기를 얻지 못할 거라고들 했다.
② 나는 오늘 너와 점심을 먹을 수 있을지 모르겠다. 할 일이 많거든.
③ 그들은 갈지 안 갈지 결정하지 않았다.
④ 사실대로 말하면, 내가 회의에 참석할 것인지 확실하지 않다.
⑤ 그녀가 그 일을 할 것인지는 짐작만 할 수 있을 뿐이다.
어휘 anyone's guess 모두 짐작만 할 뿐인 것
> 명사절을 이끄는 접속사 중 확정적인 사실을 말할 때는 that을, 불확실하거나 의문되는 사실을 말할 때는

whether나 if를 사용한다. ②는 '잘 모르겠다'는 불확실한 사실을 이야기하고 있으므로 that이 아니라 whether[if]를 써야 한다.

12 ① 집에 도둑이 든 Ryan은 경찰서에 있었다.
> 소유격 관계대명사 whose
② 불면증을 치료하는 의사를 한 분 소개해 줄 수 있니?
> 사람을 선행사로 하는 주격 관계대명사 who
어휘 insomnia 불면증
③ 우리는 Sally가 추천했던 식당에서 식사를 했다.
> 선행사가 recommended의 목적어인 the restaurant이므로 목적격 관계대명사 that[which]이 적절하다.
④ 네가 찾아왔을 때 나는 몸이 좋지 않았다.
> 〈때〉를 나타내는 접속사 when
⑤ 그녀는 관리 시스템이 어떻게 작동하는지 설명했다.
> 〈방법〉을 나타내는 관계부사 how로, 여기서는 의문사로 볼 수도 있다.

13 ① 네가 기다리던 소포가 도착했다.
② 네가 읽고 있는 책의 제목이 뭐지?
> 목적격 관계대명사로 생략 가능하다.
③ 그녀는 더 이상 예전의 솔직하고 자신만만했던 여성이 아니다.
> 선행사가 관계대명사절의 be동사의 보어일 때 that을 쓴 경우로, 이때 that은 생략 가능하다.
어휘 outspoken (말 등이) 솔직한
④ 그들은 그 상자가 언제 배달될지 몰랐다.
> 여기서 when은 간접의문문을 이끄는 의문사로, 생략할 수 없다.
⑤ 나 혼자 여기 있어야 할 이유가 없다.
> 관계부사 why의 선행사가 이유를 나타내는 일반적인 명사 reason일 경우 생략할 수 있다.

14 (A) 설명서에 쓰여 있는 대로 해라.
> '~대로'의 의미로 〈방법〉을 나타내는 접속사 as
(B) 그는 피곤했지만 그의 엄마를 도왔다.
> 형용사/명사/부사/동사 + as + S + V: 비록 ~이지만
(C) 시간이 흐름에 따라, 그녀가 용서를 구하기 더 힘들어 졌다.
> '~함에 따라'의 의미로 함께 발달/변화하는 두 가지 동작/상황을 언급할 때 사용하는 접속사 as

15 ① 이것이 해변으로 이르는 길이다.
② 그녀는 사람들을 돕는 것이 중요하다는 굳은 믿음을 가지

고 있다.

③ 우리는 고객들이 가진 요구에 대해 더 알게 되었다.

④ 그 프로그램에는 이루어져야 할 수정이 좀 있다.

⑤ 산책하는 동안에 나는 그곳에 있었는지 몰랐던 것을 발견했다.

▶ ①, ④, ⑤는 주격 관계대명사이고 ③은 목적격 관계대명사인데 반해, ②는 동격을 나타내는 접속사이다.

16 ① 우리는 멋진 시장에서 쇼핑했는데 그 이름이 생각나지 않는다.

▶ 계속적 용법으로 쓰인 소유격 관계대명사 of which

② 콘서트 티켓이 CD 값보다 훨씬 더 싸다.

▶ 선행사를 포함하는 관계대명사 what

③ 라면을 맛있게 요리하는 방법은 아주 많다.

▶ 선행사 way와 관계부사 how는 함께 쓸 수 없으므로, 둘 중 하나는 반드시 생략한다.

④ 그는 대부분의 사람들이 유용하다고 여기는 웹사이트를 만들었다.

▶ 관계사절 내에 목적어가 없으므로 소유격 whose가 아닌 목적격 관계대명사 which[that]를 써야 한다.

⑤ 삼촌이 방문할 때마다 우리는 산에 하이킹을 하러 가곤 했다.

▶ 〈부정〉의 부사절을 이끄는 복합 관계부사 whenever

[17-18]

생산성에 영향을 미치는 가장 큰 문제 중 하나는 일을 미루는 것이다. 그리고 일을 미루는 습관의 가장 큰 요인 중 하나는 어떤 것을 완벽하게 해야 한다는 생각이다. 당신의 인생에 있어 미루는 습관을 끝내는 열쇠는 당신의 시간과 에너지를 가지고 진짜로 하고 있는 일에 대해 솔직해지는 것이다. 왜 기준을 너무 높게 잡아서 시작조차 할 수 없는지 면밀히 들여다봐라. 미루는 습관은 오직 완벽함이 너무 명백하게 요구되고 본질적으로 너무나 불가능해서 행동하는 것보다 행동하지 않는 것이 오히려 나아보이는 상황에서만 기승을 부릴 수 있다. 그러므로 왜 완벽한 것이 당신에게 그토록 중요한지에 대해 스스로에게 솔직하라. 완벽주의는 사람들을 행복하게 하지 않고 종종 그들을 미치게 만든다.

어휘 productivity 생산성 / contributor 유인, 요인 / flourish 번창하다, 활약하다 / intrinsically 본질적으로 / preferable to ~보다 더 좋은

17 ▶ 일을 미루는 가장 큰 요인 중 하나로 완벽주의에 대해 이야기하고 있다.

18 ▶ (A) 선행사가 없으므로 선행사를 포함하는 관계대명사 what이 적절하다.

(B) situation과 같이 추상적인 장소가 선행사인 경우에도 장소를 나타내는 관계부사 where를 쓴다. in which도 가능하다.

[19-20]

거의 모든 사람들이 때때로 수업 시간에 집중을 하거나 주의를 기울이는 데 어려움을 겪는다. 그러나 주의력결핍 과다행동장애(ADHD)를 가진 아이들에게는 주의를 기울일 수 없고 지시를 따를 수 없는 것과 같은 증상들이 그들의 일상 생활에서 큰 문제를 일으킬 수 있다. 그들은 알기 쉬운 어떤 이유도 없이 항상 지루함을 느끼고, 쉽게 산만해지고, 생각 없이 그때그때 마음 속에 있는 것은 무엇이든지 말하거나 행동에 옮겨버리고, 다른 사람이 말하고 있을 때 끼어들 수 있다. 이 때문에, 그들은 종종 학교에서 곤경에 처하거나 다른 사람과 어울리거나 친구를 사귀는 데 어려움을 겪을지도 모른다. 이러한 어려움들은 낮은 자존감과 우울증을 야기할 수 있다. 하지만, 약물과 심리 치료 같은 치료는 증상을 관리하거나 완화시키는 데 도움이 될 수 있다. 적절한 치료와 가족, 친구로부터의 지원으로 주의력결핍 과다행동장애를 가진 아이도 다른 아이들처럼 성공적으로 생활할 수 있다.

어휘 symptom 증상 / distract (정신이) 집중이 안 되게 하다, (주의를) 딴 데로 돌리다 / interrupt (말·행동을) 방해하다[중단시키다/가로막다] / have difficulty v-ing ~하는 데 어려움을 겪다 / self-esteem 자존감 / depression 우울증

19 ▶ (A) 뒤에 단수 동사가 나왔으므로 everyone

(B) 〈동반·수반·소유〉을 나타내는 '~와 함께, ~를 소지하고, ~로'의 의미를 나타내는 with

(C) 동사 say와 do의 목적어 역할을 하는 《명사절》이므로, '~하는 것은 무엇이든지[모두]'의 의미인 anything that (= whatever)

cf. no matter what (= whatever): 무엇을 ~하더라도 《〈양보〉를 나타내는 부사절을 이끔》

20 〈대조〉를 나타내는 부사 however로 시작하므로, 앞과 반대되는 내용이 시작되는 ④에 들어가는 것이 가장 적절하다.

36 도치 / 강조

CHECK UP

> **1** came a ladder **2** have I **3** at the cafeteria
> **4** does

1 구조 헬리콥터에서 사다리가 내려왔다.
> ▶ 방향을 나타내는 부사(Down)를 강조하기 위해 주어와 동사가 도치되었다.

2 A: 나는 전에 인도에 가본 적이 없어.
　　 B: 나도 그래.
> ▶ neither가 앞 문장의 내용을 받아 문장 첫머리에 오는 경우 주어와 조동사의 도치가 일어난다.

3 내가 내 여자친구를 처음 만난 것은 바로 구내식당에서였다.
> ▶ 〈it is[was] ~ that〉 강조구문으로 강조어구를 제외한 원래 문장에서 부사구가 되어야 하므로 at the cafeteria가 알맞다.

4 그는 기억나지 않는다고 말하지만, 그는 내게 걱정하지 말라고 말했던 걸 분명 기억하고 있다.
> ▶ 동사의 강조는 〈do[does/did] + 동사원형〉의 형태이다.

A

> **1** So boring was his lecture that everyone got up and left.
> **2** Directly in front of them stood a crowd of people.
> **3** Seldom were there more than five students in the French class.
> **4** What's going to happen you never know.

1 그의 강의가 너무 지루해서 모두가 일어나 떠났다.
> ▶ 보어가 강조를 위해 문장 첫머리에 올 때, be동사가 있는 문장은 주어와 be동사를 도치한다.

2 그들 바로 앞에는 많은 사람들이 서 있었다.
> ▶ 〈장소〉를 나타내는 부사구가 강조를 위해 문장 첫머리에 올 때, 일반동사가 있는 문장은 조동사 do를 사용하지 않고 주어와 동사를 도치한다.

3 그 프랑스어 수업에 5명 이상의 학생들이 있은 적은 거의 없었다.
> ▶ 부정어가 강조를 위해 문장 첫머리에 올 때, be동사가 있는 문장은 be동사와 주어를 도치한다.

4 무슨 일이 일어날지는 아무도 모른다.
> ▶ 부정어를 포함하지 않는 목적어가 강조를 위해 문장 첫머리에 올 때, 주어와 동사의 도치가 일어나지 않는다.

B

> **1** So have her sisters.　**2** Neither[Nor] do we.
> **3** Neither[Nor] is she.　**4** So am I.

보기 | A: 그녀는 그 영화를 좋아하지 않았어.
　　　 B: 그도 마찬가지야[그래].

1 A: Jane은 최근 부모님에게 전화했어.
　　 B: 그녀의 여동생들도 마찬가지야[그래].

2 A: 그들은 그 문제를 이해하지 못해.
　　 B: 우리도 마찬가지야[그래].

3 A: 우리는 그것을 허락하지 않을 거야.
　　 B: 그녀도 마찬가지야[그래].

4 A: 나는 이 뜨거운 태양 아래서 일 했기 때문에 목말라.
　　 B: 나도 마찬가지야[그래].

1-4 ▶ so(긍정), neither[nor](부정)가 앞 문장의 내용을 받아 문장 첫머리에 올 때 〈so/neither/nor + be동사/do동사/조동사 + 주어〉의 어순이다.

C

> **1** It was he that[who] started the argument over the price.
> **2** The wedding cake you made for me was the very cake I'd dreamed of!
> **3** What on earth [in the world/ever] has happened to your house?
> **4** I did call, but I got the answering machine.

1 그는 가격을 두고 논쟁을 시작했다.
> → 가격을 두고 논쟁을 시작한 사람은 그였다.
> ▶ 시제가 과거이고, 주어 he를 강조하므로 It was와 that 사이에 he를 두며, 강조되는 말이 〈사람〉이므로 that 대신 관계대명사 who를 사용할 수 있다.

2 네가 날 위해 만들어준 결혼 케이크는 내가 꿈에 그리던 거야!
> → 네가 날 위해 만들어준 결혼 케이크는 내가 꿈에 그리던 바로 그 케이크야!
> ▶ 명사 강조: the very + 명사 (바로 그 ~)

3 너희 집에 무슨 일이 일어난 거지?
> → 도대체 너희 집에 무슨 일이 일어난 거야?
> ▶ 의문사를 강조할 때, on earth, in the world, ever (도대체) 등을 의문사 뒤에 덧붙인다.

4 내가 전화했는데 자동 응답기가 답했어.

→ 나는 정말로 전화했는데 자동 응답기가 답했어.

▶ 동사 강조: do[does/did] + 동사원형

D

1 Here are you. → Here you are. **2** ○ **3** ○
4 asked I → I asked **5** ○

1 당신의 햄버거가 준비되었습니다. 여기 있어요.

▶ Here you are.: (건네줄 때) 여기 있어요.

2 내가 너라면, 그에게 데이트 신청을 할 텐데.

▶ 가정법 if절에서 if를 생략하고 주어와 동사가 도치된 문장
이다.

3 의자 위에 서서만 7살짜리 내 딸이 설거지를 할 수 있었다.

▶ only가 by로 시작하는 전치사구와 함께 문장 첫머리에 와
서 주어와 조동사가 도치된 문장이다.

4 "내가 뭘 해야 하지?"라고 내가 물었다. "너는 우선 진정할 필
요가 있어."라고 Brian이 말했다.

▶ 인용부 다음에 주어와 동사의 도치가 습관적으로 일어나는
데, 주어가 인칭대명사인 경우는 보통 도치가 일어나지 않
는다.

5 남극 대륙은 지구상의 다른 어떤 장소보다 더 많은 태양복사
를 받는다.

▶ 비교급 문장에서 접속사로 쓰인 than 뒤에서 주어와 동사
가 도치된 문장이다.

어휘 Antarctica 남극 대륙 / solar radiation 태양복사

WRITING PRACTICE

1 Not until three years later **2** fixed it myself 또는
myself fixed it **3** had I fastened / when[before]

1 ▶ 〈not until + 시기〉를 강조하기 위해 문장 첫머리로 보내
주어와 동사가 도치된 문장이다.

= It was not until three years later that the war
ended.

2 ▶ (대)명사 ~ oneself: ~가 직접 (강조 용법)

3 ▶ '~하자마자'의 의미로 사용된 부정어(scarcely)의 강조에
의한 도치이다. 그가 차 속력을 낸 것보다 내가 안전벨트를
맨 것이 더 과거에 일어난 일이므로 과거완료형을 쓰는 것
에 유의한다.

= I had scarcely fastened my seat belt
when[before] he sped away in the car.

어휘 speed away 서둘러 달리다

37 생략 (1) / 생략 (2): 공통구문

CHECK UP

1 Ben's **2** not **3** if necessary

1 Bob의 수필에는 Ben의 수필에서 볼 수 있는 스타일이나 유
머가 거의 없었다.

▶ 반복을 피하기 위한 명사 생략
← Ben's (essay)

2 A: 우리는 그곳까지 내내 걸어가야 해?

B: 그러지 않기를 바라.

▶ 여기서 not은 〈부정〉의 절을 대신한다.
I hope not. = I hope we don't have to walk all
the way down there.

3 필요하면, 내게 전화해.

▶ if (it is) necessary: 필요하다면

A

1 … but he couldn't (think positively).
2 … and (he/she) had to stop.
3 … that I asked her to (buy) at the store.
4 Don't you have your own (towel)?
5 Though (she was) saddened by the news …
6 … as (it is) needed.
7 … than Matt (did = spent (on the trip)).

1 Lee는 긍정적으로 생각하려고 애썼지만 그럴 수 없었다.

▶ 반복되는 동사구의 생략

2 그 자동차 경주자는 연료가 바닥나서 멈춰야 했다.

▶ 주어의 생략

어휘 run out of ~를 다 써버리다

3 그녀는 상점에서 내가 사다 달라고 부탁한 모든 물건을 샀을
리가 없다.

▶ to부정사에서 동사원형이 생략된 대부정사 to

4 너 내 수건을 사용하고 싶니? 네 것 없어?

▶ 명사의 생략

5 비록 그 소식에 슬펐지만 그녀는 의연하게 행동했다.

▶ 〈양보〉를 나타내는 부사절의 〈주어 + be동사〉 생략

어휘 sadden 슬프게 하다 / gracefully 우아하게, 기품 있
게

6 필요할 때 이 약을 써라. 그것은 통증을 경감시켜 줄 것이다.
  ▶ 〈때〉를 나타내는 부사절의 〈주어 + be동사〉가 생략되었고,
    수동태에서 행위의 주체를 나타내는 〈by + 행위자〉도 생략
    된 것으로 볼 수 있다.
    ← as (it is) needed (by you).

7 Robert는 Matt보다 그 여행에 더 많은 돈을 썼다.
  ▶ 비교 구문이므로 주절과 공통되는 부분은 종속절(than ~)
    에서 대동사 did로 대체하거나 이를 생략할 수 있다. 단,
    여기서 than은 유사 관계대명사로 종속절에서 목적어 역
    할을 하고 있으므로 spent on the trip이 생략되었다고
    볼 수 있다.

B

> **1** a smooth takeoff, a bumpy landing
> **2** To say something, to mean something
> **3** asked for, got **4** interesting, controversial
> **5** may, don't have to **6** admired, complimented
> **7** do, hope

1 그 비행기는 순조롭게 이륙했지만, 덜컥거리며 착륙했다.
  어휘 bumpy 덜컥거리는
2 뭔가를 말하는 것과 의도하는 것은 별개이다.
3 파업했던 사람들은 더 높은 임금을 요구해서 받았다.
  어휘 strike 파업
4 그는 흥미롭고도 자주 논란이 될 만한 삶을 살았다.
  어휘 controversial 논란이 많은, 물의를 일으키는
5 너는 나를 도와줄 필요는 없지만 도와줘도 된다.
6 그녀는 항상 존경을 받았지만 실제로 자신의 작품에 대해서
  는 전혀 칭송을 받지 못했다.
  어휘 compliment 칭찬하다
7 네가 할 수 있는 일을 하고 나서 최선의 결과를 기대하라.

C

> **1** when it called → when (it is[was]) called **2** want
> → want to **3** truth → true **4** to have → have **5** ○
> **6** ○

1 그 개는 부르면 내게 오도록 훈련되었다.
2 나는 영어 일기를 쓸 필요는 없지만 쓰고 싶다.
  ▶ want 뒤에 오는 대부정사 to는 생략이 불가능하다.
3 그 소식은 꽤 놀라웠지만, 분명히 사실이었다.
  ▶ 형용사 true가 되어야 동사 was를 공통어구로 하는 보어
    인 alarming과 병렬관계에 있는 문장이 된다. 또는 명사
    보어 형태의 the truth도 가능하다.

---

4 집에서 밥 먹는 대신 강으로 소풍 가자.
  ▶ go와 have가 Let's를 공유하므로 동사원형 have가 되어
    야 한다.
5 회복할 시간이 주어지지 않는다면 그는 다음 축구 시합을 포
  기해야 할 것이다.
  ▶ 〈가정〉을 나타내는 부사절의 〈주어 + be동사〉는 생략이
    가능하다.
    ← Unless (he were) given time to recover …
6 건강과 행복은 필요하지만, 종종 당연시된다.
  ▶ necessary와 taken for granted가 동사 are를 공유한
    다.
  어휘 take for granted 당연한 일로 여기다

WRITING PRACTICE

> **1** you would like to **2** he has not slept **3** save
> lives / worn **4** afraid not **5** the more the better
> **6** if possible **7** What if

1 ▶ would like 뒤에 오는 대부정사 to는 생략이 불가능하다.
2 ▶ 부사절의 〈주어 + be동사〉는 생략 가능하지만 be동사가
    아닌 동사는 생략이 불가능하다.
3 ▶ ← … when (they are) worn correctly.
4 ▶ I'm afraid not. = I'm afraid that they did not
    behave themselves.
5 ▶ 관용적인 생략이 이루어지는 경우이다.
    = The more friends you have, the better you
      will be.
6 ▶ if possible = if (it is) possible
7 ▶ ← What would happen if something …

UNIT 82-83

38 삽입·동격 / 해석에 주의해야 할 구문: 무생물주어·명사를 사용한 표현

CHECK UP

> **1** as far as I know **2** starting **3** that **4** made

1 내가 아는 한, 당신은 이 무리에서 유일한 진정한 예술가이다.
  ▶ as[so] far as I know: 내가 아는 한

cf. if ever: 설사 ~한다 할지라도

2 8시에 시작하는 쇼의 표는 매진되었다.
> starting으로 시작하는 분사구가 문장 중간에 삽입되어 the show의 내용을 설명한다.

3 그녀가 해고되었다는 소문은 사실이 아니었다.
> 접속사 that은 The rumor의 내용을 설명하는 동격절을 이끈다.

4 고객들은 공식적으로 항의했고 그것들을 해결하기 위해 회의가 열렸다.
> make a complaint: 항의하다

A

1 if ever **2** I think **3** what is worse **4** on the other hand **5** that is to say

1 Ben은 저녁에 커피를 마시는 일이 설사 있다 하더라도 드물다.

2 나는 내가 생각하기에 좋은 룸메이트가 될 사람을 만났다.
> I think가 삽입되었다.

3 그녀는 오른쪽 다리가 부러졌다. 설상가상으로, 그녀는 왼쪽 발목을 삐었다.
> what is worse: 설상가상으로
어휘 sprain 삐다, 접지르다

4 내 아들은 부끄럼이 많고 소심하다. 반면에 내 딸은 외향적이고 사교적이다.
> on the other hand: 반면에
어휘 sociable 사교적인

5 그는 천재, 즉, 대부분의 사람들이 할 수 없는 것을 뚜렷한 노력 없이 최고 수준으로 하는 사람이었다.
> that is to say: 즉, 다시 말하면
어휘 superlatively 최고로

B

1 Shane, the president of the club
2 the fact, that I was doing my job well
3 The news, their divorce
4 The idea, that the four of us could make music together
5 the question, whether his journey … the way he saw the world

1 동아리의 회장인 Shane은 회의를 취소했다.
2 나는 내 일을 잘 하고 있었다는 사실에도 불구하고 급여 인상을 받지 못했다.

3 그들의 이혼 소식은 나에게는 놀라운 것이 아니었다.
> 〈A of B〉에서 A와 B가 동격
4 우리 넷이 함께 음악을 만들 수 있다는 생각이 들었다.
5 그는 그의 여행이 그가 세상을 보는 방식에 영향을 줬는지에 대한 질문에 대답했다.

C

1 그 사건을 조사하면, 그것이 살인이라는 것을 알게 될 것이다.
2 세 시간의 비행 후 그들은 코스타리카 해변에 도착했다.
3 아무리 화장을 해도 그녀의 나이를 숨길 수 없었다.
4 그들이 혼란스럽게 설명해서 우리는 화가 났다.
5 어린 소녀는 수줍게 미소 짓고 그녀의 엄마 뒤로 숨었다.
6 목숨을 잃을 수 있는 위험에도 불구하고, 그들은 포기하지 않았다.

1~4 > **1**은 〈조건〉, **2**는 〈때〉, **3**은 〈양보〉, **4**는 〈이유〉를 나타내는 나타내는 부사구/절로 해석되는 무생물주어 문장이다.
5 > give a shy smile = smile shyly: 수줍게 미소 짓다

D

1 had a good sleep **2** a hard worker
3 a fluent speaker of German 또는 a fluent German speaker **4** a close look at

1 나는 어젯밤 잘 잤다.
> have a good sleep = sleep well: 잠을 잘 자다
2 Mike는 열심히 일한다.
> be a/an + 형용사 + 명사 = 동사 + 부사
work hard = be a hard worker: 열심히 일하다
3 Henry는 독일어를 유창하게 말한다.
> be a/an + 형용사 + 명사(행위자) + of + 목적어 = 동사 + 목적어 + 부사
speak German fluently = be a fluent speaker of German: 독일어를 유창하게 말하다
4 무엇이 그들을 바쁘게 하는 건지 자세히 보자.
> look at = have a look at: ~를 보다

WRITING PRACTICE

1 My toothache forced me **2** in any[either] case
3 so to speak

1 ▶ My toothache를 주어로 하는, 〈이유〉를 나타내는 부사절로 해석하는 무생물주어 문장

2 ▶ in any[either] case: 어쨌든

3 ▶ so to speak: 말하자면

39 주어와 술어동사의 수 일치 / 시제의 일치와 그 예외

CHECK UP

1 has **2** come **3** had been **4** was

1 호텔의 모든 방과 욕실은 청소되어야 한다.
  ▶ 등위접속사로 연결되어 every의 수식을 받는 경우 단수형 동사로 받는다.

2 그 회사에 의해 판매되는 대부분의 상품은 중국산이다.
  ▶ 부분을 나타내는 표현인 most는 of 뒤에 나오는 명사의 수에 따라 동사의 수가 결정된다. goods가 복수이므로 복수형 동사로 받는다.

3 세 명이 그 은행을 털었다고 보도되었다.
  ▶ 보도된 시점인 과거보다 은행이 털린 시점이 더 이전이므로 과거완료형이 적절하다.

4 선생님은 조선 왕조가 1392년에 건국되었다고 우리에게 말씀하셨다.
  ▶ 과거의 역사적 사실은 주절의 시제와 상관없이 과거시제를 사용한다.

A

1 are **2** has **3** likes **4** is **5** are

1 여행 안내서도 지도들도 도움이 되지 못한다.
  ▶ 〈neither A nor B〉는 B에 동사의 수를 일치시킨다.

2 너나 Susan 중 한 명이 케이크를 가져와야 한다.
  ▶ 〈either A or B〉는 B에 동사의 수를 일치시킨다.

3 내 개들뿐만 아니라 고양이도 개 사료를 먹는 것을 좋아한다.
  ▶ 〈A as well as B〉는 A에 동사의 수를 일치시킨다.

4 네가 아니라 그가 출장을 갈 것이다.
  ▶ 〈not A but B〉는 B에 동사의 수를 일치시킨다.

5 승자와 패자 모두 경기에 만족한다.
  ▶ 〈both A and B〉 뒤에는 복수형 동사가 온다.

B

1 is **2** is **3** were **4** had left **5** freezes **6** was
7 is

1 홍역은 전염되는 질병이다.
  ▶ Measles는 복수형이지만 병명이므로 단수형 동사로 받는다.
  어휘 contagious 전염성의

2 아랍 에미리트 연합국은 7성 호텔인 Burj Al Arab으로 유명하다.
  ▶ 주어인 The United Arab Emirates가 복수형이지만 국명이므로 단수형 동사를 사용한다.

3 그 수업을 신청한 80퍼센트의 사람들이 만족했다.
  ▶ 부분을 나타내는 표현인 percent는 of 뒤에 나오는 명사의 수에 따라 동사의 수를 결정한다. those가 복수이므로 복수형 동사로 받고, 문맥상 과거시제가 와야 한다.

4 문을 닫으면서 나는 열쇠를 안에 뒀다는 것을 깨달았다.
  ▶ 과거보다 이전의 일을 나타내므로 과거완료형을 쓴다.

5 학생들은 물이 섭씨 0도에서 언다고 배웠다.
  ▶ 과학적 사실은 주절의 시제와 상관없이 현재시제를 사용한다.

6 그녀는 Amelia Earhart가 대서양을 횡단 비행한 최초의 여성이라고 말했다.
  어휘 Atlantic 대서양

7 5분은 아무것도 하지 않고 기다리기에는 긴 시간이다.
  ▶ 시간의 단위를 나타내는 복수 명사는 단수형 동사를 사용한다.

C

1 I had more brothers and sisters
2 this book would be very interesting to read
3 she was lying from her behavior

1 나는 더 많은 자매들과 형제들이 있으면 좋겠다.
  → 나는 더 많은 자매들과 형제들이 있으면 했었다.
  ▶ 가정법의 원칙에 따라 종속절에 과거를 쓴다. 종속절에 과거가 오면 주절의 시제와 일치하는 때의 일을 나타낸다.

2 나는 이 책이 읽기에 매우 흥미로울 것이라고 믿는다.
  → 나는 이 책이 읽기에 매우 흥미로울 것이라고 믿었다.
  ▶ 주절의 시제가 과거인 경우 시제 일치 원칙에 따라 will이 would로 바뀐다.

3 그 수사관은 그녀의 행동에서 그녀가 거짓말을 하고 있다는 것을 안다.
  → 그 수사관은 그녀의 행동에서 그녀가 거짓말을 하고 있다

는 것을 알았다.

▶ 주절의 시제가 과거인 경우 시제 일치 원칙에 따라 현재진행형은 과거진행형이 되어야 한다.

D

1 is → are 2 runs → ran 또는 had run 3 was →
were 4 hikes → hike 5 ○ 6 ○

1 학생들의 절반이 오늘 감기로 결석했다.
  ▶ 부분을 나타내는 표현인 half는 of 뒤에 나오는 명사의 수에 따라 동사의 수를 결정한다.

2 Eva는 기름이 떨어져서 더 이상 운전을 할 수가 없었다.
  ▶ 주절의 시제가 과거이므로 종속절의 시제도 과거나 과거완료형이어야 한다. 문맥상 둘 다 가능하다.

3 우리 학교에서 근무하지 않은 두 명의 교사가 행사에 참석했다.
  ▶ 주어가 Two teachers로 복수이므로 복수형 동사인 were가 적절하다.

4 주말마다 하이킹을 하는 숙련된 하이커들도 이 길을 어려워한다.
  ▶ 관계대명사 who의 선행사가 hikers이므로 관계사절의 동사도 복수형이 되어야 한다.

5 나는 평소에 침착한 것만큼 침착하지는 않았다. 나는 조금 긴장했다.
  ▶ 다른 시기의 두 상태를 비교하고 있으므로 시제를 일치시킬 필요가 없다.
  [어휘] tense 긴장한

6 그들은 딸이 항상 아침식사를 거른다고 말했다.
  ▶ 주절의 동사가 say, tell, regret 등이고, 전달하는 시점에도 내용이 사실인 현재의 습관은 시제를 일치시키지 않을 수 있다.

WRITING PRACTICE

1 who wants / has to 2 one of the students are
3 The number of / has
4 What are interpersonal skills

1 ▶ 주격 관계대명사가 이끄는 절의 동사는 선행사(Everyone)의 수에 일치시키고, 문장 전체의 동사는 문장의 주어(Everyone)의 수에 일치시킨다. everyone은 단수형 동사를 사용한다.

2 ▶ more than one of + 복수 명사 + 복수형 동사

3 ▶ the number of + 복수 명사 + 단수형 동사

4 ▶ 의문사가 보여일 경우 주어(interpersonal skills)의 수에 따라 동사의 수를 결정한다.

UNIT 86 · 89

40 평서문·의문문의 화법전환 / 명령문의 화법전환 / 감탄문·기원문의 화법전환 / 두 개 이상의 절이 있는 문장의 화법전환

A

1 he had lived in an apartment on the 21st floor three years before
2 the island had very picturesque scenery / with wonder that the island had picturesque scenery
3 told[asked] the shoemaker to put new metal heels on her shoes
4 asked him if[whether] he knew that restaurant Amy had recommended
5 I am going to go shopping this weekend
6 How much do I have to pay
7 taking yoga lessons three times a week 또는 that we (should) take yoga lessons three times a week
8 what to wear to the ceremony 또는 what I should wear to the ceremony
9 me not to eat too many sweets
10 said that her family had gone to the beach last year [the previous year]
11 that it would be hot this[that] summer / suggested[proposed] buying 또는 suggested[proposed] that they (should) buy

1 George는 나에게 "나는 3년 전에 아파트 21층에 살았어."라고 말했다.
  → George는 나에게 그가 3년 전에 아파트 21층에 살았었다고 말했다.
  ▶ ① 피전달문의 1인칭은 전달부의 주어와 같으므로 I를 he로 바꾼다.
    ② 피전달문의 시제는 과거이므로, 시제 일치 원칙에 의해 lived를 had lived로 바꾼다.
    ③ 현재를 기준으로 하는 ago는 과거를 기준으로 하는 before로 바꾼다.

* 문맥상 사건의 선후관계가 명확하므로 과거시제와 ago를 그대로 둘 수도 있다.

2 Alice는 "그 섬은 정말 그림 같은 풍경을 가지고 있구나!"라고 말했다.
   → Alice는 그 섬이 정말 그림 같은 풍경을 가지고 있다고 말했다.
   → Alice는 그 섬이 그림 같은 풍경을 가지고 있다고 감탄하며 소리쳤다.
   ▶ ① 감탄문의 화법전환으로, 전달동사는 주로 〈exclaim/said that + 평서문〉으로 바꾼다.
   ② 피전달문에 very나 so를 사용하거나 〈with + 명사〉를 덧붙인다.
   ③ 피전달문의 시제는 현재이므로 시제 일치 원칙에 의해 has를 had로 바꾼다.
   [어휘] picturesque 그림 같은

3 그녀는 구두 고치는 사람에게 "제 구두에 새로운 금속 굽을 달아주세요."라고 말했다.
   → 그녀는 구두 고치는 사람에게 그녀의 구두에 새로운 금속 굽을 달아달라고 말했다[요청했다].
   ▶ ① 명령문의 화법전환으로, 요청을 나타내므로 전달동사를 said to에서 told나 asked로 바꾼다.
   ② 간접화법에서 please는 쓰지 않으므로 제외하고 명령문의 동사원형을 to-v로 바꾼다.
   ③ 피전달문의 1인칭은 전달부의 주어와 일치시켜서 my를 her로 바꾼다.

4 Ariel은 그에게 "너는 Amy가 추천해준 그 식당을 아니?"라고 물었다.
   → Ariel은 Amy가 추천해준 그 식당을 아는지 그에게 물었다.
   ▶ ① 의문사가 없는 의문문의 화법전환으로, 전달동사는 asked 그대로 쓰고, 피전달문을 접속사 if[whether]로 연결한다.
   ② 피전달문의 you는 청자와 같으므로 you를 he로 바꾼다.
   ③ 시제 일치 원칙에 따라 피전달문의 know는 knew로 바꾸고, recommended는 had recommended로 바꾼다.

5 Lora는 그 주 주말에 쇼핑하러 갈 것이라고 말했다.
   → Lora는 "나 이번 주말에 쇼핑하러 갈 거야."라고 말했다.
   ▶ ① 평서문의 화법전환으로, 간접화법에서의 피전달문의 주어와 전달부의 주어가 같으므로 직접화법으로 전환할 때 she를 I로 바꾼다.
   ② 전달부와 피전달문의 시제가 같으므로 직접화법에서의 피전달문은 현재진행형으로 바꾼다.
   ③ that weekend도 현재를 기준으로 한 this weekend

로 바꾼다.

6 그는 나에게 회원권을 사려면 그가 얼마나 내야 하는지를 물었다.
   → 그는 나에게 "회원권을 사려면 내가 얼마나 내야 해?"라고 물었다.
   ▶ ① 의문문의 화법전환으로, 피전달문의 주어를 he에서 I로 바꾼다.
   ② 피전달문의 시제를 현재시제로 바꾼다.
   ③ 의문문의 형태를 갖추기 위해 조동사 do를 첨가하고 의문문의 어순인 〈의문사 + 조동사 + 주어 + 동사〉의 형태로 바꾼다.

7 Ellie는 "일주일에 세 번 요가 수업을 듣자."라고 말했다.
   → Ellie는 일주일에 세 번 요가 수업 듣는 것을 제안했다.
   (또는) Ellie는 우리가 일주일에 세 번 요가 수업을 들어야 한다고 제안했다.
   ▶ let's로 시작하는 명령문의 화법전환으로, 〈suggest[propose] v-ing〉 또는 〈suggest[propose] (that) we (should) + 동사원형〉으로 전환한다.

8 "그 행사 때 무엇을 입어야 할까?"라고 나는 어머니께 여쭤 보았다.
   → 나는 어머니께 그 행사 때 무엇을 입어야 할지 여쭤 보았다.
   ▶ ① 의문사가 있는 의문문의 화법전환으로, 직접화법에서 피전달문의 주어와 전달부의 주어가 I로 같으므로 간접화법으로 전환할 때 변경할 필요가 없다.
   ② 피전달문이 〈의문사 + should I + 동사원형?〉이므로 〈의문사 + 주어 + should + 동사원형〉 또는 〈의문사 + to-v〉으로 변경한다.

9 "단 것을 너무 많이 먹지 않는 것이 좋겠다."라고 그녀는 나에게 말했다.
   → 그녀는 나에게 단 것을 너무 많이 먹지 말라고 경고했다.
   ▶ ① 준명령문의 화법전환으므로, 〈S + say (to + O), "You had better + 동사원형 ~〉은 〈S + warn + O + to-v〉으로 전환한다.
   ② 부정명령문이므로, to부정사 앞에 not을 붙인다.

10 Kiera는 "우리 가족은 작년에 해변에 갔었어."라고 말했다.
   → Kiera는 그녀의 가족이 작년[그 전 해]에 해변에 갔었다고 말했다.
   ▶ ① 평서문의 화법전환으로, 전달동사는 그대로 쓴다.
   ② 간접화법으로 전환할 때 소유격 인칭대명사 My를 화자인 her로 변경한다.
   ③ 말한 시점인 과거보다 해변에 갔던 것이 더 이전이므로 과거완료형을 사용하고, 시간을 나타내는 부사구 last year를 the previous year로 변경할 수도 있다.
   * 문맥상 사건의 선후관계가 명확하므로 과거시제를 그대

로 둘 수도 있다.

11 Chad는 그의 부인에게 "이번 여름은 더울 거요. 우리 벽걸이형 에어컨 사요."라고 말했다.
   → Chad는 그의 부인에게 그 해 여름이 더울 것이라 말하고, 벽걸이형 에어컨을 사자고 제안했다.
   ▶ ① 종류가 다른 두 문장의 화법전환으로, 두 문장은 and로 연결하고 각각을 평서문과 let's로 시작하는 명령문의 화법전환에 맞춰 전환한다.
   ② 명령문의 피전달문의 의미상 주어 we는 they로 바꾼다.
   ③ 피전달문의 시제는 미래이므로 시제 일치 원칙에 따라 will을 would로 바꾸고, this summer는 that summer로 바꿀 수도 있다.
   어휘 wall-mounted 벽에 고정된

B

1 wished that God might forgive her 또는 wished for God to forgive her **2** answered (that) I was **3** asked me to turn off the TV

1 우리는 "신이여 그녀를 용서하소서!"라고 말했다.
   → 우리는 신에게 그녀를 용서해달라고 기원했다.
   ▶ 신의 존재에 대한 기원의 전달은 〈wish that God may[might/would] + 동사원형〉이나 〈wish for God to-v〉 형태이다.
2 그는 "결혼하셨나요?"라고 물었고, 나는 "네."라고 말했다.
   → 그는 내게 결혼했는지를 물었고 나는 그렇다고 답했다.
   ▶ 질문에 대한 'yes' 응답의 화법전환은 〈전달동사 + (that) + 주어 + 조동사/be동사/do동사〉의 형태로 나타낸다.
3 "텔레비전을 꺼주시겠어요?"라고 그가 물었다.
   → 그는 나에게 텔레비전을 꺼달라고 요청했다.
   ▶ 준명령문의 화법 전달로 〈S + ask (O), "Would you + 동사원형 ~?"〉는 〈S + ask + O + to-v〉 형태로 나타낸다.

C

1 did he have to → he had to **2** said → said to[told] / we → they / not be upset → not to be upset / she is → she was

1 경찰관: 빨간 신호에 가셨네요.
   Ross: 제가 벌금을 내야 하나요?
   → 경찰관이 Ross에게 그가 빨간 신호에 갔다고 말했다. Ross는 그가 벌금을 내야 하는지 물었다.
   ▶ 의문문을 간접화법으로 나타낼 때는 의문문을 만들기 위해

사용된 조동사 do는 삭제하고 시제나 수를 본동사에 맞추어 〈주어 + 동사〉의 어순으로 쓴다.
2 Bill: 우리가 야구 경기에서 2점차로 졌다는 것을 믿을 수가 없어.
   Helen: 속상해 하지 마. 분명 우리가 다음번엔 이길 거야.
   → Bill은 Helen에게 야구 경기에서 그들이 2점차로 졌다는 것을 믿을 수가 없다고 말했다. Helen은 Bill에게 속상해 하지 말라고 하면서 다음번에는 그들이 반드시 이길 것이라고 말했다.
   ▶ 전달동사 뒤에 Helen이 목적어로 왔으므로 전달동사를 said to나 told로 바꿔야 한다.
   ▶ 피전달문의 we는 Bill과 Helen의 학교 팀을 일컫는 they로 바꾸어야 한다.
   ▶ 부정 명령문이므로 〈tell/order/ask/advise 등 + 목적어 + not + to-v〉의 형태로 쓴다.
   ▶ 시제 일치의 원칙에 따라 she is는 she was로 바꾸어 쓴다.

WRITING PRACTICE

1 said with surprise **2** whether[if] I had seen **3** not to forget / by the next day

1 ▶ 간접화법의 with surprise는 직접화법에서 oops 등으로 표현될 수 있다.
   ← The woman said, "Oops, I am sorry I stepped on your foot."
2 ▶ 의문사가 없는 의문문의 간접화법은 접속사로 if나 whether를 쓴다. 그리고 주절의 시제보다 앞선 일을 언급하므로 과거완료형을 쓴다.
   ← Fred asked me, "Have you ever seen the musical?"
3 ▶ 명령문의 간접화법에서 부정어는 to부정사 앞에 쓴다.
   ← He said, "Don't forget to wash my shirt by tomorrow."

41 보통명사의 주요 용법 / 집합명사의 주요 용법

CHECK UP

1 a question **2** poetry **3** fish

1 나는 그녀에게 최근에 일어난 사건에 대해 한 가지 질문을 하고 싶다.
> question은 셀 수 있는 보통명사이므로 단독으로 쓰지 않고 한정사(관사 a)가 붙는다.

2 나는 몇 달째 시를 못 쓰고 있다.
> poetry는 셀 수 없는 명사로 쓰이는 집합명사로 관사를 붙이지 않고, 수를 표시할 때는 a piece of 등과 함께 쓴다.

3 우리는 호수에서 즐거운 시간을 보냈다. 우리는 집에 물고기를 양동이 하나 가득 가져왔다.
> fish가 '물고기, 어류'의 의미일 경우 단수형과 복수형이 같다.
> 【어휘】 bucketful 양동이 하나 가득

A

1 clergy **2** baggage **3** peoples **4** cattle
5 consists **6** Fruit

1 중세 시대의 성직자들은 정치적으로 영향력이 매우 강했다.
> clergy는 항상 복수 취급하는 집합명사이다.

2 각각의 승객에게는 2개의 기내 반입 수하물이 허용된다.
> baggage는 셀 수 없는 명사이다.
> 【어휘】 carry-on (짐이) 비행기 안에 가지고 들어갈 수 있는

3 아메리카 원주민들은 하나가 아닌 여러 부족들이며, 각 부족이 자신만의 특색 있는 생활 방식을 가지고 있다.
> people이 '국민, 민족'의 의미일 때는 보통명사로 취급하여 복수형이 가능하다.
> 【어휘】 distinctive 특색 있는

4 그들은 말과 소를 기른다. 전자는 타기 위한 것이고, 후자는 우유를 얻기 위한 것이다.
> cattle은 부정관사 없이 항상 단수형으로 쓰지만 항상 복수 취급하는 집합명사이다.

5 정부 자문 위원회는 현재 12명 이상의 위원들로 구성되어 있다.
> committee는 의미에 따라 단수나 복수 취급하는데, 이

경우 각각의 구성원보다는 하나의 집합에 초점을 맞추고 있으므로 단수 취급한다.
> 【어휘】 advisory 자문[고문]의

6 과일은 에너지에 필요한 천연 당분을 얻을 수 있는 최상의 원천이다.
> fruit이 과일 전체를 나타낼 때는 부정관사 없이 단수형으로 쓴다.

B

1 The 또는 A **2** the **3** large **4** much

1 뱀은 몸이 길고 가늘며 다리가 없는 동물이다.
> 〈the + 단수 보통명사〉는 한 종족이나 종류 전체를 가리키는 총칭적 용법으로 쓰인다. 〈a/an + 단수 보통명사〉는 any의 의미로 한 개체를 예로 들어 일반화할 수 있다.

2 그의 삶은 유아기부터 죽음까지 행복으로 가득했었다.
> 〈the + 단수 보통명사〉가 추상명사의 의미를 지니는 경우이다.

3 그 강의는 너무 인기가 있어서 많은 청중을 끌었다.
> audience가 하나의 집합의 의미로 사용될 때 많고 적음을 large나 small로 나타낸다.
> 【어휘】 draw 그리다; *끌다 (-drew-drawn)

4 나는 유기농 농산물을 찾고 있는데, 이 식료품점은 별로 없다.
> produce는 셀 수 없는 명사로 쓰이는 집합명사로, 양을 표시할 때 much 등을 쓴다.

C

1 poem **2** baggage[luggage] **3** clothes[clothing]
4 families **5** scenery

1 나는 그의 시 대부분을 좋아하지만 이 시는 그의 최고작은 아니다.
> 앞에 한정사 this가 있으므로 셀 수 있는 단수 보통명사 poem으로 바꿔 써야 한다.

2 너는 짐을 몇 개나 부쳤니?
> 앞에 pieces of가 쓰였으므로 셀 수 없는 명사로 쓰이는 집합명사인 baggage나 luggage로 바꿔 써야 한다.

3 Kelly는 옷 가게의 성공한 관리자이다.
> cloth는 '옷감, 직물'의 의미이므로, '옷'을 의미하는 clothes나 clothing으로 바꿔 써야 한다.

4 양가 사이에 결혼이 준비되고 있다.
> 여기서 family가 하나의 집합/단위의 '가족'을 의미하므로 복수형을 써야 한다.

two families: 양가, 두 가구

어휘 arrange 마련하다, 처리하다

5 기분 전환할 겸 드라이브 하는 건 어때?
> scenery는 셀 수 없는 명사로 쓰이는 집합명사로 단수형으로만 쓴다.

어휘 a change of scenery 기분 전환

D

> 1 ○ 2 brilliant → a brilliant 3 are many merchandises → is much[a lot of] merchandise 또는 many merchandises → many pieces of merchandise 4 ○ 5 clothings → clothing 6 A dodo is → Dodos are 또는 A dodo → The dodo

1 그들은 3년 전에 결혼해서 화목한 가정을 꾸렸다.
> family가 하나의 집합으로서 '가족'을 의미하므로 단수 취급하여 부정관사 a와 함께 쓸 수 있다.

어휘 harmonious 사이가 좋은, 화목한

2 그녀는 훌륭한 배우가 될 것으로 여겨진다.
> 단수 보통명사 앞에는 한정사가 붙는다. 형용사가 명사를 수식하고 있으므로, 형용사 앞에 관사를 붙인다.

3 이 가게에서는 아이들을 위한 상품이 많다.
> merchandise는 셀 수 없는 명사이므로 piece와 함께 쓰거나, many 대신 much나 a lot of를 쓴다.

4 네 세탁기 아래에 바다 같은 물웅덩이가 있다. (= 네 세탁기 아래 많은 양의 물이 고여있다.)
> 보통명사(A) + of + a/an + 보통명사(B) = B like A B의 특징을 묘사할 때 사용하는 표현으로 'A와 같은 B'의 의미이다.

어휘 puddle 물웅덩이

5 겨울에, 사람들은 따뜻함을 유지하려고 여러 겹의 옷을 입는다.
> clothing은 셀 수 없는 명사로 쓰이는 집합명사로 단수형으로만 쓸 수 있다.

6 도도새는 인간들 때문에 멸종되었다.
> 〈a/an + 단수 보통명사〉는 종족이나 종류의 모든 개체에 대해 언급할 때에는 사용할 수 없다. dodo는 동물이므로, 복수 보통명사나 〈the + 단수 보통명사〉로 표현한다.

WRITING PRACTICE

> 1 How much heavy furniture 2 team was 3 The police were looking for 4 a jewel of an island

1 > furniture는 셀 수 없는 명사로 쓰이는 집합명사로, 양을 표시할 때 much, a lot of, little 등을 사용한다.

2 > team은 단수와 복수 양쪽으로 모두 쓰일 수 있지만, 여기서는 하나의 집합으로서의 팀을 의미하므로 단수형으로 쓴다.

3 > police는 항상 단수형으로 쓰면서 복수 취급하는 집합명사이다.

UNIT 92-93

42 물질명사·고유명사의 주요 용법 / 추상명사의 주요 용법

CHECK UP

> 1 soap 2 two glasses of milk 3 a Twain 4 a success

1 변기를 사용하고 나서, 손을 비누로 씻어라.
> soap은 물질명사로 셀 수 없으며 복수형으로 쓸 수 없다.

2 그는 우유를 두 잔 마시고 학교로 갔다.
> milk와 같은 물질명사는 용기인 glass 등을 사용해서 수량을 표시하고, 복수형으로 쓸 경우 용기를 복수형으로 만든다.

3 (Mark) Twain의 작품 한 권을 읽는 데 두 달 이상 걸렸다.
> 고유명사가 보통명사로 그 의미가 바뀌면 a/an과 함께 쓰거나 복수형으로 쓸 수 있다.

4 그는 정치에 입문하여 성공한 사람이다.
> a success는 추상명사가 보통명사화된 것으로 '성공한 사람'을 일컫는다.

A

> 1 cans 2 The Jacksons 3 information 4 on purpose 5 slices of beef 6 a[the] light 7 a fire

1 나는 도넛 12개와 참치캔 2개를 사겠어요.
> 앞에 two가 있으므로 can은 복수형이어야 한다.

2 Jackson 부부는 이번 주말에 잔디 깎는 기계를 살 것이다.

> '~ 집안의 사람(들)[부부/온 가족 등]'은 〈the + 성 +
-(e)s〉로 표현한다.

3 그는 다른 사람들의 개인 정보를 훔치다가 적발되었다.
> information은 셀 수 없는 추상명사로 관사를 붙이지 않
으며 단수형으로 쓴다.

4 Nell이 고의로 커피를 쏟았던 것 같지는 않다. 컵이 너무 뜨
거웠을 것이다.
> on purpose: 고의로, 일부러

5 쇠고기 세 조각은 한국식 찹스테이크를 만들기에 충분하지
않아.
> beef는 물질명사로 수량을 나타낼 때 a slice of 등을 사
용한다. 복수형으로 쓸 경우 slice 등을 복수형으로 만든다.

6 우리는 아이가 무서워하지 않도록 침실의 전등을 켜두었다.
> light는 '빛'을 의미하는 물질명사이지만, '전등'이라는 의미
로 쓸 때는 보통명사로 취급한다.

7 Aiden은 어렸을 때 한 건의 화재 사건에서 겨우 도망쳤을
때 이후로 불을 무서워한다.
> fire는 '불'을 뜻하는 물질명사이지만, '화재 사건'의 의미로
쓸 때는 보통명사로 취급한다.
[어휘] narrowly 가까스로, 겨우

B

1 with ease **2** of importance **3** of no use

1 그는 쉽게 일자리를 구할 수 있었다.
> with ease = easily
2 양모 무역은 그 마을에서 중요했다.
> of importance = important
3 엎질러진 우유를 가지고 울어도 소용없다.
> of no use = useless

C

1 patiently waited **2** patient enough to wait
3 patient as to wait

Jenny는 참을성 있게도 그를 기다렸다.
> have + the + 추상명사(A) + to-v: A하게도 …하다

D

1 a few → a little [a loaf of / some] **2** Cheese →
The cheese **3** three toothpastes → three tubes of
toothpaste **4** progresses → progress **5** ○
6 knowledges → knowledge **7** ○

1 Susie는 나에게 아침식사로 빵 조금/한 덩이/약간과 저지방
우유 한 통을 사오라고 부탁했다.
> bread는 셀 수 없는 물질명사이므로 양을 나타내는 a
little, a loaf of나 some이 적절하다.
[어휘] carton (우유 등을 담는) 종이 상자

2 우리가 가게에서 맛 본 그 치즈는 훌륭했다.
> 물질명사에 수식어구가 붙어 〈특정한 것〉을 가리킬 때 정
관사 the를 붙인다.

3 나는 두 개 값에 세 개의 치약을 샀다.
> 치약은 셀 수 없으므로 수량을 나타낼 때는 tube와 같은
용기를 나타내는 말과 함께 쓴다.

4 Tim은 수학 실력이 빠르게 향상되었지만, 경제학과 물리학은
그렇지 않다.
> progress는 셀 수 없는 추상명사이다.

5 주식회사가 도산하면 그 주식은 더 이상 가치가 없다.
> of no value: 가치 없는 (= valueless)
[어휘] bankrupt 파산한

6 그는 건축에 대한 지식이 풍부하다.
> knowledge는 추상명사로 원칙적으로 복수형으로 쓸 수
없다.

7 우리가 필요한 모든 서류를 다 가지고 있는지 주의 깊게 살펴
봐.
> with care: 주의 깊게 (= carefully)

WRITING PRACTICE

1 a great help **2** is little gasoline **3** much
experience **4** two Picassos

1 > help는 추상명사이지만 이 경우 실제적인 예를 나타내므
로 보통명사 취급하고 보통명사화 되었을 때 단수로만 쓰인
다.
* help는 전치사 of와 결합하여 형용사 역할을 할 수 있으므
로 of great help도 가능하다.
2 > gasoline은 물질명사로 셀 수 없고, 양을 나타낼 때
much, little, some 등과 함께 쓰며 단수형 동사로 받는
다.
3 > experience는 추상명사로 셀 수 없고, 정도나 양을 나타
낼 때에는 much, little, some 등과 함께 쓰며 단수형으
로 쓴다.
4 > 고유명사를 보통명사화('~의 작품')하여 복수형으로 나타낼
수 있다.

43 명사의 수 / 명사의 소유격 / 소유격의 의미와 용법 / 명사의 성(性)

CHECK UP

> **1** comes **2** ten-year-old **3** three hours' train ride
> **4** ours **5** bridegroom

1 나쁜 소식은 셋씩 온다고 한다.
 > news는 단수 취급한다.

2 그는 여덟 살이지만 열 살짜리 소년들보다 키가 더 크다.
 > 〈수사 + 명사〉가 형용사 역할을 하는 경우 하이픈(-)으로 연결하고 명사는 단수형으로 쓴다.

3 KTX로 부산은 서울에서 3시간 정도의 기차 여정이다.
 > 행동이나 사건의 지속 시간을 나타내는 경우 〈명사 + 's〉를 사용하기도 한다.

4 우리는 우리 친구들 몇몇과 함께 놀이 공원에 갔다.
 > our friends를 한정사 some으로 다시 수식하므로, 이중 소유격을 써야 하는데 이때 인칭대명사(our)일 경우 of 뒤에 소유대명사를 쓴다.

5 그는 신랑일 리가 없다. 그는 그렇게 잘 차려 입지 않았다.
 > 주어가 he이므로 남성명사 bridegroom이 적절하다.

A

> **1** Charles Dickens's **2** mother-in-law's
> **3** twenties **4** butcher's **5** ten-story

1 Charles Dickens의 유명한 소설인 「Oliver Twist」는 영화화되었다.
 > 고유명사도 소유격을 만드는 기본 원칙에 따라 -'s를 붙인다.

2 이것은 나의 시어머니의 요리법을 변형한 것이다.
 > 복합명사의 소유격은 마지막 단어에 -'s를 붙인다.
 어휘 variation 변형

3 그녀는 비록 겨우 20대 후반에 공부를 시작했지만, 그녀의 분야에서 전문가가 되었다.
 > in one's twenties: 20대에

4 나는 고기를 사기 위해 정육점에 갔다.
 > 소유격 뒤에 주로 가게, 회사, 교회 등 장소나 건물을 나타내는 명사를 생략할 때가 많다.
 어휘 butcher 정육점 주인

5 그 호텔은 10층 건물이다.
 > 〈수사 + 명사〉가 형용사 역할을 하는 경우이다.

B

> **1** hundreds **2** arms **3** manners **4** species
> **5** goods

1 각각을 준비하는 데 수백 시간이 걸렸음에 틀림없다.
 > hundreds of: 수백의

2 그 공장은 불법 무기 제조로 기소됐다.
 > arm 팔 / arms 무기
 어휘 accuse 기소[고발/비난]하다

3 콘서트장에서는 휴대전화의 전원을 꺼두는 것이 예의이다.
 > manner 방법 / manners 예절, 예의

4 문어는 일반적으로 짧은 기대 수명을 가지고 있다. 어떤 종들은 6개월 정도만 산다.
 > species는 단수형과 복수형이 같다. 여기서는 복수로 쓰였다.
 어휘 life expectancy 기대 수명

5 그 가게는 지갑과 서류가방 같은 가죽 제품을 판매했다.
 > good 선(善) / goods 상품

C

> **1** air → airs **2** ○ **3** that → those **4** custom → customs **5** the page's bottom → the bottom of the page **6** my brother → my brother's (grades)

1 그녀는 거만하게 굴지만 사실은 너나 나 같이 평범해.
 > air 공기; 태도 / airs 뽐내는[으스대는] 태도
 어휘 put on airs 거만하게 굴다

2 Brad는 자신의 전공을 통계학으로 바꾸고 싶어하는데, 그것은 수학의 한 분야이다.
 > statistics가 '통계학'이라는 학문을 나타내는 경우 단수 취급한다.

3 네가 그 가위를 좀 더 조심해서 쓰면 좋을 텐데.
 > 상호대칭인 두 개의 부분으로 된 사물은 복수 취급한다.

4 당신이 해외에서 산 것들은 세관에 신고해야 한다.
 > custom 관습 / customs 세관
 어휘 declare 선언하다; *(세관에 관세 물품을) 신고하다

5 그 페이지의 아래쪽을 보면 답을 찾을 것이다.
 > 무생물의 소유격은 일반적으로 〈A of B〉로 나타낸다.

6 지난해에 내 성적이 오빠의 성적보다 더 좋았다.
 > 명사의 반복을 피하기 위해 소유격 뒤의 명사가 명확할 때 명사를 생략하기도 한다.

WRITING PRACTICE

1 a women's university **2** in the 1870s **3** friends of my mother's 또는 of my mother's friends **4** the news of his sister's accident **5** is hard to detect

1 ▶ 소유격이 특징이나 대상을 나타내는 경우이다.
2 ▶ the + 십 단위 이상 년도 + -s: ~년대
3 ▶ my mother's friends를 한정사 four로 다시 수식하려면 이중소유격을 써야 한다. 또는 '~중 넷'의 뜻인 'four of ~'를 쓸 수도 있다.
4 ▶ 〈A of B〉 동격 표현
5 ▶ 병명(diabetes)은 일반적으로 단수 취급한다.
　어휘 detect 발견하다, 알아내다

---

44 부정관사의 주요 용법 / 정관사의 주요 용법

CHECK UP

1 a **2** a **3** The **4** the fifth

1 Danny는 항상 그의 이메일을 확인해야 한다. 그는 그렇게 하지 않으면 하루도 살 수가 없다.
▶ 부정관사 a가 '하나의(= one)'의 의미로 쓰였다.
2 Mike는 일주일에 두 시간만 온라인 게임을 할 거라고 말한다.
▶ 부정관사 a가 '~당, 매 ~(= per)'의 의미로 쓰였다.
3 날씨가 정말 좋다. 우리 소풍 가는 게 어때?
▶ weather와 같이 모든 사람에게 적용되는 주위 환경 앞에는 정관사 the를 쓴다.
4 7월 5일에, 그 회사는 공개적으로 그것의 매출액 목표를 3,700억 원이라고 발표했다.
▶ 서수 앞에는 정관사 the를 쓴다.

A

1 a **2** an **3** a **4** a 또는 the **5** the **6** a 또는 the **7** the **8** a

1 그 선생님은 하루에 10분씩 영어로 그 학생과 전화로 이야기한다.
▶ a가 '~당, 매 ~(= per)'의 의미로 쓰였다.

2 화가로서 그는 일생동안 풍경화를 그려왔다.
▶ an이 '동종의 것 중 불특정한 하나'의 의미로 쓰였다. 뒤따르는 명사의 발음이 모음으로 시작되므로 an을 쓴다.
3 어떤 면에서는 이 답도 맞다.
▶ a가 '어떤(= a certain)'의 의미로 쓰였다.
4 네가 싱크대를 고칠 거니, 아니면 내가 배관공을 부를까?
▶ a가 '동종의 것 중 불특정한 하나'의 의미로 쓰였다. 자주 부르던 배관공이 있는 경우에는 the를 쓸 수 있다.
　어휘 plumber 배관공
5 Alison은 10년간 기타를 연주해왔다.
▶ '기타를 친다'라는 표현에서 기타라는 악기 전체를 가리키므로 총칭적 용법을 써야 하며, 〈the + 단수 보통명사〉가 악기 등의 전체를 가리킬 때 사용되므로 the를 쓴다.
6 선생님은 아이들에게 한 줄로 서라고 말했다.
▶ a가 '하나의(= one)'의 의미로 쓰였다. 이미 줄이 있고 그 줄에 서는 경우에는 the를 쓸 수 있다.
7 새로운 여객선이 대서양을 가로질러 처녀항해를 했다.
▶ 고유명사인 해양 앞에는 the를 쓴다.
　어휘 maiden voyage 처녀항해
8 너는 그런 식으로 계속 돈을 쓰다가는 동전 한 닢 남지 않을 것이다.
▶ a가 '하나의(= one)'의 의미로 쓰였다.

B

1 Gobi → The Gobi **2** A moon → The moon
3 a MP3 → an MP3 **4** same → the same **5** ○
6 exact one → the exact one **7** *Mayflower* → The *Mayflower*

1 고비 사막은 중국 북부와 몽골 남부에 있다.
▶ 사막 이름 앞에는 the를 쓴다.
2 달이 중천에 떠 있다.
▶ moon, sky와 같은 유일물 앞에는 the를 쓴다.
3 삼촌이 MP3 플레이어를 나에게 보내주셨는데, 그것은 그가 도쿄에서 구입하셨던 것이었다.
▶ MP3는 첫 발음이 모음이므로 앞에 an을 쓴다.
4 나는 모든 회사의 모든 개인이 너와 똑같이 하면 좋겠어.
▶ same 앞에는 the를 쓴다.
5 그 단체는 가난한 사람들을 돕기 위해 기금을 모은다.
▶ 〈the + 형용사〉가 복수 보통명사로 쓰인 경우이다.
the poor = poor people
6 나는 한 매장에서 한 휴대전화를 보았다. 그것이 바로 내가 사고 싶어 하는 것이다.
▶ 절(I want to buy)의 수식으로 범위가 한정된 경우 앞에

the를 붙인다.

7 메이플라워호는 1620년에 영국의 플리머스 항에서 매사추세츠의 플리머스 식민지까지 청교도들을 실어 날랐다.
  ▶ *Mayflower*는 배의 이름이므로 the를 붙인다.
  어휘 pilgrim 순례자; *(Pilgrim) 청교도

WRITING PRACTICE

1 1) tallest → the tallest 2) West Indies → the West Indies 3) by pound → by the pound / by kilogram → by the kilogram 4) on Sunday → on a Sunday 5) Curator → A[The] curator
2 1) the homeless 2) the deepest / the largest rivers 3) hit him in the face 4) The late John Jackson

1 1) ▶ 최상급이 수식하는 명사에는 the를 붙인다.
  2) ▶ 군도 이름 앞에 the를 붙인다.
  3) ▶ by + the + 단위를 나타내는 명사: ~ 단위로
  4) ▶ '어느 일요일'이라는 뜻이 되려면 Sunday 앞에 동종의 것 중 불특정한 하나를 나타내는 a를 붙여야 한다.
  5) ▶ 단수 보통명사 curator 앞에 a나 the를 붙여 큐레이터 전체를 가리키는 총칭적 용법으로 나타낸다.
  어휘 in charge of ~를 담당하는
2 1) ▶ = homeless people
  어휘 inattentive 신경을 쓰지 않는
  3) ▶ 〈동사 + 사람 + 전치사 + the + 몸의 일부〉 표현이다.
  4) ▶ 형용사(late) 뒤에 고유명사(사람 이름)가 왔으므로 형용사 앞에 the를 쓴다.
  어휘 late 늦은; *고인이 된, 이미 사망한 / environmentalist 환경 운동가

UNIT 100·101
45 관사의 생략 / 관사의 위치

CHECK UP

1 breakfast **2** bed **3** such an amazing building
4 all the invitations

1 우리는 규칙으로 아침식사를 함께 하기 시작했다.

  ▶ 식사 이름 앞에는 일반적으로 관사를 쓰지 않는다.
2 잠자리에 들기 전에 이를 닦아라.
  ▶ 본래의 목적이나 기능을 나타낼 경우 the를 쓰지 않는 관용어구이다.
3 나는 타지마할에 가기 전에 그렇게 놀라운 건물을 본 적이 없었다.
  ▶ such가 명사 앞에 오면 어순이 〈such a/an + 형용사 + 명사〉가 된다.
4 모든 초대장을 다 적고 나서, 그녀는 그것들을 우체국에서 부쳤다.
  ▶ 〈all + the + 명사〉의 어순이다.

A

1 X **2** a **3** X **4** X **5** the **6** X **7** X

1 부상자들은 응급차로 병원에 이송되었다.
  ▶ 교통수단을 나타내는 명사가 by와 함께 쓰이면 관사를 생략한다.
2 학교 폭력은 한국에서 하나의 사회 문제가 되었다.
  ▶ problem은 셀 수 있는 명사로 그 앞에 '하나의(= one)'의 의미를 가지는 a를 붙이는 것이 적절하다.
3 그녀는 수업 전에 피겨 스케이팅 연습을 하기 위해 4시에 일어나곤 했다.
  ▶ 운동명 앞에는 관사를 붙이지 않는다.
4 나는 평생 동안 이런 종류의 일을 해 왔다.
  ▶ 종류를 나타내는 type of 뒤에는 관사를 생략하고 명사를 쓴다.
5 직진해서 교회에서 왼쪽으로 가세요.
  ▶ 교회가 본래의 목적이나 기능으로 사용되지 않고 건물이나 장소 그 자체를 나타내고 있으므로 앞에 the를 쓴다.
6 우리는 점심을 같이 먹고 나서 첼로를 연주했다.
  ▶ 식사 이름 앞에는 일반적으로 the를 생략한다.
7 엘리자베스 2세 여왕이 한국을 방문했을 때, 그녀는 안동 하회 전통마을에 들렀다.
  ▶ 〈신분·관직·칭호〉 등을 나타내는 명사 앞에는 관사를 쓰지 않는다.

B

1 double the number of **2** quite an expensive car
3 rather an unusual customer

1 지난해 우리는 모든 경쟁사들의 휴대전화 판매량을 합친 것과 비교하여 두 배의 판매량을 이뤄냈다.
  ▶ 〈double + the + 명사〉의 어순이다.

2 그것은 우리 아버지가 내게 사준 꽤 비싼 자동차였다.
> 〈quite + a/an + 형용사 + 명사〉의 어순이다.

3 Dina는 그저께 다소 특이한 고객을 만나야 했다.
> rather가 형용사와 명사와 함께 쓰이면 〈rather + a/an + 형용사 + 명사〉 또는 〈a + rather + 형용사 + 명사〉의 2가지 어순 모두 가능하다. 이 문장에서는 주어진 단어가 an이므로 전자의 어순을 따라야 한다.

C

1 too a cold day → too cold a day 2 ○ 3 the day after the day → day after day 4 so good friend → so good a friend 5 The professor → Professor 6 the twice length → twice the length

1 단지 엄지발가락을 물에 담그고는 수영하기에 너무 추운 날이라고 단정 짓지 말아라.
> 〈too + 형용사 + a/an + 명사〉의 어순이 되어야 한다.
어휘 dip 살짝 담그다

2 해시태그는 # 기호 뒤에 오는 단어 또는 구이다.
> 문맥상 관사가 없어도 오해의 소지가 없으므로 접속사 or로 연결된 두 번째 명사(phrase) 앞의 a를 생략할 수 있다.
어휘 precede ~에 앞서다, 선행하다

3 공사는 쉼 없이 날마다 계속되었다.
> 두 개의 명사가 대구를 이루고 있는 경우에는 관사를 생략한다. day after day는 '날마다'의 의미이다.

4 Bridget은 그렇게 좋은 친구가 아닐지도 모른다. 결국엔 그녀는 너에게 거짓말을 정말로 했다.
> 〈so + 형용사 + a/an + 명사〉의 어순이 되어야 한다.

5 Victor 교수는 국제 관계 분야에 있어서 매우 뛰어난 전문 지식을 가지고 있다.
> 〈신분·관직·칭호〉 등을 나타내는 명사 앞에는 관사를 쓰지 않는다.
어휘 expertise 전문 기술[지식]

6 이 복도는 다른 복도보다 두 배 더 길지만 훨씬 더 좁다.
> 〈twice + the + 명사〉의 어순이다.
어휘 corridor 복도

WRITING PRACTICE

1 on foot 2 What kind of food 3 on account of 4 arm in arm 5 After school 6 half the students

1 > on foot: 걸어서
2 > 종류를 나타내는 kind of 뒤에는 관사를 생략하고 명사를

쓴다.
3 > on account of: ~때문에
4 > arm in arm: 서로 팔짱을 끼고
5 > after school: 방과 후에
6 > 〈half + the + 명사〉의 어순이다.

UNIT 102-103

46 인칭대명사의 주요 용법 / 인칭대명사 it

CHECK UP

1 me 2 by himself 3 makes it 4 It's

1 비행기를 놓쳤다고 그녀가 비난한 사람은 바로 나였다.
> 〈it is[was] ~ that〉 강조구문에서는 강조 어구를 뺀 원래 문장에서의 역할에 따라 격이 결정된다. 원래 문장이 'She blamed me for missing our plane.'이므로 목적격 me가 옳다.
어휘 blame A for B B에 대해 A를 비난하다

2 그의 친구들 모두 집으로 가서 Harry는 혼자서 공부해야 했다.
> by oneself는 '혼자서, 혼자 힘으로'의 의미이고, in oneself는 '원래, 그 자체로는'의 의미이므로 문맥상 by himself가 알맞다.

3 Susan은 개를 두 마리 키우는데, 이로 인해 그녀가 여행을 가기가 어렵다.
> 진목적어 to travel를 대신하는 가목적어 it이 필요하다.

4 조부모님 댁까지는 차로 먼 거리이다.
> 이 문장에서 It은 거리를 나타내는 비인칭 주어이다.

A

1 me 2 mine 3 she 4 their 또는 them 5 myself 6 herself

1 내 여동생이 "거기 누구세요?"라고 말했고 나는 "나야."라고 답했다.
> 현대영어에서 be동사의 주격 보어로 대개 목적격을 쓰지만, 원칙적으로 주격을 쓴다. 주격을 쓸 경우, be동사를 축약하지 않는다.
= It is I.

2 나는 내 친구 한 명과 함께 콘서트에 갈 것이다.

> 인칭대명사의 소유격을 관사 a와 함께 쓸 때는 이중소유격의 형태를 취하는데, 그 어순은 〈한정사 + 명사 + of + 소유대명사〉이다.

3 그녀의 아들에게 피아노를 처음 소개해준 이는 바로 그녀였다.
> ← She first introduced her son to the piano.

4 그 경찰관은 그들이 불평하는 것을 못마땅해 했다.
> 동명사 complaining의 의미상 주어로 원칙적으로는 소유격을 쓰고, 일상체에서는 대개 목적격을 쓴다.

5 그가 오늘 사무실에 나올 거라는 것이 확인되었다. 내가 직접 그에게 전화했다.
> 주어 I를 강조하는 재귀대명사 myself로 고쳐 쓴다.
어휘 confirm 확인하다

6 나는 그녀가 깜짝 파티를 좋아했다고 생각한다. 그녀는 즐기고 있는 것처럼 보였다.
> 문맥상 주어 She와 enjoy의 목적어가 동일 인물이므로 재귀대명사 herself를 쓴다.
enjoy oneself: 즐기다, 즐겁게 보내다

B

1 ⓒ **2** ⓑ **3** ⓓ **4** ⓐ **5** ⓔ

1 우리는 어제 에어컨을 사야 했다. 아파트 안이 너무 더워지고 있었다. / ⓒ 비가 내리지 않는다면 그들은 야외 음악회를 열 것이다.
> 온도나 날씨를 나타내는 비인칭 주어 it이다.
어휘 providing (만약) ~라면

2 자신의 후계자로 나를 추천한 사람은 바로 Simpson 씨였다. / ⓑ 그녀가 기다리고 있던 것은 바로 그녀가 주문한 음식이었다.
> 〈it is[was] ~ that〉 강조구문의 it이다.
어휘 successor 후계자

3 날씨가 계속 추운데, 이것이 걷는 것을 어렵게 한다. / ⓓ 많은 사람들이 선택사항이 너무 많을 때 결정을 내리는 것을 힘들어 한다.
> 진목적어 to부정사(구)를 대신하는 가목적어 it이다.

4 나는 도둑맞은 돈에 것을 신경 쓰지 않는다. 내 여권과 면허증을 재발급하는 것이 더 어렵다. / ⓐ 통나무가 젖어서, 그것들을 불 붙이는 것이 힘들었다.
> 진주어 to부정사구를 대신하는 가주어 it이다.

5 Justin은 새 태블릿 컴퓨터를 샀다. 그것은 너무 비싸서 그는 그것을 살 수 있기까지 몇 개월 동안 돈을 모아야 했다. / ⓔ 나는 로마에 7일 동안 있었다. 그곳은 이탈리아의 수도이다.
> 앞 문장에 나온 a new tablet computer와 Rome을 각각 대신하는 인칭대명사 it이다.

C

1 ○ **2** me → myself **3** hers → her
4 find easier → find it easier **5** ○

1 방 안이 너무 더워서 남자들은 넥타이를 풀었다.
어휘 remove 제거하다; *(옷 등을) 벗다

2 나는 스스로에게 영어회화를 가르쳤다. (= 나는 독학으로 영어회화를 배웠다.)
> 주어와 목적어가 동일인물이므로 목적어 자리에 재귀대명사를 쓴다.

3 우리는 그녀가 우승자로 뽑힌 것이 자랑스럽다.
> 동명사구 having been chosen as the winner의 의미상 주어로 소유격 또는 목적격을 써야 한다.

4 나는 밤늦게 슈퍼에 가는 것이 더 쉽다.
> find와 easier 사이에 진목적어 to부정사구(to go 이하)를 대신하는 가목적어 it이 빠져있다.

5 그 짐은 너무 무거워서 내가 혼자 들 수 없어서 나는 짐꾼에게 짐을 옮기는 것을 부탁했다.
> it은 앞서 나온 The luggage를 받는다.
어휘 porter (공항 등의) 짐꾼

WRITING PRACTICE

1 1) himself/herself 2) One 3) it
2 1) seat yourself 2) It / he that[who] sent 3) it was Sunday 4) with her own 5) a friend of hers

1 1) > The judge를 강조하는 재귀대명사 himself나 herself가 와야 한다.
어휘 judge 판사 / jury 배심원단

2) > 부정대명사 one은 매우 격식을 갖춘 표현으로 일반 대중을 나타낼 수 있다.

3) > 관용표현에서 막연한 상황이나 사정을 나타낼 때 it을 쓴다.

2 1) > seat oneself: 앉다

2) > 〈it is[was] ~ that〉 강조구문으로 it was와 that 사이에 강조하고자 하는 주어 he를 쓰고 나머지는 that 뒤에 쓴다. 강조하는 어구가 사람이므로 that 대신 who를 쓸 수 있다.
← He sent the email.

3) > 요일을 나타내는 비인칭 주어 it을 사용한다.

4) > 재귀대명사는 소유격이 없으며 〈인칭대명사의 소유격 + own〉으로 나타낸다.

47 지시대명사 this·that / 지시대명사 such·same

CHECK UP

1 that **2** this **3** this **4** as such

1 런던에서의 생활비는 서울에서의 그것보다 더 높다.
　▶ 앞서 나온 the cost of living의 반복을 피하기 위해 that 을 쓴다.

2 지난 가을 나는 여러 명의 교환 학생들을 만났지만, 이번 학 기에는 그들을 통 못 봤다.
　▶ 문맥상 현재 진행 중인 사건이나 상황을 나타내는 this가 적절하다.

3 자, 이것 좀 들어 봐. 그건 우리 삶을 많이 바꿀 거야!
　▶ 앞으로 언급될 내용을 받을 때는 this를 쓴다.

4 그는 어린 아이이므로, 그러한 대우를 받을 필요가 있다.
　▶ as such: 그러한 자격으로, 그것으로서

A

1 those **2** this **3** this **4** such **5** same **6** that **7** these **8** same **9** Such **10** Such/This/That

1 동부 해안에 있는 해변들은 서부 해안의 그것들보다 더 아름 답다.
　▶ the beaches의 반복을 피하기 위한 복수형 대명사가 필 요하므로 those가 적절하다.

2 나는 이것을 보장할 수 있다. 그가 대회의 우승자가 될 것이 다.

3 직원들은 이번 주에 초과 근무를 해오고 있다.
　▶ have been working으로 보아 현재까지 진행되고 있으 므로 현재와 접한 사건이나 상황을 나타내는 this를 쓴다.

4 그는 오래된 자동차나 전화기와 같은 골동품 수집하기를 좋 아한다.
　▶ 명사 + such as … = such + 명사 + as …: …와 같은 ~
　어휘 antique 골동품

5 네가 그것을 어떻게 하든 결과는 같을 것이다.
　▶ 문맥상 '(똑)같은 것'의 의미의, 대명사적 용법으로 쓰는 same이 적절하다.

6 제주에서의 삶의 방식은 서울에서의 그것보다 더 느긋하다.

7 요즘 일을 열심히 하는구나. 너는 좀 더 많이 쉬도록 해야 해.
　▶ 관용적으로 these days는 '요즘'이라는 의미이다.

8 이 문제에 대해 나도 당신과 똑같이 생각한다.
　▶ same이 ⟨as + S + V⟩와 함께 쓰여 '(똑)같은 것'의 의미인 대명사적 용법으로 쓰인 경우이다.

9 몇몇 학생들은 시험 기간에 머리를 감지 않는 경향이 있다. 그러한 습관은 내 비위를 상하게 한다.
　▶ '(앞서 언급된) 그와 같은, 그러한'의 의미인 한정사적 용법 으로 쓰인 such가 적절하다.

10 역사는 지루하다. 그것이 역사 선생님을 만나기 전에 그녀의 의견이었다.
　▶ such, this, that 모두 앞 문장을 받을 수 있다.

B

1 that → this **2** that days → those days 또는 that time **3** ○ **4** ○ **5** that → this **6** so → such

1 넌 동의하지 않겠지만, 나는 이번에는 Bruce에게 찬성하려 고.
　▶ 현재 상황에 대해 언급하고 있으므로 this가 적절하다.
　어휘 may well (~하는 것도) 당연하다; *아마 ~일 것이다

2 1920년에 그려진 이 그림은 그 시대의 화풍과 관습을 충실 하게 반영하고 있다.
　▶ 1920년은 과거의 시간이므로 that을 써야 하는데 days 가 복수형이므로 those로 바꾼다. 또한 '그때'를 의미하는 that time도 가능하다.
　어휘 faithfully 충실히

3 부모들은 항상 자신의 아이들을 다른 부모들의 아이들과 비 교한다.

4 그 뉴스를 읽은 사람에게는, 이 이야기가 친숙할지도 모른다.
　▶ those는 '사람들'의 의미이다.

5 작가로서 나는 이 말을 해야겠다. 이번 책을 쓰기가 쉽지 않 았다고.

6 나는 그녀가 David와 결혼할 정도로 바보는 아니라고 생각 한다.
　▶ such ~ as to-v: …할 정도로 ~한

WRITING PRACTICE

1 Those who buy tickets in advance
2 His handwriting is like that of
3 Her behavior was such
4 order the same hamburger
5 She was such an angel

1 어휘 in advance 미리, 사전에

3 ▶ be such that ~: ~할 정도이다

4 ▶ the same ~ : (똑)같은 ~ 〈형용사적 용법〉

UNIT 106-107

48 부정(不定)대명사 some·any / 부정대명사 one

CHECK UP

1 some **2** any **3** one **4** one

1 라디오를 켜자. 어쩌면 좋은 음악을 찾을 수 있을지 몰라.
▶ 긍정의 평서문에서는 일반적으로 some을 쓴다.

2 나는 아마 오늘 밤에 집에 있을 것이다. 나는 아무런 계획이 없다.
▶ 부정의 평서문에서는 일반적으로 any를 쓴다.

3 네 컵을 깨서 미안해. 너에게 새것을 사줘도 될까?
▶ 앞서 언급된 명사를 받아 불특정한 것을 나타내는 one을 쓴다.

4 나는 그녀가 이 시험에 통과하지 못하면 놀랄 것이다. 그것은 그녀가 가장 좋아하는 과목들 중 하나이다.
▶ one of ~: ~중 하나

A

1 any **2** Some **3** any **4** some **5** some

1 마음에 드는 모자는 어느 것이라도 골라라.
▶ '어떤 ~라도'의 의미인 any가 적절하다.

2 그 집들은 허리케인으로 피해를 입었다. 그것들 중 몇몇은 완전히 부서졌다.
▶ 긍정의 평서문에서는 일반적으로 some을 쓴다.

3 우산이 하나도 남지 않았다. 우산이 전부 다 팔렸다.
▶ 부정의 평서문에서는 일반적으로 any를 쓰며 〈not ~ any〉는 '조금도 ~않다'의 의미인 전체부정을 나타낸다.

4 어떤 이유인지 이 기계는 두 장씩 복사가 된다.
▶ 긍정의 평서문에서 부정(不定)을 나타내는 '어떤'의 의미를 나타내는 some이 적절하다.

5 우리는 샴푸가 떨어졌어. 가게에서 좀 사다 줄래?
▶ 의문문이라도 〈권유·의뢰〉를 나타내므로 some을 쓴다.

B

1 One / one's **2** ones **3** one **4** one **5** one

1 사람은 자기 자신의 결점을 가장 잘 안다.
▶ 앞에는 일반 대중을 나타내는 One이, 뒤에는 그 소유격인 one's가 적절하다.
어휘 flaw 결점, 흠

2 소프트 콘택트렌즈는 하드 렌즈보다 덜 비싸다.
▶ 앞서 나온 명사구 contact lenses의 불특정한 것을 나타내고 복수형이며 수식어구(hard)가 있으므로 ones가 적절하다.

3 Eva의 세탁기는 여동생의 새 세탁기보다 더 빠르고, 더 조용하고, 사용하기에 더 편리하다.

4 그건 괜찮은 농담이었지만 내가 훨씬 더 재밌는 것을 알고 있어!

5 Thomas는 예전엔 게을렀지만, 이제는 학급에서 가장 우수한 학생들 중 하나이다.

C

1 some **2** any **3** One[one]

1 (A) 사람들이 잘 안 가는 곳으로 가자.
어휘 beaten path 사람들이 많이 가는 길
(B) 배가 고플 경우를 대비해서 비행기 탈 때 간식을 좀 가져가라.
▶ some은 긍정의 평서문에서 '몇몇의, 약간의'라는 의미로 쓰인다.

2 (A) 우리는 저녁식사로 세 가지 선택권이 있다. 너는 그 중 아무거나 선택하면 된다.
▶ 긍정의 평서문이지만, 셋 중 '어느 것이라도' 고를 수 있다는 의미이므로 any를 쓴다. 또는 앞서 언급된 세 가지 선택권 중 불특정한 하나를 의미하는 one도 가능하다.
(B) 그는 그 경기에 거의 관심을 보이지 않았다.
▶ 의미상 부정(negation)의 의미를 나타내는 문장이므로 any를 쓴다.
어휘 barely 거의 ~않다

3 (A) 내가 이것을 끝내면, 난 300쪽을 쓴 것이 된다.
▶ 불특정한 page를 나타내므로 one을 써야 한다.
(B) '생긴 대로 논다'라는 속담이 딱 맞아.

D

1 Any words cannot → No words can **2** ○
3 any → some **4** were → was **5** ○ **6** some this cake → some of this cake 또는 some (cake)

1 어떤 말도 현재 내 감정을 설명할 수 없다.
> any가 주어에 쓰인 문장의 부정은 〈no ~〉로 한다. 또는 word를 〈보통 복수명사〉의 총칭적 용법으로 쓴 Words cannot …도 가능하다.

2 샐러드 좀 더 주시겠어요? 정말 맛있네요.
> 의문문이지만 긍정의 대답을 기대하므로 some을 쓴다.

3 Mark는 지난주에 여동생의 생일파티 비용도 내고 자선 단체에 돈도 좀 기부했다.
> 긍정의 평서문에서는 일반적으로 some을 쓴다.
어휘 charity 자선 단체

4 그녀가 돌아왔을 때, 그녀는 바구니에서 빵의 일부가 사라진 것을 알아챘다.
> some of + 셀 수 없는 명사 + 단수형 동사

5 그 대통령이 공해로부터 우리를 보호하는 법안을 제안한 바로 그 사람이다.
> the one who ~: 바로 ~한 사람

6 이 제과점은 치즈케이크로 유명해. 이 케이크 조금 먹어보지 않을래?
> some이 지시형용사 this를 수반하는 명사를 수식할 때는 of로 연결되어야 한다. 또는 무엇을 가리키는지 분명하므로 this를 생략하여 some cake을 쓸 수 있고, cake 또한 생략 가능하다.

WRITING PRACTICE

1 without any equipment **2** those cute ones
3 Some of the runners give up / don't reach

1 > 부정의 의미를 지닌 without을 함께 써야 하므로 any를 쓴다.

2 > 앞의 명사 shoes의 불특정한 것을 나타내고 복수형이며 수식어구(those cute)가 있으므로 ones를 써야 한다.

3 > some of + 복수명사 + 복수형 동사

---

49 부정대명사 other·another / 부정대명사 all·each

CHECK UP

1 others **2** another **3** one / the other **4** they all
5 each of

1 다른 사람들과 일할 때 잘 듣는 기술은 매우 중요하다.
> '남, 타인'의 의미를 나타낼 때는 대명사적 용법의 others를 쓴다.
어휘 invaluable 값을 헤아릴 수 없는, 매우 귀중한

2 나는 이미 먹어서 더는 먹을 수가 없었다.
> '또 하나의; 더, 또'의 의미를 나타낼 때는 한정사적 용법의 another를 쓴다.

3 그녀에게는 두 명의 아이들이 있다. 한 명은 세 살이고 다른 한 명은 9개월 됐다.
> 두 명의 사람 중에서 하나는 one, 나머지 하나는 the other로 나타낸다.

4 우리는 문제가 많았지만 결국 그것들이 전부 해결됐다.
> all이 주어 역할을 하는 인칭대명사 they 바로 뒤에 위치하여 구성원 전부를 포함한다는 의미를 강조한다.

5 나는 그 소녀들 각각에게 새 옷 한 벌을 크리스마스 선물로 사줬다.
> 뒤에 한정사(the)와 복수 명사가 나오므로 each of를 써야 한다.

A

1 all **2** each **3** another / the other
4 some / others

1 A: 당신은 아들을 위한 새 휴대용 컴퓨터를 구입했나요? 어제 아들과 함께 쇼핑을 갈 거라고 했잖아요.
B: 우리는 하루 종일 쇼핑했지만, 결국 그가 찾던 것을 발견하지 못했어요.
> 〈all + 시간을 나타내는 단수 명사〉는 '~내내'라는 의미로, 명사 앞에 관사가 붙지 않는다.
all day: 하루 종일

2 A: 와, 너 매우 좋아 보인다! 너 어떻게 그렇게 살을 많이 뺐니?
B: 운동과 식이 요법을 해오고 있어. 3개월 동안 매일 밤 조깅을 해오고 있어.
> 문맥상 '매일 밤'이라는 내용이므로 each가 알맞다.

3 A: 네 가방에 책이 몇 권이나 있니?

B: 세 권 있어. 하나는 영어책이고 또 하나는 수학책이야.

A: 그리고 나머지 하나는 뭐니?

B: 음… 시간 여행에 관한 만화책이야.

> 세 개 중 하나는 one, 또 다른 불특정 하나는 another, 그리고 나머지 하나는 the other로 나타낸다.

4 A: 왜 어떤 사람들은 다른 사람들보다 모기에게 더 많이 물릴까?

B: 잘 모르겠어. 인터넷으로 검색해보자.

> 3개 이상의 대상 중에서 막연히 몇 사람씩 지칭하는 경우에는 some ~ others를 쓴다.

B

1 the others → others **2** all of parking spots → all (of) the parking spots **3** other → another 또는 the other **4** ○ **5** every → each **6** ○

1 어떤 사람들은 밤에 10시간만큼을 자야 할지도 모르고, 또 어떤 사람들은 훨씬 더 적게 자도 될지도 모른다.

> 3개 이상의 대상 중에서 막연히 몇 사람씩 지칭하는 경우 *cf.* some ~ the others: 3개 이상의 대상 중에서 〈막연한 일부〉는 some, 〈나머지 전부〉는 the others로 지칭한다.

2 거의 모든 주차장들이 가득 찼다.

> all (of)가 명사 앞에 올 때는 all (of)와 명사 사이에 반드시 the, my, this와 같은 한정사가 필요하다. 이 문장에서는 the가 적절하다. 〈all (of) + 한정사 + 명사〉에서 of는 생략 가능하다.

3 A: 여기는 너무 막혀. 우리 늦겠어!

B: 우리가 다른 길로 가는 게 좋겠어.

> '다른'이라는 의미로 뒤에 단수 명사가 있으므로 another가 되어야 한다. 또한 길이 2개 중 하나인 경우에 the other도 가능하다.

4 그는 영어 외에도 많은 언어를 말할 수 있다.

> other than이 '~외에'의 의미를 나타내므로 문맥상 적절하다.

5 이번 주말에만, K마트가 사과 한 상자를 각 만원에 제공할 것이다.

> every는 부사로 쓸 수 없고 문맥상 수량을 나타내는 표현과 함께 쓰여 '각자에게, 한 사람[개]마다'의 의미이므로 each가 되어야 한다.

6 이 잡지는 온통 광고네요. 저는 다른 걸 읽고 싶어요.

> '온통 ~인'의 의미로 쓰인 all이다.

1 one thing / another **2** All of them are
3 each other **4** one after another

1 > A is one thing, but B is another: A와 B는 별개의 일이다

2 > 〈all of + 목적격 인칭대명사〉에서 of는 생략할 수 없고 them이 복수형이므로 복수형 동사를 쓴다.

3 > '서로'라는 의미를 나타낼 때에는 each other (= one another)를 쓴다.

4 > '차례로'라는 의미일 때는 one after another[the other]를 쓴다.

50 부정대명사 both·either·neither·none / 부정대명사 -one·-body·-thing

CHECK UP

1 either **2** no **3** anything wrong **4** everybody
5 nothing

1 우리는 둘 중 어느 가게든 가도 돼. 나는 상관없어.

> 긍정문에서 '둘 중 어느 한쪽'이라는 의미일 때는 either를 쓴다.

2 비가 오고 있다. 놀이 공원에서 탈 기구가 없을 것이다.

> '하나도 ~없는'의 의미일 때 명사 앞에 no를 붙인다. none은 단독으로 명사를 수식할 수 없고 of와 함께 써서 명사를 수식한다.

3 지하철에서 코 푸는 게 뭐 잘못됐니?

> anything과 같이 -thing으로 끝나는 대명사를 수식하는 형용사는 부정대명사 뒤에 온다.

어휘 blow one's nose 코를 풀다

4 그는 매우 사교적이다. 그는 모든 사람과 잘 어울려 지낸다.

> everybody[everyone]: 모든 사람, 모두

어휘 sociable 사교적인 / get along with ~와 잘 지내다

5 그는 공짜로 무언가를 얻는 것을 너무 좋아한다.

> for nothing: 공짜로

A

1 both **2** none **3** either **4** None **5** Neither

1 우리는 두 회사 모두와 계약을 하니, 두 개의 계약서를 작성해라.

  ▶ '둘 다'의 의미일 때는 both를 쓴다.

2 그녀는 친구 네 명에게 함께 가자고 부탁했지만, 그들 중 아무도 가고 싶어하지 않았다.

  ▶ '(셋 이상의 사람에 대해) 아무도 ~않다'의 의미를 나타낼 때는 none을 쓴다.

3 Greg는 두 개의 다른 컴퓨터 관련 일을 시도했으나, 그 둘 중 아무것도 그다지 잘하지 못했다.

  ▶ 문맥상 '둘 중 어느 쪽도 잘 하지 못했다'의 의미이고, 문장에 not이 쓰였으므로 either를 써야 한다.
  not ~ either = neither

4 Lucy가 너무 빨리 자라서 그녀의 옷들 중 맞는 것이 하나도 없다.

  ▶ 여러 벌의 옷 중 '하나도 ~않다'의 의미이므로 none을 쓴다.

5 우리는 두 사람에게 길을 물었다. 그들 중 누구도 도움이 되지 않았다. 둘 다 타지에서 온 사람들이었다.

  ▶ '둘 중 어느 쪽도 ~ 아니다'의 의미일 때는 neither를 쓴다.

B

1 nothing interesting **2** something surprising
3 Everybody[Everyone] **4** anybody[anyone] else
또는 somebody[someone] else
5 somebody[someone] nice **6** anything right

보기 | • 이 웹사이트에는 좋은 게 있다.

  ▶ something: 무언가, 어떤 것

• 우리는 모두 지금 여기에 있다. 또 올 사람이 없다.

  ▶ nobody[no one]: 아무도 ~ 않다

1 오늘 밤 채널 4에서는 재미있는 것을 아무것도 안 한다.

  ▶ nothing: 아무것도 ~ 아니다

2 앉아봐. 너에게 말해줄 놀라운 것이 있어.

3 모든 사람이 소풍에서 좋은 시간을 보내고 있는 것 같다.

4 미안하지만 내가 일요일에 널 도울 수 없을 것 같아. 다른 사람을 찾을 수 있겠니?

  ▶ 의문문이므로 anybody[anyone] else가 적절하다. 또한, 의문문에서 긍정의 답을 기대하거나 〈권유·의뢰〉를 나타낸다면 somebody[someone] else도 가능하다.

5 너는 오늘 밤 파티에 가야 한다. 분명 그곳에 멋진 사람이 올 것이다.

  ▶ somebody[someone]: 누군가, 어떤 사람

6 내 입이 오늘은 잘 안 돌아간다. 아무 말도 제대로 안 되네!

  ▶ '아무것도 제대로 되지 않는'이라는 의미가 되어야 하는데

문장이 not을 포함한 부정문이므로 anything right이 적절하다.

C

1 have → has **2** Anything that happened today should not be → Nothing that happened today should be **3** are → is **4** neither of them has → none of them have[has] **5** couldn't → could

1 어떤 사람이 내 자전거를 훔쳐 갔기 때문에 난 매우 화가 난다.

  ▶ somebody는 단수 취급하므로, has를 쓴다. 또는 현재완료형 has stolen 대신 과거시제 stole로 나타내는 것도 가능하다.

2 오늘 발생한 일은 아무것도 더 이상 거론되지 말아야 한다. 그것에 관련된 그 무엇도 이야기하지 마라.

  ▶ Anything은 부정문의 주어로 쓸 수 없으므로, Anything을 Nothing으로 고치고 동사에 있는 not을 빼야 한다.

3 두 소년 중 한 명이 퍼레이드를 지휘하게 되어 있다.

  ▶ either of + 한정사 + 복수 명사 + 단수형 동사

4 나는 여러 커피 가게에서 커피를 마셔봤지만, 이렇게 맛있는 커피는 없다.

  ▶ 두 군데가 아닌 여러 군데의 커피를 마셔봤다는 내용이므로 neither를 none으로 고쳐야 하고 〈none of + 복수 명사〉는 격식체에서는 단수형 동사와, 일상체에서는 복수형 동사와 함께 쓴다.

5 나는 두 명의 의사에게 가봤지만, 그들 중 아무도 도움이 되지 않았다. 나는 세 번째 의사를 찾아가야만 했다.

  ▶ neither에 부정의 의미가 포함되어 있으므로 동사에 not을 따로 쓰지 않는다.

WRITING PRACTICE

1 none of our business **2** thought nothing of
3 anything but **4** something like **5** No excuse

1 ▶ none of one's business: ~가 상관할 바 아닌

2 ▶ think nothing of는 '~를 아무렇지도 않게 생각하다'의 의미로 nothing은 '아무것도 아닌 것'의 의미를 나타낸다.

3 ▶ anything but: 결코 ~이 아닌

4 ▶ 주로 something like의 형태로, 부정확하게 수량에 관해 말하거나 무언가를 묘사할 수 있다.

5 ▶ no + 명사: 어떤 ~도 없는[아닌], 하나[조금]의 ~도 없는[아닌]

51 부정대명사의 전체부정과 부분부정 / 의문사의 용법

CHECK UP

1 all **2** Which **3** What **4** What do you think

1 개학 첫 주이다. 나는 아직 우리 반의 모든 아이들을 알지는 못한다.
  ➤ not ~ all: 부분부정 / none: 전체부정
    이 문장에서는 부정어 not이 문장에 있으므로 none은 부적절하다.

2 우리는 지금 출발하거나 점심식사 후에 출발할 수 있어요. 어느 쪽이 좋아요?
  ➤ 한정된 수 중에서 선택할 때는 의문사 which를 쓴다.

3 A: Lopez 씨는 어떻게 생겼나요?
  B: 그녀는 검은 머리에 안경을 써요.
  ➤ 외모를 물을 때 〈what do[does/did] + S + look like?〉를 사용한다.

4 내가 그의 생일 선물로 뭘 사야 한다고 생각하니?
  ➤ 간접의문문에서 주절의 동사가 think일 때는 〈의문사 + do you think + S + V〉의 어순이 된다.

A

1 not all **2** One **3** none

1 A: Sally, 일본 여행은 어땠어?
  B: 훌륭했어! 음식을 즐기고 매우 재미있게 보냈지!
  A: 좋은데! 그럼 사람들은 어땠니?
  B: 음… 어떤 사람들은 외국인들에게 친절한 것 같았는데, 또 어떤 사람들은 그렇지 않은 것 같았어.
  → Sally는 모든 일본인들이 외국인들에게 친절한 것은 아니라고 생각했다.
  ➤ '전부 ~인 것은 아니다'의 의미인 〈부분부정〉을 나타내는 not all이 적합하다. 동사 were가 쓰였으므로 not every는 적합하지 않다.

2 A: 오늘 밤 Linda의 승진을 축하하는 파티가 열릴 거야. 올 수 있니?
  B: 아, 가고 싶은데 난 갈 수가 없어. 병원에 할머니 병문안 가야 해. 나 대신 그녀에게 축하한다고 좀 전해줘.
  A: 그래, 그럴게.
  → 그들 중 한 명이 오늘 밤 Linda의 파티에 갈 수 있다.

➤ both의 부분부정은 one을 사용하는 긍정문으로 표현한다.
  어휘 promotion 홍보; *승진

3 A: Sean, 「파리 대왕」을 읽어 본 적 있니? 정말 걸작이야!
  B: 음…, 아니. 난 들어 본 적도 없는 걸.
  A: 그럼, 「향수」나 「코끼리에게 물을」은 어때? 그것들은 재미있어!
  B: 아니, Kate. 너도 알다시피, 난 소설 읽는 것을 좋아하지 않아.
  → Sean은 Kate가 언급한 어떤 책도 읽어 본 적이 없다.
  ➤ Sean은 Kate가 말한 책 세 권을 하나도 읽어보지 않았다. 따라서, 전체부정을 나타내는 none을 사용하는 것이 알맞다.
  어휘 masterpiece 걸작

B

1 What **2** How **3** What **4** where **5** why

1 A: Veronica는 그 소식에 대해 어떻게 생각해?
  B: 그녀는 아직 그것을 듣지 않았어.
  ➤ 특정 대상에 대한 전반적인 의견을 물을 때 의문문의 동사구가 〈think of[about]〉이면 보통 의문사 what을 사용한다.

2 A: 호수의 얼음이 얼마나 두껍지?
  B: 스케이트를 탈 만큼 충분히 두꺼워.
  ➤ 〈범위·정도·수·양〉 등을 나타내는 '얼마나 ~한가?'의 의미로 〈how + 형용사[부사]〉를 쓴다.

3 A: 캐나다의 수도는 어디인가요?
  B: 오타와입니다.
  ➤ '어디'로 해석되지만 장소명을 묻고 있으므로 what을 사용한다.
    cf. 물리적 위치를 물을 때에는 where를 사용한다.

4 A: 미술관이 어디에 있는지 말해 줄 수 있나요?
  B: 네, 그것은 모퉁이를 돌면 있어요.
  ➤ 〈장소〉를 이야기하고 있으므로 where를 써야 한다.

5 A: 그녀가 왜 전화를 안 받는지 알아요?
  B: 네, 그녀는 아파요.
  ➤ 그녀가 전화를 받지 않는 〈이유〉를 말해주고 있으므로 why를 써야 한다.

C

1 either of them didn't work. → neither of them worked. **2** How → What **3** ○

1 그 두 개의 프로그램은 이 시스템을 위해 개발된 것이 아니므로, 두 프로그램 모두 작동하지 않았다.

> either는 부정문에서 문장 첫머리에 올 수 없으므로 either를 neither로 고치고 neither에 부정의 의미가 포함되어 있으므로 동사에 not을 따로 쓰지 않는다.

2 A: 이것을 어떻게 부르니?

B: 그것을 '셀카봉'이라고 불러.

> 사물의 이름을 물을 때: what ~ call …?

3 A: 당신의 나라가 10년 후에 어떤 모습일지 상상할 수 있습니까?

B: 물론이죠. 제 생각에는 지금보다 더 평화로워질 것 같아요.

> 묻고자 하는 것이 간접의문문의 내용이 아니라 추측이나 상상의 여부이므로, 주절에 〈Can you guess/imagine 등 ~?〉을 쓰고 간접의문문의 의문사는 문장 첫머리로 이동되지 않았다.

WRITING PRACTICE

1 how much a flight to Tokyo costs **2** How do you feel about **3** Not every man **4** How do you like **5** What is the price

1 > 간접의문문의 어순은 〈의문사 + 주어 + 동사〉이다.

2 > 특정 대상에 대한 전반적인 의견을 물을 때: how do you feel about ~?

3 > '모두가 ~인 것은 아니다'라는 의미의 부분부정을 써야 하므로 every나 all이 적당한데, 문장의 동사가 단수형 동사 is이므로 every가 적절하다.

4 > 특정 대상에 대한 전반적인 의견을 물을 때: how do you like ~?

5 > price라는 명사를 사용해 가격을 물을 때는 what을 쓴다.

실전 TEST 05

1 ④ **2** ①, ② **3** ② **4** ② **5** such a good story **6** bring you to the island **7** ③ **8** ④ **9** if[whether] we had time **10** the students to refer to **11** ④ **12** piece **13** ⑤ **14** ③ **15** ② **16** it **17** one **18** do **19** ② **20** ⑤ **21** A 30 minutes daily walk → A 30-minute daily walk 또는 30 minutes' daily

walk **22** ③ **23** it[food neophobia] is **24** ③ **25** ①

1 그 가수들의 _____은(는) 음반 녹음 계약을 제안 받았다.

> 복수형 동사 were로 보아 항상 단수 취급하는 부정대명사 each는 빈칸에 적절하지 않다.

2 우리는 내 여동생 친구 몇몇과 서울역사박물관에 갈 것이다.

> 소유격을 한정사(some)와 함께 쓸 때는 〈한정사 + 명사 + of + 소유대명사〉의 형태로 쓴다. some을 대명사로 쓰면 〈some of + 소유격 + 복수 명사〉의 형태도 가능하다.

3 ① A: 나와 함께 파티에 갈래?

B: (유감이지만) 못 갈 것 같아.

> not이 〈부정〉의 절을 대신하는 경우이다. I'm afraid not: (유감스럽지만) 그렇지 않다.

② A: 난 더 오래 머물 수 없어.

B: 나도 마찬가지야.

> neither가 앞 문장의 내용을 받아 문장 첫머리에 오는 경우 주어와 동사는 도치되므로 'Neither can I.'가 맞는 표현이다.

③ A: 내 (신랑 쪽) 들러리가 되어 줄래?

B: 기꺼이 그러지.

> 앞서 언급된 동사(구)의 반복을 피하기 위해 to부정사의 동사(와 목적어, 수식어)를 생략하고 to(대(代)부정사)만 남길 수 있다.

④ A: 너 벌써 좋은 학원을 찾았니?

B: 아니. 내일 몇 군데를 가볼 거야.

> 앞서 언급된 명사(academy)가 한정사(a few) 뒤에 오는 경우 생략이 가능하다.

← … a few (academies) tomorrow.

⑤ A: 이 비 때문에 집에 걸어가려면 한참 걸리겠는걸. 택시 타고 가자.

B: 저기 택시가 지나간다!

> 〈장소〉를 나타내는 there가 문장 첫머리에 오는 경우: there + V + S

4 ① > the very는 '바로 (그)'의 의미로 명사 picture를 강조한다.

어휘 come across ~를 우연히 발견하다

② > 〈not until + 시기〉를 강조하는 문장으로 '…(하기) 전까지는 ~않다, …해서야 비로소 ~하다'라는 의미이므로 '내가 그 사실을 안 것은 바로 어제가 되어서였다.'라고 해석해야 한다.

③ > 의문사 강조: '도대체'라는 의미의 in the world는 의

문사 바로 뒤에 위치한다.

④ ▶ '전혀 ~아니다[않다]'라는 의미의 not ~ in the least로 부정의 의미를 강조하고 있다.

⑤ ▶ 〈do + 동사원형〉의 형태로 동사구 help yourself를 강조한다.

5 ▶ such가 명사 앞에 올 때는 〈such a/an + 형용사 + 명사〉의 어순이 된다.

6 ▶ 〈bring + 목적어 + to + 장소 (~를 …로 데리고 가다)〉 구문을 이용해 무생물주어 구문으로 표현할 수 있다.

7 과일은 비타민, 미네랄 그리고 섬유질을 얻고, 칼로리를 너무 많이 늘리지 않으면서 단맛을 충족시키는 아주 맛있는 방법이다. 그리고 아보카도와 코코넛 같은 몇몇을 제외하고 과일은 사실상 무지방이다.
▶ ③ such as: 예를 들어
① 꼭 ~처럼 ② 둘 다 ④ 몇몇의 ⑤ ~와 (똑)같은
어휘 fiber 섬유질 / sweet tooth 단것을 좋아하는 것 / load up ~에 싣다 / virtually 사실상, 실질적으로는

8 ① 부상자들은 한 지역 병원에 입원했다.
▶ 여기서 〈the + 형용사/분사〉는 사람을 나타내는 복수 보통명사를 나타내므로 was를 were로 고쳐야 맞다.
어휘 admit 인정하다; *입원시키다
② 세계의 개인 컴퓨터 수는 빠르게 늘고 있다.
▶ the number of + 복수 명사 (~의 수) + 단수형 동사
③ 많은 어린 소년들은 소방관이 되고 싶어했다.
▶ many a/an + 단수 명사 + 단수형 동사
④ James는 한국 전쟁이 1953년에 끝났다고 읽었다.
▶ 역사적 사실은 과거시제로 쓴다. (is → was)
⑤ 그 학생들은 세포가 번식하기 위해 분열한다고 배웠다.
▶ 과학적 진리는 현재시제로 쓴다.
어휘 cell 세포 / reproduce 번식하다

9 그 사람은 우리에게 "돌고래쇼를 볼 시간이 있어요?"라고 물었다.
→ 그 사람은 우리에게 돌고래쇼를 볼 시간이 있는지 물었다.
▶ 의문사가 없는 의문문의 간접화법 문장은 〈ask + if[whether] + S + V〉의 형태이다.

10 Tom은 학생들에게 "사전을 참고해."라고 말했다.
→ Tom은 학생들에게 사전을 참고하라고 조언했다.
▶ 명령문의 화법 전환 시 advise를 전달동사로 쓸 때 〈advise + 목적어 + to-v〉로 쓴다.

어휘 refer to 언급하다; *참고하다

11 ① 내 월급의 반이 벌써 없어졌다.
▶ half of는 뒤에 나오는 명사의 수에 동사를 일치시킨다.
어휘 paycheck 급료
② 이번 달에 하나 이상의 가게가 문을 닫았다.
▶ more than one + 단수 명사 + 단수형 동사
③ 400달러가 나의 월세이다.
▶ 금액의 단위를 나타내는 복수 명사는 단수형 동사로 받는다.
④ 내 남자친구도 내 친구들도 나와 함께 쇼핑 가기를 원하지 않는다.
▶ 〈neither A nor B〉는 B에 수 일치시킨다. 따라서 wants를 want로 고쳐야 한다.
⑤ Charlie뿐만 아니라 너도 틀린 가정을 한 것이다.
▶ 〈A as well as B〉는 A에 수를 일치시킨다.
어휘 assumption 가정

12 (A) 나는 사고 싶었던 보석 한 점을 발견했다.
(B) 그는 여동생이 보고 있지 않을 때 파이의 마지막 조각을 먹었다.
(C) 제게 암호학이 생소하므로, 조언 한 마디 해주시면 감사하겠습니다.
▶ 물질명사 jewelry나 pie, 추상명사 advice의 수량을 나타낼 때 a piece of를 쓴다.
어휘 cryptography 암호작성[해독]법

13 ① 어떤 면에서 그의 이야기는 일리가 있다.
▶ 여기서 부정관사 a는 '어떤(a certain)'의 의미이다.
② Jones 씨라는 분이 당신이 나가 있는 동안 전화했어요.
▶ 여기서 부정관사 a는 고유명사 앞에서 '~라고 하는 사람'의 의미이다.
③ 그녀는 캐나다에서 한 학기를 보낼지도 몰라.
▶ 여기서 부정관사 a는 '하나의(one)'라는 의미이다.
④ 알코올 중독자란 술을 너무 많이 마시는 사람이다.
▶ 여기서 부정관사 An은 '~라는 것은 (= any)'의 의미로 알코올 중독자 전체를 가리키는 총칭적 용법으로 쓰였다.
어휘 alcoholic 알코올 중독의; *알코올 중독자
⑤ 그 이야기는 2차 세계 대전 중에 일어난다.
▶ take place는 '일어나다'라는 의미로 place 앞에 관사를 쓰지 않는 관용표현이다.

14 어떤 사람들은 유기농과 비유기농 식품 사이의 맛의 차이를 알 수 있다고 말한다. 또 어떤 이들은 아무 차이가 없다고 말한다. 당신은 어떤가?

➤ some ~ others …: (3개 이상의 대상 중에서) 어떤 사람들은 ~하고 다른 어떤 사람들은 …하다

15 ① 올해 여름은 더울 것이다.
➤ this는 현재와 접한 시간을 나타낼 수 있다.
② 그 무렵에는 컴퓨터가 없었다.
➤ these는 현재와 접한 시간을 나타내기 때문에, 문맥상 과거의 사건을 나타내는 those days가 자연스럽다.
③ 그녀의 연기는 전문가의 연기같았다.
➤ that은 앞서 나온 명사 acting의 반복을 피하기 위해 쓰였다.
④ 먼저 오는 사람이 표를 얻을 수 있다.
➤ those는 '사람들'이라는 의미를 나타낼 수 있다.
⑤ 나는 이렇게 말할 것이다. 그녀는 비판을 두려워하지 않는다고.
➤ this는 앞으로 언급될 내용을 받을 수 있다.

16 (A) 나는 네가 내게 거짓말 할 때가 싫다.
➤ 막연한 상황을 나타내는 it이다.
(B) 상사가 네게 하라고 요청했던 것이 대체 뭐였지?
➤ ⟨it is[was] ~ that⟩ 강조 구문으로 의문사 What을 강조하고 있다.
(C) 나는 컴퓨터 바이러스를 제거하는 것이 쉽다고 생각했다.
➤ 여기서 it은 to remove 이하를 대신하는 가목적어이다.

17 A: Mark는 온라인으로 모자 하나를 10달러에 샀어.
B: 나는 방금 Mark가 지불한 것보다 훨씬 더 싼 가격으로 하나 샀는데.
➤ 앞에서 언급된 불특정 명사인 a hat을 대신하는 대명사 one이 와야 한다.

18 A: 규칙적인 운동의 최고의 이점이 뭐야?
B: 더 잘 잘 뿐만 아니라 더 기운이 넘친다는 것을 알게 됐어.
➤ that절 안의 부정어구 not only가 앞으로 나와 강조되고 일반동사 sleep이 있으므로, 조동사 do를 써서 주어와 동사를 도치시켜야 한다.

19 ① 당신은 호텔 프런트 데스크에서 다리미를 빌릴 수 있다.
➤ 물질명사 iron이 '다리미'의 의미로 쓰일 때는 앞에 관사를 쓴다.
② 나는 네가 흥미 있어 할 만한 정보를 가지고 있다.
➤ information은 추상명사이기 때문에 관사 없이 단수형으로 쓰는 것이 원칙이다. 수를 나타낼 경우에는 a piece of 등을 information 앞에 붙인다.

③ 많은 사람들이 그녀가 뉴스 앵커로서 성공한 사람이라고 생각한다.
➤ 추상명사 success가 사람을 나타낼 때 보통명사처럼 쓴다.
④ 당신은 지하철역으로 가는 길에 신문을 살 수 있다.
➤ 물질명사 paper가 '신문'이라는 뜻으로 쓰일 때는 보통명사처럼 쓴다.
⑤ 너를 위해 전등을 켜 둘게.
➤ 물질명사 light가 '전등'이라는 뜻으로 쓰일 때는 보통명사처럼 쓴다.

20 ① 왜 그 남자는 자살했을까?
② 문이 열렸어요. 들어오세요.
③ 무슨 일이야? 어디 데였어?
④ Jake는 일등을 했다. 그는 스스로가 자랑스러웠다.
⑤ 나는 내 눈으로 직접 그 광경을 목격했다.
➤ ⑤의 myself는 I를 강조하는 재귀대명사이기 때문에 문장에서 생략해도 어법상 문제없다. 나머지는 모두 목적어로 쓰인 재귀대명사로 생략할 수 없다.

21 매일 30분의 걷기는 당신의 신진대사에 매우 효과가 있다. 아침에 30분을 걷거나, 잠자리에 들기 두 시간 전 저녁에 30분 걷도록 해봐라. 당신은 때로 걷기를 가벼운 형태의 요가와 같은 스트레칭 활동으로 바꿀 수도 있다.
➤ ⟨수사 + 명사⟩가 형용사 역할을 하여 다른 명사를 수식하는 경우 하이픈(-)으로 단어를 연결하며 명사를 단수형으로 써야 한다. 그리고 ⟨길이·시간·가치·중량⟩ 등에 관한 표현일 때 수식받는 명사가 walk, flight 등이면 명사를 복수형으로 만들고 소유격으로 써 나타낼 수도 있다.
어휘 do wonders for ~에 매우 효과가 있다 / metabolism 신진대사 / replace A with B A를 B로 대체하다

[22-23]
우리 모두에게는 초밥에 코를 찡그리고 피자를 별난 음식으로 생각하는 까다로운 친구들이 있다. 이제 이런 요리 장애 상태를 일컫는 명칭이 있다. 음식 신(新)공포증이다. 이것은 <u>새로운 음식을 먹는 것에 대한 불안증</u>을 지칭한다. 음식 신공포증은 먹을 수 있는 것과 먹을 수 없는 것을 구별하는 것을 배우는 많은 어린 동물들에게서 보인다. 이것은 필요한 기술이다. 그러나 새로운 것을 받아들일 줄 아는 능력은 지식을 얻는 데 핵심이다. 음식 신공포증이 방치되면, 음식의 다양성을 제한해 사람들이 필수 영양분을 취하지 못하게 한다. 이러한 이유로, 부모들이 새로운 음식에 대한 아이들의 호기심을 키워주는 것

이 중요하다. 입맛이 까다로운 사람들은 두려워하는 음식에 대한 반복적인 노출이 도움이 될 수도 있지만, 그저 새로운 음식을 냄새만 맡거나 눈으로 보는 것은 효과가 없을 것이다. 이는 그것들을 먹어보느냐의 문제이다. 결국, 많은 사람들은 처음 맛 본 낯선 음식을 거부하지만 시간이 지나면서 그 음식들이 먹기에 더 즐거워지게 된다.

어휘 fussy 까다로운 / exotic 외래의; 이국풍의; *별난 / cuisine 요리 / challenged 장애가 있는 / neophobia 새 것 혐오증 / edible 먹을 수 있는 (↔ inedible) / embrace 받아들이다 / be key to ~에 핵심이다 / uncheck 내버려두다 / dietary 음식의 / deprive A of B A에게서 B를 빼앗다 / foster 촉진하다, 육성하다 / picky 까다로운

22 ▶ 앞서 언급된 내용을 가리키는 It으로 food neophobia 를 풀어 쓴 말이 빈칸에 들어가야 하는데, 새로운 음식을 받아들이지 않아서 생기는 부작용과 그 해결 방법이 나오고 있는 뒷부분의 내용을 통해 유추할 수 있다.
① 특정 음식에 대한 중독
② 먹을 수 없는 것을 먹는 시도
④ 건강에 좋은 음식을 먹겠다는 욕망
⑤ 새로운 것을 시도하는 행동

23 ▶ 원래 절은 If it[food neophobia] is left unchecked 로, 조건의 부사절에서 〈주어 + be동사〉가 생략된 형태이다.

[24-25]

커피는 건강에 좋은가 아니면 나쁜가? 최근 연구에 따르면, 커피를 마신 사람들이 마시지 않은 사람들보다 나이와 관련된 인지력의 쇠퇴 정도가 더 낮았고, 하루에 세 잔의 커피를 마신 사람들에게서 가장 좋은 결과가 나왔다. 부정적인 점은 문헌으로 충분히 입증된 커피의 부작용들이다. 즉 불안, 불면증, 떨림, 그리고 불규칙적인 심장 박동을 말한다. 이 증상 중에 어떤 것이라도 경험한다면, 아무리 어떤 잠재적인 건강상의 이득이 있다 하더라도 커피를 피하는 것이 낫다. 커피가 당신에게 영향을 끼치는 방식은 당신이 커피를 마셔야 할지 말아야 할지, 만약 마신다면 얼마나 마셔야 할지를 결정하는 가장 확실한 지침이다.

어휘 cognitive 지적·정신적 작용의[에 관한] / downside 불리한[부정적인] 면 / well-documented 문헌에 의해 충분히 입증된 / insomnia 불면증 / tremor 떨림 / be better off ~하는 편이 더 낫다

24 ▶ ③ On the downside라는 부사구에 의한 도치인데, 주어가 coffee's well-documented side effects로 복수이므로 복수형 동사 are를 써야 한다.

25 ▶ 문맥상 '만일 그렇다면'의 의미인 if so가 적절하다.
② 내가 아는 한
③ 말하자면
④ 즉
⑤ 설상가상으로

UNIT 114-115

52 성질과 상태를 나타내는 형용사의 용법 (1) / 성질과 상태를 나타내는 형용사의 용법 (2)

CHECK UP

1 alive **2** don't **3** industrial

1 그가 아직도 살아있다고? 그게 가능할 리가 없어.
▶ 주어의 상태를 서술하는 보어 역할을 하는 alive가 적절하다.

2 실직자들에게는 종종 건강보험이 없다.
▶ 여기서 〈the + 형용사/분사〉는 사람을 나타내는 복수 보통 명사이므로 복수 취급한다.

3 1960년과 1990년 사이에 한국은 급속한 산업 성장을 겪었다.
▶ industrial 산업의 / industrious 근면한

A

1 1) asleep 2) sleeping **2** 1) shameful 2) ashamed [shameful] **3** 1) elder[older] 2) older

1 1) 아침에 영화를 보러 가기 위해 그를 깨우려고 애썼지만, 그는 깊이 잠들어 있었다.
2) 자고 있는 사자가 그의 갈기와 귀를 밟고 지나가는 쥐로 인해 깼다.
▶ asleep은 서술적 용법으로만 사용되며, 한정적 용법에서는 sleeping을 사용한다.
어휘 sound asleep 깊이 잠든, 곤히 잠든 / mane 갈기
2 1) 그 소년은 그의 부끄러운 행동을 후회했다. 그는 시간을 다시 돌릴 수 있기를 바랐다.
2) 나는 정말 내 자신과 내가 저지른 것들이 부끄럽다.

> shameful은 한정적/서술적 용법으로 둘 다 쓰며,
ashamed는 서술적 용법에만 쓸 수 있다.
[어휘] be ashamed of ~를 부끄러워하다

3 1) 자상한 언니가 되는 것은 이론적으로는 쉽지만 무한한 인
내심을 요구한다.

2) 우리가 나이를 더 먹지 않아도 되면 좋을 텐데. 나는 이
나이로 영원히 머물고 싶다.

> older는 한정적/서술적 용법으로 둘 다 쓸 수 있지만,
elder는 한정적 용법으로만 쓰일 수 있다.

[어휘] infinite 무한한

B

1 1) imaginative 2) imaginary
2 1) Economic 2) economical

1 1) 나는 상상력이 풍부한 아이를 기르는 방법에 관한 책을 찾
고 있다.

2) 이 화면보호기는 신화 속에 등장하는 인물들로 가득찬 상
상의 세계를 보여준다.

> imaginative 상상력이 풍부한 / imaginary 상상의, 가
상의

[어휘] mythical 신화 속에 나오는

2 1) 경제 성장, 즉 국가 수입이 늘어나는 비율은 경제의 건강
을 나타내는 가장 근본적인 지표이다.

2) 이 자동차가 경제적이고 친환경적이기 때문에 나는 이것
을 추천한다.

> economic 경제의 / economical 검소한; *경제적인

[어휘] fundamental 근본적인 / indicator 지표

C

1 우리 가족은 상당한 양의 땅을 소유하고 있다.
2 많은 사람들이 현재의 버스 체계에 만족하지 못한다.
3 연속된 회의가 Kate를 지치게 했다. (= 연속된 회의로 인
해 Kate는 지쳤다.)
4 역사적으로 가장 중요한 결정이 무엇이었다고 생각하니?

1 > considerable: 상당한 / considerate: 생각이 깊은, 사
려 깊은
2 > present: 〈한정적〉 현재의 〈서술적〉 참석한
3 > successive: 연속적인 / successful: 성공한
4 > historic: 역사적으로 중요한 / historical: 역사상의

D

1 ○ **2** to good → for good **3** literal → literate
4 ○ **5** the cause which was main → the main
cause **6** The alone boy → The lonely boy 또는 The
boy (who is) alone

1 테네시 주에 위치한 호수 옆에 있는 집은 그 작고한 가수의
집이었다.

> late가 한정적 용법으로 쓰이면 '작고한; 이전의'의 의미이
다.

2 그녀는 한국을 영원히 떠나 프랑스로 갈 것이다.

> 〈전치사 (+ the) + 형용사〉가 하나의 관용구로 형용사 의
미를 나타낸다.

for good: 영원히

3 'literal'이라는 것은 한 사람이 읽고 쓰는 법을 안다는 것을
의미한다.

> literate: 글을 읽고 쓸 줄 아는 / literal: 문자 그대로의

4 그 영화는 진행이 좀 느렸지만, 대체로 재미있는 이야기였다.

> on the whole: 전체적으로, 대체로

5 눈이 지연의 주된 원인이었다.

> '주요한'의 의미로 쓰인 main은 한정적 용법으로 쓴다.

6 외로운 소년은 함께 놀 친구를 찾고 있는 중이다.

> alone은 서술적 용법으로 쓴다.

WRITING PRACTICE

1 was afraid of **2** The accused claims
3 for certain **4** you are respectful
5 The young have / the old have

1 > afraid는 서술적 용법으로 쓴다.
2 > '피고인'의 의미인 the accused는 주로 단수 취급한다.
3 > for certain 확실히
4 > respectful 존경을 표하는 / respectable 존경할 만한
/ respective 각각의
5 > 여기서 〈the + 형용사〉는 사람을 나타내는 복수 보통명사
로 쓰였으므로 복수 취급한다.

[어휘] aspiration 포부; *목표 / reminiscence 회상, 추억

53 수와 양을 나타내는 형용사의 용법 (1): 수사 / 수와 양을 나타내는 형용사의 용법 (2): 부정 수량형용사

CHECK UP

1 thousand **2** fifths **3** many **4** little

1 그 집회에 약 2천에서 3천 명 정도의 사람들이 있었다.
> hundred나 thousand와 같은 기수사가 특정한 수를 나타낼 경우에는 항상 단수형을 쓴다.

2 참가자들 중 약 5분의 3이 새 제의에 반대한다.
> 분수를 나타낼 때 분자는 기수로, 분모는 서수로 나타내며 분자가 2 이상일 때에는 분모를 복수형으로 쓴다.

3 너는 바다에 얼마나 많은 종류의 물고기들이 있는지 아니?
> 수식하는 명사가 셀 수 있는 명사의 복수형인 types이므로 many를 쓴다.

4 우리 형은 집을 청소할 때 나에게 거의 도움이 되지 않았다.
> little은 '거의 없는'이라는 의미로 셀 수 없는 명사의 양을 나타낸다.

A

1 a quarter to[before/of] **2** two sevenths
3 August (the) fifteenth 또는 the fifteenth of August
4 below zero

1 그 영화는 오늘 저녁 7시 정각에 상영될 거야. 그러니까 극장 입구에서 6시 45분에 만나자.
> a quarter 15분 / 전 = to/before/of

2 의사들은 당뇨병 환자들이 (전체) 칼로리의 7분의 2를 아침식사로 섭취할 것을 권고한다.
> **어휘** diabetes 당뇨병

3 A: 한국의 광복절은 언제니? B: 8월 15일이야.
> 일(日)은 서수로 표현한다.

4 오늘 아침엔 섭씨 영하 14도였다.
> = minus fourteen (degrees Celsius)

B

1 many / many / a lot of **2** much / A lot
3 many / many **4** a lot of

1 A: 주말에 상점에는 사람들이 많았니?
B: 아니, 많은 상점들이 세일을 했지만 많지 않았어.

> many는 주로 의문문이나 부정문에서 자연스럽다. 긍정문에는 a lot of가 자연스럽다.

2 A: 매주 운동하는 데 너는 얼마나 많은 시간을 쓰니?
B: 많이. 아마도 20시간 정도.
> much는 셀 수 없는 명사의 양을 나타내며 주로 의문문이나 부정문에 쓰인다. 긍정문에는 a lot이 자연스럽다.

3 A: 필리핀에는 몇 번이나 가봤지?
B: 많이 안 가봤어. 한두 번 밖에 안 가 봤어.
> 여기서 time은 횟수를 나타내는 '번'이라는 의미로 셀 수 있는 명사이고, 각각 의문문과 부정문이므로 many를 쓴다.

4 어떤 사람들은 사무실에서 많은 시간을 보내지만, 실제로 일을 하지는 않는다.
> 셀 수 없는 명사의 양을 나타낼 때, 긍정문에는 a lot of가 자연스럽다.

C

1 several **2** low **3** frequent

1 그들은 데이트를 하곤 했으나 몇 달 전에 헤어졌다.
> several은 '몇몇의'를 의미하는 형용사로, 셀 수 있는 명사의 복수형과 함께 쓴다.

2 만약 당신의 수입이 낮으면, 주택 수당을 받을 자격을 얻을 수 있을지도 모른다.
> 급료나 수입 등의 많고 적음을 나타낼 때 high나 low를 쓴다.
> **어휘** entitle 자격을 주다 / housing benefit (실업자·저소득자에 대한) 주택 수당

3 요즘 건조한 날씨 때문에 산불이 빈번하다.
> 화재 발생 빈도의 많고 적음을 나타낼 때 frequent나 rare를 쓴다.

D

1 little / enough / few **2** enough / little / few

1 Mr. Young: 카레 가루는 거의 없고 당근은 충분해요. 아, 그리고 감자도 몇 개 없어요.
Ms. Young: 그렇군요. 카레 가루와 당근을 사 올게요.
> Young 부인이 카레 가루와 당근을 사 온 다는 것을 보아, 당근은 충분하고 카레 가루와 당근이 부족함을 알 수 있다. 당근은 충분하므로 enough, 카레 가루는 셀 수 없으므로 little, 감자는 셀 수 있으므로 few를 쓴다.

2 Jane: 엄마, 우유가 충분히 없어요. 그리고, 밀가루와 달걀도 거의 없어요.

엄마: 그러면 세 가지 모두를 다 사야겠구나.

➤ 엄마가 세 가지를 모두를 다 산다는 것으로 보아 우유, 밀가루, 달걀 모두 없다는 것을 알 수 있다. milk는 동사에 부정어가 있으므로 enough를 써야 하며, 밀가루는 셀 수 없으므로 little, 달걀은 셀 수 있으므로 few를 쓴다.

WRITING PRACTICE

1 many a time **2** second to none **3** a[one] quarter as large as **4** Hundreds of thousands of bees

1 ➤ many a/an + 단수 명사 = many + 복수 명사
2 ➤ second to none (= the best): 첫째 가는, 제일의
3 ➤ 〈배수사 + as + 형용사 원급 + as〉의 어순
4 ➤ hundred나 thousand와 같은 기수사가 막연한 큰 수를 나타낼 경우에는 〈복수형 + of + 명사〉를 쓴다.

54 형용사의 어순과 위치 / 주의할 형용사 구문

CHECK UP

1 some large, red **2** I'm **3** should wear

1 모퉁이를 돌면, 몇 개의 큰 빨간 건물들을 발견할 거야.
➤ 여러 개의 형용사가 명사를 수식하는 경우 〈수량형용사 + 성상형용사〉의 어순을 따르며 성상형용사 중에서 어순은 보통 〈크기 + 색채〉이다.

2 아버지가 내가 부산에 가는 걸 허락해 주셔서 행복하다.
➤ 감정을 나타내는 형용사 glad, happy, lucky, sad 등은 사람을 주어로 하여 that절을 수반할 수 있다.

3 그녀가 장례식에서 적절한 옷을 입는 것은 매우 중요하다.
➤ essential과 같이 주관적 의향을 나타내는 형용사 뒤에 나오는 that절에서 〈(should) + 동사원형〉을 쓸 수 있다. 미국식 영어에서는 주로 should를 생략한다.

A

1 ugly, black, plastic **2** wonderful, tall, round, Korean 또는 wonderful, round, tall, Korean

보기 | A: 그 여자는 어땠니?

B: 그녀는 재미있고, 키가 작고, 젊은 여자였어.
➤ 이 경우 형용사의 어순은 〈주관적 평가 + 크기 + 나이〉가 자연스럽다.

1 A: 상자는 어떻게 생겼니?
B: 그것은 보기 흉하고, 검은색이며, 플라스틱으로 만들어진 상자였어.
➤ 이 경우 형용사의 어순은 〈주관적 평가 + 색채 + 재료〉가 자연스럽다.

2 A: 그 꽃병들은 어떻게 생겼니?
B: 그것들은 아주 멋지고, 길며, 둥근 모양인, 한국산 꽃병들이었어.
➤ 이 경우 형용사의 어순은 〈주관적 평가 + 크기 + 형상 + 원산지〉가 자연스럽다. 단, 〈형상〉을 나타내는 형용사가 다른 종류의 형용사와 함께 쓰일 때 강조하고자 하는 의미에 따라 순서가 바뀔 수 있다.

B

1 the best tickets available at this theater **2** a medium-sized, French, garden **3** something major goes wrong **4** 30 years old **5** he is hard to hear

1 당신은 이 극장에서 구할 수 있는 가장 좋은 표를 받을 수 있습니다.
➤ -able로 끝나는 형용사는 명사 앞이나 뒤에서 명사를 수식할 수 있다.
= the best available tickets at this theater

2 그는 나에게 생일 선물을 줬다. 그것은 프랑스에서 만든 중간 크기의 정원용 탁자였다!
➤ 이 경우 성상형용사의 어순은 〈크기 + 원산지 + 형용사적 용법의 명사〉가 자연스럽다.

3 아주 중대한 일이 잘못될 때조차도 그는 절대 화내지 않는다.
➤ -thing으로 끝나는 부정대명사는 그 뒤에서 형용사가 수식하므로 something major가 되어야 한다.
어휘 go wrong 잘못되다

4 이 나무는 30살이다. 그것은 나보다 더 오래되었다.
➤ high, tall, old와 같은 형용사는 단위나 나이를 나타내는 명사 뒤에서 수치를 표현할 수 있다.

5 그는 항상 중얼거리듯 말해서, 그가 하는 말을 듣는 것은 어렵다.
➤ hard는 'A가 ~하는 것은 (형용사)이다[하다]'라는 뜻을 나타낼 때 사람을 주어로 하지 못하는 형용사이지만, 사람이 to부정사의 목적어인 경우 사람을 주어로 쓸 수 있다.
← ... so it is hard to hear him.

C

1 a full of juice glass → a glass full of juice 또는 a full glass of juice **2** you're → it's
3 three first → first three **4** ○ **5** ○

1 식탁 위에 주스로 가득 찬 유리잔 하나와 베이글 하나가 있었다.
> 형용사가 〈전치사 + 명사〉 등의 수식어구를 수반하여 길어지면 수식하는 명사 뒤에 위치한다. 형용사 full이 a glass of juice를 수식한다고 보면, a full glass of juice도 가능하다.

2 외모가 중요하긴 하지만, 데이트할 때 좋은 매너를 갖추는 것 또한 필요하다.
> necessary는 사람을 주어로 하지 않는 형용사이다.

3 줄의 제일 첫 세 사람은 남은 표를 얻었다.
> 〈서수 + 기수〉 순이다.

4 모든 사람이 놀이 공원에서 규칙을 지키는 것이 중요하다.
> important와 같은 주관적 의향을 나타내는 형용사 뒤에 오는 that에서 〈(should) + 동사원형〉을 쓸 수 있다.

5 우리는 비용을 효율적으로 사용하고 널리 받아들여질 수 있는 계획을 발표할 수 있다고 확신한다.
> confident가 '확신하는'의 의미를 나타내는 경우 사람을 주어로 하여 that절과 함께 쓸 수 있다.

WRITING PRACTICE

1 from[since] time immemorial **2** He was aware that **3** It is funny, should say **4** She is boring
5 It is impossible for him **6** difficult to satisfy
7 It was surprising to watch **8** They were sure that

1 > from[since] time immemorial: 아득한 옛날부터
2 > aware는 사람을 주어로 하여 뒤에 that절을 취할 수 있다.
3 > funny와 같은 주관적 판단/감정의 형용사 뒤에 이어지는 that절에서 〈should + 동사원형〉을 사용하여 주관적 판단/감정임을 드러낼 수 있다.
4 > boring은 감정을 유발하는 사람/사물을 나타내는데, 〈it is[was] boring to-v〉 가주어-진주어 구문에서 to부정사(구)의 목적어가 기분/감정을 유발한 주체가 아님에도 it 대신 주어로 쓰여 boring의 주어로 올 수 있다.
5 > impossible은 'A가 …하는 것은 ~(형용사)이다[하다]'의 의미를 나타낼 때 사람을 주어로 하지 못하는 형용사이므로 가주어 it을 사용하며, 진주어 to부정사의 의미상 주어는 〈for+목적격〉으로 나타낸다.

6 > difficult는 'A가 …하는 것은 ~(형용사)이다[하다]'의 의미를 나타낼 때 사람을 주어로 하지 못하는 형용사이지만, 사람이 문장 내의 to부정사의 의미상 목적어인 경우 사람을 주어로 쓸 수 있다.
= It is difficult to satisfy her.
7 > surprising은 감정을 유발하는 사람/사물을 주어로 하는데, 〈it is[was] surprising to-v〉 구문에서 to부정사(구)의 목적어를 가주어 it 대신 주어로 사용하여 '~하기에 …한'의 의미로 사용할 수 있다.
← Their performance was surprising to watch.
8 > sure는 사람을 주어로 하여 that절을 수반할 수 있다.

UNIT 120-122

55 부사의 역할 / 부사의 형태 / 부사의 위치와 어순

CHECK UP

1 wholly **2** shortly **3** are sometimes **4** get it out

1 이것은 만화 영화에서 가장 중요한 개념 중 하나를 전적으로 다룬 유일한 간행물이다.
> 분사 devoted를 수식하는 말로 부사 wholly를 쓴다.
어휘 publication 간행물 / devote 바치다
2 현재 제작 중인 그 책은 곧 도착할 것이다. 모두가 그 책을 기대하고 있다.
> 문맥상 '곧'이라는 뜻을 가진 shortly가 적절하다.
3 가십란은 때때로 유명 인사들에겐 잔인하다.
> 빈도부사는 일반적으로 be동사 뒤에 온다.
4 내 이에 뭔가가 꼈어. 그걸 빼낼 수 있을 것 같지가 않아.
> 〈타동사 + 부사〉의 목적어가 대명사인 경우 부사는 대명사 뒤에 위치한다.

A

1 hardly **2** close **3** hard **4** nearly **5** closely
6 near 또는 close

1 나는 요즘 제일 친한 친구를 거의 못 만난다. 우리 둘 다 공부하느라 매우 바쁘다.
> hardly는 '거의 ~않게'라는 의미의 부사이다.
2 지하철 선로에 너무 가까이 서 있으면 안 된다.
> close: 가까이 (부사) / '~에서 가까이에'라는 뜻의 전치사

near도 가능

3 그들은 상점에서 우리를 찾지 못했다. 그들은 열심히 찾아봤을 리가 없다.

➤ hard: 열심히; 굳게, 단단히 (부사)

4 나는 역사 시간에 거의 졸 뻔 했다.

➤ nearly: 거의 (부사)

[어휘] nod off 깜빡 졸다

5 너에게 적합한 과정을 고르기 전에 각각의 과정을 유심히 살펴봐야 할 것이다.

➤ closely: 면밀히 (부사)

6 A: 야구장이 여기서 먼가요? B: 아니요, 가까이에 있어요.

➤ near: 가까이 (부사) / close: 가까이 (부사)

B

1 last week **2** Sadly **3** this time **4** usually

Anna에게,

지난주에 네게서 소식을 들어서 아주 반가웠어. 우리는 네가 여기로 올 거라는 소식을 듣고 기뻤단다. 슬프게도 지난해에 네가 시카고를 방문했을 때 우리는 해외에 나가 있었지. 그러니까 이번에는 반드시 우리와 함께 보내야 해. 네가 원한다면 친구를 데려와도 돼. 우리는 보통 저녁에는 집에 있어. 잊지 말고 곧 전화 주렴.

➤ 문맥에 따라 알맞은 부사를 골라 넣는다. last week나 this time과 같이 시간을 나타내는 부사는 일반적으로 문장 끝에 오며, 문장 전체를 수식하는 sadly와 같은 부사는 문장 첫머리에 오는 것이 자연스럽다. usually와 같은 빈도부사는 보통 be동사나 조동사 뒤, 일반동사 앞에 온다.

C

1 cheaply **2** only **3** late **4** publicly

1 그는 Wassada라는 웹사이트에서 그의 디지털 카메라를 저렴하게 구입했다.

➤ 동사 bought를 수식하는 부사 cheaply가 와야 한다.

2 우리는 모든 이메일에 답장을 보낼 수 없다. 짧은 것들에만 답장을 보낼 것이다.

➤ 부사 only가 강조하는 말 short ones 바로 앞에서 사용되는 경우이다.

3 새들은 늦은 아침까지 자지 않는다. 그것들은 먹이를 찾기 위해 일찍 일어난다.

➤ late는 형용사와 부사의 형태가 같은 단어로, 여기서는 '늦게'라는 의미의 부사로 쓰였다.

4 그 문제는 공개적으로 논의되어야 한다.

➤ -ic로 끝나는 형용사를 부사로 만들 때 ⟨-ic⟩를 ⟨-ically⟩로 만들지만, public은 예외적으로 ⟨-ly⟩만 붙인다.

D

1 well at college in London these days **2** angrily at the meeting last night **3** sometimes takes **4** everywhere for a year

1 Sally는 요즘 런던의 대학에서 잘하고 있다.

➤ 시간과 장소를 나타내는 부사가 함께 쓰일 때 대개 ⟨장소 + 시간⟩의 어순이고, 장소가 연달아 나올 경우 작은 단위에서 큰 단위 순으로 배열한다.

2 많은 사람들이 지난밤 회의에서 화를 내면서 말했다.

➤ 대개 ⟨방법 + 장소 + 시간⟩의 어순이다.

3 그는 가끔 새벽에 산책한다.

➤ 빈도를 나타내는 부사는 일반적으로 일반동사 앞에 온다.

4 일년 동안 모든 곳을 찾아본 후에 나는 고향 스페인에서 내 꿈을 찾는 것을 포기했다.

➤ 시간과 장소를 나타내는 부사가 함께 쓰일 때 어순은 대개 ⟨장소 + 시간⟩이다.

WRITING PRACTICE

1 pushed her away **2** should always keep **3** sober enough to drive **4** in a lovely way[manner]

2 ➤ 빈도부사는 일반적으로 조동사의 뒤에 위치한다.

3 ➤ enough는 수식 받는 형용사나 부사의 뒤에 위치한다.

[어휘] sober 술 취하지 않은, 맑은 정신의

4 lovely는 형용사이므로 마땅한 부사가 없어 ⟨in a/an + 형용사 + way[manner]⟩로 부사적 의미를 표현한다.

UNIT 123~125

56 주요 부사의 용법 (1) / 주요 부사의 용법 (2) / 주요 부사의 용법 (3)

CHECK UP

1 ago **2** much **3** can **4** either / neither

1 A: 아직도 쓰고 있니? B: 아니, 몇 분 전에 끝냈어.

> ago: 《과거시제와 함께》 (현재 또는 말하는 시점부터) ~전에

2 그는 어떤 뜨거운 음료보다도 커피를 훨씬 더 좋아한다.
> 동사인 prefers를 수식하는 것은 much이다.

3 내 눈을 믿을 수가 없어! 정말 그림 같다.
> hardly는 '거의 ~않게'라는 뜻으로 자체에 부정의 의미를 내포하고 있다.

4 네가 더 머무르지 않겠다면, 나도 그럴 것이다.
> either는 '또한, 역시'의 뜻으로 부정문에서 사용한다. neither + be동사/조동사/do동사 + 주어: (주어)도 마찬가지이다[그렇다] (앞서 나온 부정문의 술부를 대신함) not ~ either = neither

A

1 1) since 2) ago 3) before
2 1) yet 2) already 3) still
3 1) ever / never 2) once
4 1) very 2) much

1 1) Jamie는 대학을 졸업한 이후 런던을 떠났다. 난 그때 이후로 그를 본 적이 없다.
> since: 《현재완료형과 함께》 (과거의 어느 시점부터 지금까지) 계속

2) 나는 이 차를 겨우 3개월 전에 샀는데 정비소에는 벌써 두 번이나 갔다.

3) 그녀는 전에 돌고래를 본 적이 없기 때문에 해양공원을 방문하고 싶어했다.
> before: 《과거완료형과 함께》 (과거의 어느 시점부터) ~전에
어휘 be eager to-v ~를 하고 싶어하다

2 1) Christine에게 내가 말한 것을 말하지 마라. 그녀는 아직 그것에 대해 모른다.
> yet: 《부정문에서》 아직

2) 우리가 극장에 도착했을 때 이미 영화가 시작되었다.
> already: 《긍정문에서》 벌써, 이미

3) 난 내가 막 은퇴했단 느낌이 안 들어. 난 여전히 할 일이 많아.
> still: 아직, 여전히

3 1) A: 허리케인 속에 휘말리는 것이 어떨지 궁금해 한 적이 있니?
   B: 아니, 한 번도 해본 적 없어. 그 얘기를 듣는 것만으로도 무서워.
> ever는 의문문이나 부정문 또는 조건절에서 '어느 때고, 언제든, 한 번이라도'의 의미로 쓰이며, never는 '절대

~하지 않다'라는 의미의 부정어이다.

2) 많은 영화 배우들은 한때 식당이나 커피 전문점에서 종업원으로 일했다.
> once는 긍정문에서 '(과거의) 한때, 언젠가'라는 뜻으로 쓰일 수 있다.

4 1) 나는 이름을 그다지 잘 기억하지 못한다.
> 형용사를 수식할 때는 very를 쓴다.

2) 너의 복근은 이 운동으로 인해 강화될 것이다.
> 수동태 문장에서 과거분사를 수식할 경우에는 much를 쓴다.

B

1 too 2 Neither 3 hardly 4 there 5 seldom

1 A: 즐거운 주말 보내! B: 너도.
> too: 《긍정문에서》 또한, 역시

2 A: 나는 이번 대회에서 누가 1등을 할지 전혀 모르겠어.
   B: 나도 그래!

3 Sarah는 내일까지 기다릴 수가 없을 지경이다. 그녀는 디즈니랜드에 갈 것이다.

4 오, 저기 내 시계가 있어! 잃어버린 줄 알았는데.
> there는 be동사 등과 함께 사용하여 상대방의 관심을 끌기 위해 문장 첫머리에 둘 수 있다.

5 나는 저지방 우유만을 마시고 크림 치즈 같은 고지방 치즈는 거의 먹지 않는다.
> seldom: 〈횟수〉 좀처럼 ~않게

C

1 Here comes she. → Here she comes. 2 very → much 3 so practical applications are → so are practical applications

1 > 〈here + V + S〉 도치구문에서 주어가 대명사인 경우에는 〈here + S + V〉의 어순이 된다.

2 > to my relief와 같은 구를 수식할 때는 much를 쓴다.

3 > so + be동사/조동사/do동사 + 주어: (주어)도 그렇다[마찬가지이다] (앞서 나온 긍정문의 술부를 대신함)
어휘 abstract 추상적인 / application 적용

WRITING PRACTICE

1 had hardly[barely/scarcely] arrived 2 well enough not to worry 3 was much better

1 ▶ hardly[barely/scarcely] ~ when[before] …: ~하자마자 …하다

어휘 plead 애원하다

2 형용사/부사 + enough (+ for A) + to-v: (A가) …하기에 충분히 ~

3 ▶ much는 비교급을 수식할 수 있다.

UNIT 126

57 원급을 사용한 비교 구문: 동급 비교

CHECK UP

1 as **2** twice as large as **3** so **4** long

1 야구는 여기서 축구만큼 인기 있다.
  ▶ as + 원급 + as …: …만큼 ~한

2 그 회사는 몇 년 전보다 두 배 크다.
  ▶ 배수사 + as + 원급 + as …: …보다 몇 배로 ~한

3 그 설명은 틀렸다기보다 불충분하다.
  ▶ not so much A as B: A라기보다는 (차라리) B인
  어휘 incomplete 불완전한, 불충분한

4 우리가 계속 경기를 잘 하는 한 계속 이길 것이다.
  ▶ as long as: ~하는 한[한다면] 〈조건〉

A

1 possible **2** as[so] productively as **3** so much as **4** As[So] far as

1 가능한 한 빨리 제게 알려 주세요.
  ▶ as + 원급 + as + 주어 + can = as + 원급 + as possible: 할 수 있는 한 ~한[하게]

2 Becky는 Peter보다 덜 생산적으로 일한다.
  = Becky는 Peter만큼 생산적으로 일하지는 않는다.
  ▶ 《부정문》 not as[so] + 원급 + as …: …만큼 ~하지 않는

3 그것은 직업이라기보다 취미이다.
  ▶ not A so much as B = not so much A as B = more (of) B than A: A라기보다 (차라리) B

4 내가 알기로 그 프로젝트는 다음 달에 시작될 예정이다.
  → 내가 아는 한 그 프로젝트는 다음 달에 시작될 예정이다.
  ▶ as[so] far as: 〈거리·범위·정도〉 ~하는 한

B

1 not so much **2** ever **3** possible **4** as soon as **5** as good as

1 Karl은 매우 열심히 공부해서 지난 시험에서 1등을 했다. 그는 천재라기보다는 노력가이다.

2 난 삼촌이 그립다. 그는 아주 드물게 선량하고 친절한 사람이다.
  ▶ as + 원급 + as ever lived: 아주 드문, 걸출한

3 나는 운전 면허 시험을 위해 최대한 많이 준비했다. 그래서 내가 더 할 수 있는 게 없다.

4 우리는 도둑을 보자마자 경찰에 전화했다.
  ▶ as soon as: ~하자마자

5 금(金)은 돈이나 다름없다. 그러니까 네 금시계를 안전하게 보관해라.
  ▶ as good as: ~에 못지 않은, (사실상) ~나 다름없는

C

1 as tall as **2** as busy as ever **3** as cold as ice

1 Andrew는 170cm이다. 그의 여자친구도 170cm이다.
  → Andrew는 그의 여자친구만큼 키가 크다.

2 Jane은 작년에 바빴다. 그리고 그녀는 올해에도 바쁘다.
  → Jane은 늘 그렇듯이 바쁘다.
  ▶ as + 원급 + as ever: 늘 그렇듯이, 항상 ~한

3 Smith 씨는 얼음 같다. 그는 냉정한 사람이다.
  → Smith 씨는 아주 냉정하다.
  ▶ as cold as ice: 아주 냉정한, 차가운

D

1 such great a person → such a great person 또는 such → so[as] **2** quiet → quietly **3** ○ **4** as beautiful as 100 times → 100 times as beautiful as **5** as big as almost → almost as big as

1 그는 네가 생각하는 만큼 대단한 사람이 아니다.
  ▶ not such a/an + 원급 + 명사 + as …: …만큼 ~한 (명사)가 아닌
  〈not so[as] + 형용사 + a/an + 명사 + as〉도 가능

2 우리는 아기를 깨우고 싶지 않아서 가능한 한 조용히 방에 들어갔다.
  ▶ 동사 came을 수식하는 부사를 원급으로 써야 하므로 quiet가 아니라 quietly가 맞다.

3 그에게 무언가를 설명하려고 애쓰느니 차라리 벽에 대고 이야

기하는 것이 낫다.
> may as well A as B: B하느니 차라리 A하는 것이 낫다 ('B는 A와 다를 바 없다'는 의미를 내포하여 비난과 유감을 드러냄)
4 그는 Lisa가 일 년 전보다 백 배는 더 아름답다고 확신했다.
5 내 개는 거의 작은 말만큼 크다.
> 원급 비교를 수식하는 almost는 원급 비교 구문 앞에 쓴다.

WRITING PRACTICE

1 is not so[as] old as **2** as clear as can be
3 is as good as her word

2 > as A as (A) can be: 더할 나위 없이 A한
3 > be as good as one's word: 약속을 충실히 지키다

58 비교급의 용법

CHECK UP

1 more **2** than **3** to **4** much

1 우리는 이제 쓸 돈이 없다. 지난달 우리 여행이 예상한 것보다 비용이 더 많이 들었다.
> 문맥상 예상보다 더 많은 비용이 든 것이므로 more을 써야 옳다.
2 한 연구는 중간 크기의 팝콘이 베이컨과 계란으로 구성된 아침 식사보다 더 많은 지방을 함유하고 있다는 것을 보여주었다.
> 비교급 + than …: …보다 더 ~한
3 Ryan과 Toby는 모두 군인이지만 Ryan이 Toby보다 직위가 높다.
> senior와 같이 라틴어에서 온 형용사의 비교 표현에서는 than 대신 to를 쓴다.
4 섬까지 비행기를 타고 가는 것이 보트를 타고 가는 것보다 실제로 훨씬 더 쌌다.
> 비교급을 수식할 때에는 much, even, far 등을 사용한다.

A

1 less convenient than **2** a quiet park to **3** ten centimeters wider **4** that of the tower **5** prior

1 신용카드는 현금보다 더 편리하다.
→ 현금은 신용카드보다 덜 편리하다.
> less + 원급 + than…: …보다 덜 ~한
2 나는 붐비는 놀이공원보다 조용한 공원이 더 좋다.
→ 나는 붐비는 놀이공원보다 조용한 공원을 선호한다.
> prefer A to B: B보다 A를 선호하다
3 이 새 탁자는 10센티미터 정도 원래 모델보다 넓다.
→ 이 새 탁자는 원래 모델보다 10센티미터 더 넓다.
> 〈수사 + 단위를 나타내는 명사 + 비교급〉의 어순이다.
4 그 나무의 높이는 100미터이다. 그 탑의 높이는 90미터이다.
→ 그 나무의 높이는 그 탑의 높이보다 더 높다.
> 비교급에서 비교 대상은 보통 문법적 위상이 동일해야 하는데, 반복되는 단수 명사는 that을 써서 나타낸다.
5 이 인형을 조립할 때, 몸통을 먼저 조립하시오. 그 후, 다리와 날개를 붙이시오.
→ 이 인형을 조립할 때, 다래와 날개를 붙이기에 앞서 몸통을 조립하시오.
> prior to: ~보다 전의

B

1 to **2** did **3** than

1 그는 그녀에게 열등감을 느꼈다. 그녀는 항상 그보다 한 걸음 앞서 있었다.
> inferior to: ~보다 열등한
2 대중은 그 영화를 비평가들과 기자들보다 더 긍정적으로 평가했다.
> 종속절에서 주어가 긴 경우 주어와 동사가 종종 도치되는데, 과거 동사(rated)가 쓰였으므로 did를 쓴다.
3 그는 버는 것보다 더 많은 돈을 쓴다.
> 접속사 역할과 목적어 역할을 겸하는 유사 관계대명사 than을 쓴다.

C

1 more efficiently **2** more funny **3** is
4 less expensive

1 새 시스템은 사람들이 예전보다 더 효율적으로 에너지를 사용하도록 돕는다.

> 부사 efficiently의 비교급은 앞에 more을 붙여 표현한
다.
2 그 이야기는 무섭다기보다는 재미있다. 나는 그것을 읽는 것
을 정말 즐겼다.
> 동일 인물/사물의 다른 성질을 비교할 때는 형용사의 음절
수에 상관없이 〈more + 원급 + than + 원급〉의 형태로
쓴다.
3 Jake는 지금보다 예전에는 더 무자비했었다.
> 비교 대상이 시점인 경우 종속절의 시제는 주절의 시제와
관계없이 자유롭게 사용 가능하다.
4 물론, 이코노미 등급 좌석은 비즈니스 등급 좌석보다 덜 비싸
다.

D

1 than → to 2 Japan → that of Japan 또는 Japan's
(population) 3 ○ 4 cuter than prettier → more
cute than pretty

1 이 3D 게임의 새로운 버전은 옛 버전보다 훨씬 더 우수하다.
> superior to: ~보다 더 우수한
2 중국의 인구는 일본의 인구보다 더 많다.
> 비교급에서 비교 대상은 보통 문법적 위상이 동일해야 하
므로 the population을 받는 that을 써야 한다. 또한
Japan's (population)도 가능하다.
3 나는 전철을 탔어야 했다. 그게 더 빨랐을 것이다.
> 비교 대상(지금 타고 있는 교통수단)이 명확하므로
quicker 뒤에 than이 이끄는 종속절이 생략되었다.
4 그녀는 그렇게 썩 예쁘지는 않다. 그녀는 예쁘다기보다는 귀
엽다.

WRITING PRACTICE

1 four times faster than 2 even more famous
3 the upper class 4 less important than

1 > 배수사 + 비교급 + than
2 > even은 비교급 수식 표현으로 비교 앞에 쓴다.
3 > 비교의 정도가 '상대적으로', '평균보다 더'라는 의미의 절대
비교급이다.
   the upper class: 상류층
   어휘 depict 묘사하다
4 어휘 awareness 인식 / logical 논리적인

59 비교급을 사용한 구문 / 비교급의 부정

CHECK UP

1 bigger 2 louder / louder 3 later 4 more

1 식탁 위에 있는 두 개의 쿠키 중 더 큰 것이 내 것이다.
> the + 비교급 + of the two [A and B]: 둘[A와 B] 중
더 ~한 쪽
2 그 건축 소음은 점점 더 커졌다.
> 비교급 + and + 비교급: 점점 더 ~한
3 늦어도 다음 주 금요일까지는 책을 반납해주세요. 그렇지 않
으면 연체료를 지불해야 합니다.
> no later than: 늦어도 ~까지는, ~보다 늦지 않게
4 나 오늘 2달러 밖에 없어. 네가 오늘 나 점심 사 줄래?
> no more than: ~ 밖에

A

1 The longer / the higher 2 no[not] more than
3 no more 4 no fewer than 5 know better than
6 No sooner / than 7 more often

1 햇빛에 오래 있을수록, 화상을 입을 가능성이 더 높아진다.
> the + 비교급 + S + V, the + 비교급 + S + V: ~하면 할
수록 더욱 …하다
2 이 법안은 많아야 백 명의 직원들을 고용하고 있는 고용주에
게만 적용된다.
> no[not] more than ~: 많으면 ~, 기껏해야 ~ (= at
most)
어휘 act 행동; *법률
3 그의 부모님은 그가 더 이상 싸움을 하지 않겠다는 약속을 하
게 했다.
> no more: 〈양·정도〉 더 이상 ~아니다 (= not ~
anymore)
4 나는 그의 학창 시절에 대해 백 번이나 들었다.
> no fewer/less than ~: ~만큼이나 (= at least / or
more)
time이 '때[번]'의 의미로 셀 수 있는 명사로 쓰였으므로
fewer를 쓴다.
5 당신은 읽는 모든 것을 믿을 정도로 어리석지 않아야 합니다.
> know better than to-v: ~할 정도로 어리석지는 않다

(= be wise enough not to-v)

6 그녀는 방을 나가자마자 울음을 터뜨렸다.

> no sooner ~ than …: ~하자마자 …하다
> (= hardly[scarcely/barely] ~ when[before] …)
> 부정어가 문장 첫머리에 와서 주어와 조동사가 도치되었다.

7 토요일 아침마다 나는 자주 배드민턴을 친다.

> more often than not: 자주, 대개 (= as often as not)

B

1 the all more → all the more **2** big and big → bigger and bigger **3** ○ **4** ○ **5** so many the better → so much the better

1 나는 그의 정직함 때문에 그를 훨씬 더 존경한다.

> all the + 비교급: 훨씬 더 ~한

2 우리 학교가 점점 더 커지고 있다. 우리는 더 많은 교사가 필요하다.

3 4세 아이는 침팬지보다 덜, 또는 비슷한 수준으로 영리하다.

> = A four-year-old child is as intelligent as, or less intelligent than, a chimpanzee.

4 너는 더 이상 아이가 아니야. 더 책임감 있고 독립적이 되도록 해!

> no longer: 〈상황이나 동작의 종료〉 더 이상 ~아니다
> (= not ~ any longer [anymore])

5 경기가 7시에 시작하지만, 네가 좀 더 일찍 올 수 있다면 훨씬 더 좋을 것이다.

> so much the better: 훨씬 더 좋은

WRITING PRACTICE

1 1) know better than to tell 2) The more / the better 3) no earlier than 4) no worse than
2 1) gets the better of 2) no better than

1 3) > no earlier than: 빨라야, ~에야 비로소
   4) > no worse than: ~보다 나쁘지 않은
2 1) > get the better of: ~를 이기다
   2) > no better than: ~만도 못한, ~보다 좋지 않은

---

60 최상급의 용법

CHECK UP

1 in **2** by far **3** stores **4** No

1 세상에서 가장 큰 대륙은 어느 것입니까?

> 일반적으로 최상급 문장에서 범위를 한정할 때 단수 명사 앞에는 in, 복수 명사 앞에는 of를 쓴다.

2 Steve는 이 행성을 걸은 어떠한 사람보다도 단연 가장 재능 있는 음악가이다.

> 최상급을 강조할 때에는 by far, easily 등을 사용한다.

3 이곳은 이 쇼핑몰에서 가장 큰 매장 중 하나입니다.

> one of the + 최상급 + 복수 명사: 가장 ~한 …중 하나

4 그는 호주에서 가장 웃긴 코미디언이다.

> = 호주에 있는 어떤 코미디언도 그보다 더 웃기지는 않다.
> 비교급을 이용하여 최상급을 나타내는 표현

A

1 the second-largest **2** Nothing / wasteful as
3 Even **4** the last **5** in the least

1 독수리는 전 세계에서 두 번째로 큰 새이다.

> the + 최상급 ~ but one = the second + 최상급 ~:
> 두 번째로 …한 ~ (서수와 최상급은 하이픈(-)으로 연결)
> 여휘 vulture 독수리

2 무의미하게 시간을 보내는 것보다 아까운 것은 없다.

> ~ is + 비교급 + than any other thing = nothing is so[as] + 원급 + as ~
> 여휘 aimlessly 목적 없이

3 가장 부자라도 영원한 젊음을 살 수는 없다.

> 최상급이 〈양보〉의 의미를 나타내는 경우
> 여휘 eternal 영원한

4 나는 그가 가장 결혼할 것 같지 않은 사람이라고 생각했다.

> the last + 명사 + to-v: 가장 ~할 것 같지 않은 (명사)

5 그가 직장을 바꾼 것이 하나도 놀랍지 않다.

> not in the least: 조금도, 전혀

B

Joanne이 학교에서 가장 빨리 달리는 선수이다.

1 Joanne은 학교에서 다른 어떤 달리기 선수보다 더 빠르다.
  ▶ 비교급 + than any[every] other ~

2 Joanne은 학교에서 다른 모든 달리기 선수보다 더 빠르다.
  ▶ 비교급 + all the other ~

3 학교에서 어떤 달리기 선수도 Joanne보다 더 빠르지 않다.
  ▶ no ~ + 비교급 + than …

4 학교에서 어떤 달리기 선수도 Joanne만큼 빠르지 않다.
  ▶ no ~ + as + 원급 + as …

C

1 홈스테이 주인들은 매우 친절했다.
  ▶ 비교 범위를 명확히 한정하지 않고 막연히 정도가 높음을 나타내는 절대최상급 문장으로, 절대최상급에는 the를 붙이지 않고 음절 수에 관계 없이 most를 사용한다.

2 세계에서 가장 큰 쇼핑몰은 어디에 있나요?
  ▶ 〈in/of + 범위〉 대신 소유격 〈명사 + -'s〉로 범위를 나타낼 수 있는데 〈the + 명사의 소유격 + 형용사의 최상급〉의 어순이다.

3 마지막으로 말하지만 역시 중요한 건, 면접 동안 침착할 것을 기억하세요.
  ▶ last but not least: 마지막으로 말하지만 역시 중요한

4 그는 모든 세부사항에 주의를 기울이며 가장 주의 깊게 들었다.
  ▶ 일상체에서 부사의 최상급은 앞에 the를 생략하기도 한다.

5 당신의 영어를 사용하는 것은 언어를 배우는 데 훨씬 좋은 방법이다.
  ▶ 최상급을 강조할 때는 by far, much 등을 쓴다.

6 Ian은 마라톤에서 세 번째로 가장 빠른 선수였다.
  ▶ the + 서수 + 최상급: ~ 번째로 가장 …한

WRITING PRACTICE

1 ▶ the + 최상급 + 명사 + 관계사절: ~한 것 중 가장 …한 (명사)

3 ▶ at the latest: 늦어도

4 ▶ 최상급 앞에 소유격이 있는 경우 the를 붙이지 않는다.

5 ▶ make the most[best] of: ~를 최대한 이용하다

6 ▶ to the best of my knowledge: 내가 알고 있는 한
  어휘 description 서술, 기술

실전 TEST 06

1 ① 눈은 거의 이틀 동안 그치지 않고 내리고 있다.
  ▶ 부사 nearly는 '거의'라는 의미로 수량형용사인 기수사 two 앞에서 수식한다.
② 그는 100미터 경주에서 끝에서 두 번째였다.
  ▶ second[next] to last 마지막[끝]에서 두 번째
  어휘 dash 단거리 경주
③ 언덕 위에 있는 저 차가 오늘 사용할 수 있는 유일한 차이다.
  ▶ available은 명사의 앞과 뒤에서 모두 수식 가능하다.
④ 지난 며칠 동안 나는 국제 전화를 여러 번 했다.
  ▶ 〈수량형용사 + 성상형용사 + 명사〉 어순이다. 수량형용사 several은 '몇몇의'의 의미로 셀 수 있는 명사의 복수형과 함께 사용한다.
⑤ 그들이 영화를 시작할 수 있을 때까지 우리는 완전한 암흑 속에 앉아 있었다.
  ▶ completely는 '완전히'라는 의미의 부사이므로 명사 darkness를 수식하기 위해서는 형용사 complete로 고쳐야 한다.

2 남성들은 여성들보다 자동차 사고로 죽을 확률이 세 배 더 높다.
> 배수사 + 비교급 + than = 배수사 + as + 원급 + as

3 그는 이 지역에서 가장 용감한 사람이다.
→ 다른 어떤 사람도 이 지역에서 그만큼 용감하지 않다.
> the + 최상급 + 명사 = no other + 단수 명사 ~ as + 원급 + as

4 ① 저기 우리 학교 버스가 간다!
> 장소를 의미하는 there가 자동사 go와 함께 쓰인 경우 〈there + V + S〉의 도치 구문으로 사용된다.
② 우리는 현재의 어려움을 극복해야 한다.
> present가 '현재의'라는 의미로 쓰이면 명사 앞에서 수식한다.
③ 그의 자산은 내가 가진 것의 두 배 규모이다.
> 전치한정사 double은 정관사 앞에 온다. (→ double the size)
④ 우리 모두가 들어가기에 충분히 큰 방이 있나요?
> enough는 형용사를 뒤에서 수식한다.
⑤ 제가 매니큐어 제거제로 그것을 지울게요.
> 〈타동사 + 부사〉에서 목적어가 대명사인 경우 부사는 대명사 뒤에 위치한다.

5 ① > 명사의 반복을 피하기 위해 사용된 지시대명사 those는 the seats를 가리킨다.
② > less + 원급 + than: …보다 덜 ~한
③ > the + 비교급 + S + V, the + 비교급 + S + V: ~할수록 더욱 …하다
④ > the + 서수 + 최상급: ~ 번째로 가장 …한 (서수와 최상급은 하이픈(-)으로 연결)
⑤ > not so much A as B는 'A라기보다는 B'라는 의미로 'Clint Eastwood는 배우라기보다는 영화 감독이다.'라고 해석해야 옳다.

6 **보기** | 민주주의는 수립하기 어렵고, 유지하기가 훨씬 더 어렵다.
① 우리가 멀리 걸을 필요가 없도록 저쪽에 주차해 줘.
② 그들이 그에게 조용히 해달라고 부탁한 후에도 그는 여전히 시끄러웠다.
③ 그녀는 불평할 것이 많지만, 전혀 불평하지 않는다.
④ 우리 제품은 다른 어떤 제품들보다 훨씬 더 우수합니다.
⑤ 그 식당은 서비스가 좋았지만 스테이크는 조금 질겼어.
> [보기]의 even은 비교급을 강조하는 표현이다. ④의 far 역시 같은 용법으로 쓰였다.

7 ① > sensitive (민감한) → sensible (분별 있는, 현명한)
② > literal (문자 그대로의) / literary (문학의) / literate (글을 읽고 쓸 줄 아는)
③ > respectful (경의를 표하는) → respective (각각의)
어휘 expertise 전문 지식, 전문 기술
④ > industrial (산업의) → industrious (근면한)
⑤ > considerable (상당한; 중요한) → considerate (생각이 깊은, 사려 깊은)

8 A: Jake가 비밀을 말하면 어쩌지?
B: 그가 말할 거라고 생각하지 않아. 그는 그렇게 할 정도로 어리석지는 않아.
> know better than to-v: ~할 정도로 어리석지는 않다

9 *(식당에서)*
A: 너는 무엇을 먹을 거니?
B: 나는 늘 먹던 fish and chips를 먹을 거야.
A: 아, 이제 생선 요리는 더 이상 안 팔아. 메뉴를 봐 봐.
B: 이런. 그러면 닭 요리를 먹는 편이 제일 낫겠다.
> might[may] as well: ~하는 편이 제일 낫다
더 나은 다른 선택 사항이 없는 경우

10 ① 80.62 더하기 5.91은 86.53이다.
> 소수점까지는 기수로 읽고, 소수점은 point로, 그리고 소수점 이하는 한 자리씩 끊어서 읽는다.
② 학생들의 4/5가 스페인어를 배우는 것에 관심이 있어 보인다.
> 분수에서 분자는 기수로 읽고 분모는 서수로 읽는데, 단 분자가 2 이상일 때에는 분모를 복수형으로 쓴다. 그러므로 4/5는 four fifths로 읽어야 한다.
③ 제 전화번호입니다. 702-8006이에요.
> 전화번호는 원칙적으로 한 자리씩 끊어 읽는다. 0은 'zero' 또는 'oh'로 읽으며 00는 'double oh'라고도 읽는다.
④ 한국은 1997년에 외환 위기를 겪었다.
> 연도는 보통 두 자리씩 끊어 읽는다.
⑤ 그녀는 오전 6시 반부터 저녁 8시까지 전일 근무를 한다.
> past는 '후'라는 의미이고, 30분을 half로 읽기도 한다. 또는 six thirty로도 읽을 수도 있다.

11 (A) 그 학생이 그와 같이 행동하다니 _____하다.
(B) CEO가 Kate와 같이 성실한 직원을 해고하다니 _____ 했다.
① 웃기는, 터무니없는 ② 오래된, 옛날의 ③ 이상한 ④ 수치스러운 ⑤ 실망스러운

> 〈it is + 형용사 + that ~ should + 동사원형〉 구문으로 주관적 판단/감정의 형용사 뒤에 오는 that절의 동사로 〈should + 동사원형〉을 써서 주관적 판단/감정임을 드러낼 수 있다.

12 ① 그는 그의 가장 잘 팔리는 소설을 2년 전에 출판했다.
> ago: 《과거시제와 함께》 (현재 또는 말하는 시점부터) ~전에

② 최근에 기온이 평균 이하로 떨어졌다.
> lately: 최근에

③ 내가 음식을 내오자마자, 아이들은 다 먹었다.
> hardly[scarcely/barely] ~ when[before] …: ~ 하자마자 …하다

④ 내가 차에서 재킷을 가져올 수 있다면 밖에 있어도 상관없다.
> as long as: ~하는 한[한다면]

⑤ 토마스 에디슨은 여러 면에서 매우 특이한 소년이었다.
> '매우'라는 의미로 쓰였으므로 high(높이)가 아닌 highly를 써야 한다.

13 ① 그는 초록색 차가 그 현장을 떠나는 것을 보았다고 확신했다.
> 문장의 보어의 자리에 부사 certainly는 위치할 수 없으므로 형용사 certain이 와야 한다.

② Andrew는 나에게 바느질의 기초를 매우 끈기 있게 보여줬다.
> patient는 형용사라서 동사 showed를 수식할 수 없으므로 부사 patiently로 바꾸어야 한다.

③ 그 학원은 꽤 좋으며, 전체 직원이 아주 친절하다.
> 보어 역할을 하는 extreme friendly에서 friendly는 형용사이므로 형용사 extreme을 부사 extremely로 바꿔야 한다.
> 어휘 reasonably 타당하게; *꽤, 상당히

④ 보트 사고가 발생했을 때 우리는 조용히 오리에게 먹이를 주고 있었다.
> 동사 were feeding을 수식하려면 부사 calmly가 와야 한다.

⑤ 그녀의 손자가 잠시 들렀을 때 노부인은 목도리를 짜고 있었다.
> elderly는 형용사로 '나이 지긋한, 중년의'라는 의미로 명사 woman을 수식한다.

14 A: 병원비가 최근에 올랐어.
B: 의료비가 <u>보험을 갖고 있지 않은 사람들</u>에게 많은 문제를 야기할지도 몰라.

> 여기서 〈the + 형용사〉는 사람을 나타내는 복수 보통명사를 나타내므로 the uninsured는 uninsured people과 같다.

15 A: 당신이 이 호텔의 매니저이신가요?
B: 음, 아직은 아니에요. 저는 아직 가방을 운반하고 있지만, <u>머지않아</u> 제가 매니저가 될 것이라고 확신해요.
> before long: 머지않아

16

'환경 오염'이라는 용어는 자연환경이 인간에 의해 부정적으로 영향을 받는 모든 방식을 포함한다. 대부분의 사람은 거리의 쓰레기라든지 자동차로부터의 배기가스, 아니면 그 밖의 다른 환경 오염을 그들의 일상생활에서 목격한다. 하지만, 몇몇 오염은 무색, 무향, 무미이다. 이러한 종류의 오염은 실제로 토양, 대기, 또는 수질을 오염시키지 않지만, 다른 방식으로 우리의 삶을 악화시킨다. 예를 들어, 자동차나 다른 기계로부터의 큰 소리 또한 오염의 한 형태이다.

어휘 encompass 포함[망라]하다, 아우르다 / litter 쓰레기 / exhaust (자동차 등의) 배기가스

> (A) 전치한정사 all이 정관사를 수반하는 명사를 수식할 때 어순은 〈all the + 명사〉이다.
(B) almost는 부사로 '거의'의 의미를 가지며, 형용사, 동사, 부사 등을 수식한다. most는 형용사로 '대부분의'의 의미를 가지며 명사를 수식한다.
(C) 여기서 dirty가 '오염시키다, 더럽히다'의 의미를 가진 동사이므로 동사를 수식하는 부사인 actually가 적절하다.

[17-18]

태양이 방출하는 자외선은 파장에 의해 UVC, UVB, 그리고 UVA 세 가지 유형으로 분류된다. 한 가지 타입인 UVC는 대기 초고층에서 오존에 의해 대부분 차단되어 피부에까지 도달하지 않는다. 하지만 UVB는 피부 표면에 손상을 주며 화상의 주된 원인이다. 오전 10시와 오후 2시 사이에 햇빛이 가장 밝으며 UVB 노출도 가장 크다. 한 사람의 연간 UVB 노출량의 약 70%가 여름 동안에 이루어지는데, 이때 UVB가 가장 크다. 유리는 UVB 광선을 막을 수 있다. 한때 사람들은 세 번째 유형인 UVA가 피부에 미치는 해가 적다고 생각했었다. 하지만, 현재 연구는 UVA가 큰 역할을 한다는 것을 보여준다. UVA 파장은 피부의 깊숙한 층까지 도달해 노화를 일으킨다. 게다가 유리는 UVA를 막지 못한다.

어휘 ultraviolet radiation 자외선 / wavelength 파장 / dose 복용량, 양 / intense 극심한, 강렬한

17 ▶ ④ 피부 깊숙한 층까지 들어가는 것은 UVA이다.

18 ▶ 명사 UVB dose를 수식해야 하므로 year를 형용사 yearly(1년간의)로 바꿔야 한다.

[19-20]

가장 익숙하고, 의학적으로 매우 중요한 혈액형 계열은 ABO 식 혈액형이다. 1900년 빈 대학의 Karl Landsteiner는 헌혈한 피가 때로는 환자가 건강을 회복하게 하지만 다른 경우에는 그들을 사망하게 하는 이유를 알아내려고 했다. 그의 연구에서 그는 ABO 혈액 유형을 발견하였는데, 그것은 인간과 다른 몇몇 동물의 피를 분류하는 방식으로 쓰이고 있다. 혈액 속에 들어 있는 두 개의 항원과 두 개의 항체가 A, B, AB, 그리고 O형이라는 네 가지 주요 유형의 주된 원인이 된다. 대부분의 경우, 한 사람의 혈액 유형은 이러한 네 개의 항원과 항체 중에서 그 사람 가지고 있는 항원과 항체 세트에 의해 결정된다.

어휘 type 유형; 분류하다 / serve (식당 등에서 음식을) 제공하다; *쓰일 수 있다[적합하다] / classify 분류하다

19 ① 그것을 발견한 사람
② ABO식 혈액형의 사용 용도
③ 그것의 혈액 유형
⑤ 한 사람의 ABO식 혈액형을 결정하는 요소
▶ ④ 'ABO식 혈액형과 질병의 관계'에 대해서는 언급되지 않았다.

20 ▶ ② sometimes는 빈도부사로 일반적으로 일반동사 앞에 위치해야 하므로 sometimes cause가 옳은 표현이다.

MEMO

MEMO

MEMO

대한민국 영문법 교재의 표준

G-ZONE

G-ZONE WORKBOOK의 특징

- G-ZONE에서 학습한 내용을 점검할 수 있는 풍부한 연습 문제
- 체계적인 설계로 문법 사항 확인부터 서술형 대비 및 쓰기 연습까지 완벽한 학습
- 일정 분량 학습 후 실력 점검이 가능하도록 실전 TEST 수록